CHARLES NODIER

LES
SEPT CHATEAUX
DU ROI DE BOHÈME

LES QUATRE TALISMANS

ÉDITION ILLUSTRÉE

PARIS
VICTOR LECOU, LIBRAIRE-ÉDITEUR
10, RUE DU BOULOI, 10

LES
SEPT CHATEAUX
DU ROI DE BOHÊME

LES QUATRE TALISMANS

PARIS. — TYP. SIMON RAÇON ET Cᵉ, RUE D'ERFURTH, 1.

CHARLES NODIER

LES
SEPT CHATEAUX
DU ROI DE BOHÊME

LES QUATRE TALISMANS.

ÉDITION ILLUSTRÉE

PARIS
VICTOR LECOU, LIBRAIRE-ÉDITEUR
10 — RUE DU BOULOI — 10

MDCCCLII

L'auteur se réserve le droit de traduire cet ouvrage en toutes les langues.

DU FANTASTIQUE EN LITTÉRATURE.

Si l'on cherche comment dut procéder l'imagination de l'homme dans le choix de ses premières jouissances, on arrivera naturellement à croire que la première littérature, esthétique par nécessité plutôt que par choix, se renferma longtemps dans l'expression naïve de la sensation. Elle compara un peu plus tard les sensations entre elles, elle se plut à développer les descriptions, à saisir les côtés caractéristiques des choses, à suppléer aux mots par les figures. Tel est l'objet de la poésie primitive. Quand ce genre d'impression fut modifié et presque usé par une longue habitude, la pensée s'éleva du connu à l'inconnu. Elle approfondit les lois occultes de la société, elle étudia les ressorts secrets de l'organisation universelle ; elle écouta, dans le silence des nuits, l'harmonie merveilleuse des sphères, elle inventa les sciences contemplatives et les religions. Ce ministère imposant fut l'initiation du poëte au grand ouvrage de la législa-

a.

tion. Il se trouva, par le fait de cette puissance qui s'étoit révélée en lui, magistrat et pontife, et s'institua au-dessus de toutes les sociétés humaines un sanctuaire sacré duquel il ne communiqua plus avec la terre que par des instructions solennelles, du fond du buisson ardent, du sommet du Sinaï, des hauteurs de l'Olympe et du Parnasse, des profondeurs de l'antre de la sibylle, à travers les ombrages des chênes prophétiques de Dodone ou des bosquets d'Égérie. La littérature purement humaine se trouva réduite aux choses ordinaires de la vie positive, mais elle n'avoit pas perdu l'élément inspirateur qui la divinisa dans le premier âge. Seulement, comme ses créations essentielles étoient faites, et que le genre humain les avoit reçues au nom de la vérité, elle s'égara à dessein dans une région idéale moins imposante, mais non moins riche en séductions; et, pour tout dire, elle inventa le mensonge. Ce fut une brillante et incommensurable carrière où, abandonnée à toutes les illusions d'une crédulité docile, parce qu'elle étoit volontaire, aux prestiges ardents de l'enthousiasme, si naturel aux peuples jeunes, aux hallucinations passionnées des sentiments que l'expérience n'a pas encore désabusés, aux vagues perceptions des terreurs nocturnes, de la fièvre et des songes, aux rêveries mystiques d'un spiritualisme tendre jusqu'à l'abnégation ou emporté jusqu'au fanatisme, elle augmenta rapidement son domaine de découvertes immenses et merveilleuses, bien plus frappantes et bien plus multipliées que celles que lui avoit fournies le monde plastique. Bientôt toutes ces fantaisies prirent un corps, tous ces corps factices une individualité tranchante et spéciale, toutes ces individualités une harmonie, et le monde intermédiaire fut trouvé.

De ces trois opérations successives, celle de l'intelligence inexplicable qui avoit fondé le monde matériel, celle du génie divinement inspiré qui avoit deviné le monde spirituel, celle de l'imagination qui avoit créé le monde fantastique, se composa le vaste empire de la pensée humaine. Les langues ont fidèlement conservé les traces de cette génération progressive. Le point culminant de son essor se perd dans le sein de Dieu, qui est la sublime science. Nous appelons encore *superstitions*, ou science des choses élevées, ces conquêtes secondaires de l'esprit, sur lesquelles la science même de Dieu s'appuie dans toutes les religions, et dont le nom indique dans ses éléments qu'elles sont encore placées au delà de toutes les portées vulgaires. L'homme purement rationnel est au dernier degré. C'est au second, c'est-à-dire à la région moyenne du fantastique et de l'idéal, qu'il faudroit placer le poëte, dans une bonne classification philosophique du genre humain.

J'ai dit que la science de Dieu elle-même s'étoit appuyée sur le monde fantastique ou *superstant*, et c'est une de ces choses qu'il est à peu près inutile de démontrer. Je ne considère ici que les emprunts qu'elle a faits à l'invention fantastique chez toutes les nations, et les bornes étroites que je me suis prescrites ne me permettent pas de multiplier les exemples qui se présentent aisément d'ailleurs à tous les esprits. Qui ne se rappelle au premier abord les amours si mystérieux des anges, à peine nommés dans l'Écriture, avec les filles des hommes, l'évocation de l'ombre de Samuel par la vieille pythonisse d'Endor, cette autre vision sans forme et sans nom, qui se manifestoit à peine comme une vapeur confuse, et dont la voix ressembloit à un petit souffle, cette main gigantesque et menaçante qui écrivit une prophétie de mort au milieu des festins, sur les murs du palais de Balthazar, et surtout cette incomparable épopée de l'Apocalypse, conception grave, terrible, accablante pour l'âme comme son sujet, comme le dernier jugement des races humaines, jeté sous les yeux des jeunes Églises par un génie de prévision qui semble avoir anticipé sur tout l'avenir, et s'inspirer de l'expérience de l'éternité !

Le fantastique religieux, s'il est permis de s'exprimer ainsi, fut nécessairement solennel et sombre, parce qu'il ne devoit agir sur la vie positive que par des impressions sérieuses. La fantaisie purement poétique se revêtit au contraire de toutes les grâces de l'imagination. Elle n'eut pour objet que de présenter sous un jour hyperbolique toutes les séductions du monde positif. Mère des génies et des fées, elle sut emprunter elle-même aux fées les attributs de leur puissance et les miracles de leur baguette. Sous son prisme prestigieux, la terre ne sembla s'ouvrir que pour découvrir des rubis aux feux ondoyants, des saphirs plus purs que l'azur du ciel; la mer ne roula que du corail, de l'ambre et des perles sur ses rivages; toutes les fleurs devinrent des roses dans le jardin de Sadi, toutes les vierges des houris dans le paradis de Mahomet. C'est ainsi que prirent naissance, au pays le plus favorisé de la nature, ces contes orientaux, resplendissante galerie des prodiges les plus rares de la création et des rêves les plus délicieux de la pensée, trésor inépuisable de bijoux et de parfums, qui fascine les sens et divinise la vie. L'homme qui cherche inutilement une compensation passagère à l'amer ennui de sa réalité n'a probablement pas lu encore *les Mille et une Nuits*.

De l'Inde, cette muse capricieuse, à la riante parure, aux voiles embaumés, aux chants magiques, aux éblouissantes apparitions, arrêta son premier vol sur la Grèce naissante. Le premier âge de la poésie finissoit avec ses inventions mystiques. Le ciel mythologique étoit peuplé par Orphée, par Linus, par Hésiode. L'*Iliade* avoit complété cette chaîne merveilleuse du monde sublime en rattachant à son dernier anneau les héros et les demi-dieux, dans une histoire sans modèle jusque-là, où l'Olympe communiquoit pour la première fois avec la terre, par des sentiments, des passions, des alliances et des combats. L'*Odyssée*, seconde partie de cette grande bilogie poétique, et il ne me faut point d'autre preuve qu'elle fut conçue par le génie sans rival qui avoit conçu la première, nous montra l'homme en rapport avec le monde imaginaire et le monde positif, dans les voyages aventureux et fantastiques d'Ulysse. Là, tout se ressent du système d'invention des Orientaux; tout manifeste l'exubérance de ce principe créateur qui venoit d'enfanter les théogonies, et qui répandoit abondamment le superflu de sa polygénésie féconde sur le vaste champ de la poésie, semblable à l'habile sculpteur qui, des restes de l'argile dont il a formé la statue d'un Jupiter ou d'un Apollon, se délasse à pétrir sous ses doigts les formes bizarres

mais naïves et caractéristiques, d'un grotesque, et qui improvise, sous les traits difformes de Polyphème, la caricature classique d'Hercule. Quelle prosopopée plus naturelle et plus hardie à la fois que l'histoire de Carybde et de Scylla? N'est-ce pas ainsi que les anciens navigateurs ont dû se représenter ces deux monstres de la mer, et l'effroyable tribut qu'ils imposent au vaisseau inexpérimenté qui ose tenter leurs écueils, et l'aboiement des vagues qui hurlent en bon-

dissant dans leurs rochers? Si vous n'avez pas entendu parler encore des mélodies insidieuses de la syrène, des enchantements plus séducteurs d'une sorcière amoureuse qui vous captive par des liens de fleurs, de la métamorphose du curieux téméraire qui se trouve tout à coup saisi, dans une île inconnue aux voyageurs, des formes et des instincts d'une bête sauvage, demandez-en des nouvelles au peuple ou à Homère. La descente du roi d'Itaque aux enfers rappelle, sous des proportions gigantesques et admirablement idéalisées, les goules et les vampires des fables levantines, que la savante critique des modernes reproche à notre nouvelle école; tant les pieux sectateurs de l'antiquité homérique, auxquels est si risiblement confiée chez nous la garde des bonnes doctrines, sont loin de comprendre Homère, ou se souviennent mal de l'avoir lu!

Le fantastique demande à la vérité une virginité d'imagination et de croyances qui manque aux littératures secondaires, et qui ne se reproduit chez elles qu'à la suite de ces révolutions dont le passage renouvelle tout; mais alors, et quand les religions elles-mêmes, ébranlées jusque dans leurs fondements, ne parlent plus à l'imagination, ou ne lui portent que des notions confuses, de jour en jour obscurcies par un scepticisme inquiet, il faut bien que cette faculté de produire le merveilleux dont la nature l'a douée s'exerce sur un genre de création plus vulgaire et mieux approprié aux besoins d'une intelligence matérialisée. L'apparition des fables recommence au moment où finit l'empire de ces vérités réelles ou convenues qui prêtent un reste d'âme au mécanisme usé de la civilisation. Voilà ce qui a rendu le fantastique si populaire en Europe depuis quelques années, et ce qui en fait la seule littérature essentielle de l'âge de décadence ou de transition où nous sommes parvenus. Nous devons même reconnaître en cela un bienfait spontané de notre organisation; car si l'esprit humain ne se complaisait encore dans de vives et brillantes chimères, quand il a touché à nu toutes les repoussantes réalités du monde vrai, cette époque de désabusement seroit en proie au plus violent désespoir, et la société offriroit la révélation effrayante d'un besoin unanime de dissolution et de suicide. Il ne faut donc pas tant crier contre le romantique et contre le fantastique. Ces innovations prétendues sont l'expression inévitable des périodes extrêmes de la vie politique des nations, et sans elles, je sais à peine ce qui nous resteroit aujourd'hui de l'instinct moral et intellectuel de l'humanité.

Ainsi, à la chute du premier ordre de choses social dont nous ayons conservé la mémoire, celui de l'esclavage et de la mythologie, la littérature fantastique surgit, comme le songe d'un moribond, au milieu des ruines du paganisme, dans les écrits des derniers classiques grecs et latins, de Lucien et d'Apulée. Elle étoit alors en oubli depuis Homère ; et Virgile même, qu'une imagination tendre et mélancolique transportoit aisément dans les régions de l'idéal, n'avoit pas osé emprunter aux muses primitives les couleurs vagues et terribles de l'enfer d'Ulysse. Peu de temps après lui, Sénèque, plus positif encore, alla jusqu'à déposséder l'avenir de son impénétrable mystère dans les chœurs de *la Troade;* et alors expira, étouffée sous sa main philosophique, la dernière étincelle du dernier flambeau de la poésie. La muse ne se réveilla plus qu'un moment, fantasque, désordonnée, frénétique, animée d'une vie d'emprunt, se jouant avec des amulettes enchantées, des touffes d'herbes vénéneuses et des os de morts, aux lueurs de la torche des sorcières de Thessalie, dans l'***Ane de Lucius***. Tout ce qui est resté d'elle depuis, jusqu'à la renaissance des lettres, c'est ce murmure confus d'une vibration qui s'éteint de plus en plus dans le vide, et qui attend une impulsion nouvelle pour recommencer. Ce qui est arrivé des Grecs et des Latins devoit arriver pour nous. Le fantastique prend les nations dans leurs langes, comme le roi des aulnes, si redouté des enfants, ou vient les assister à leur chevet funèbre, comme l'esprit familier de César ; et quand ses chants finissent, tout finit.

Notre littérature moderne ne fut pas moins soumise que la littérature latine à l'esprit d'imitation. Mais l'invasion des Maures, si favorable, en ce point, au développement moral du moyen âge, avoit déjà transporté sur notre sol le génie vivace et producteur des jeunes poésies. Sans cet événement, la littérature classique, soigneusement perpétuée jusqu'à nous par le zèle admirable des moines, se relevoit tout entière et sans intermédiaire du sein de la barbarie, au premier appel d'une société avide des lumières de l'esprit, et c'est ce qui advint plus tard, quand l'imprimerie eut jeté à foison dans la circulation les œuvres de l'antiquité, c'est-à-dire une création littéraire toute faite. Singulière époque, où une génération de savants et de poëtes reproduisit tout à coup les sophistes d'Alexandrie, les grammairiens du Bas-Empire et les versificateurs de la décadence romaine, comme un peuple d'Épiménides, inspirés d'une religion, d'une civilisation et d'une langue mortes, et qui ne différoient en quelque sorte d'eux-mêmes que par cette langueur d'organes et d'imagination qui trahit l'abattement d'un long sommeil. A leur aspect, le fantastique s'évanouit ; mais il éclairoit seul l'Europe depuis quelques siècles. C'est lui qui avoit inventé ou embelli l'histoire des âges équivoques de nos jeunes nations, peuplé nos châteaux en ruine de visions mystérieuses, évoqué sur les donjons la figure des fées protectrices, ouvert un refuge impénétrable, dans le creux des rochers ou sous les créneaux des murs abandonnés, à la formidable famille des vouivres et des dragons. C'est lui qui avoit allumé sur leur front les feux de l'escarboucle, quand ils traversent rapidement le ciel comme une étoile qui tombe; lui qui égaroit les voyageurs au bord des eaux stagnantes, sur la trace capricieuse du follet; qui consoloit leur veillée rustique dans la cabane du bûcheron, au coin d'un âtre hospitalier, par les jeux inoffensifs des lutins; qui entretenoit de douces promesses les espérances crédules des jeunes filles, et de doux loisirs la rêverie sédentaire des vieillards, hélas! sitôt déçue par la mort. Le fantastique étoit partout alors, dans les croyances les plus sévères de la vie comme dans ses erreurs les plus gracieuses, dans ses solennités comme dans ses fêtes. Il occupoit le barreau, la chaire et le théâtre; il s'asseyoit avec Albert le Grand dans les stalles du sanctuaire; avec Agrippa, dans le cabinet du philosophe; avec Roger Bacon et Paracelse, dans le laboratoire du chimiste, et introduisoit la nécromancie et l'astrologie judiciaire jusque dans le conseil des rois. Son influence ne sera jamais oubliée en littérature, où elle produisit les récits naïfs des légendes, où elle anima d'une pompe si imposante la chronique des tournois, des batailles et des croisades, où elle se répandit à pleins bords dans les gabs des vieux conteurs et dans les fabliaux des trouvères. C'est à elle que nous devons les romans de chevalerie, espèce d'épopée innommée, dans laquelle se confondent avec une harmonie inexprimable toutes les scènes d'amour et d'héroïsme du moyen âge; amour sans exemple, dans lequel on ne sait qu'admirer davantage de la pudique tendresse de l'aimée ou de l'enthousiasme passionné de l'amant; héroïsme idéal,

qui avoit tout à combattre, la bravoure des hommes de guerre, la colère des rois paladins, les embûches de la trahison, les bouleversements de la nature domptée par la magie, l'intervention de mille puissances inattendues, modifiées sous des aspects toujours nouveaux, au gré de l'imagination inventrice du romancier, par tous les accidents possibles de la fatalité, et qui triomphoit de tout. Ce n'étoit plus Junon, Neptune ou Vénus excités, comme dans la théogonie païenne, à la perte d'un homme : c'étoit l'univers entier personnifié sous une multitude d'individualités différentes, et luttant contre un guerrier couvert, pour toute défense, de son courage, de son amour et de son bon droit. Ce n'étoit plus la querelle honteuse et sanglante de deux peuples acharnés à se détruire pour la cause ou pour la réparation du rapt et de l'adultère : c'était le procès moral du juste et de l'injuste, débattu dans l'intérêt général des hommes entre le ciel et l'enfer, sous les yeux d'une Hélène qui en étoit le prix, et non pas l'objet, et qui, plus heureuse que l'autre, pouvoit se dévoiler sans rougir devant les deux camps. Ce fut là, il faut en convenir, une merveilleuse poésie, un ordre d'inventions tel que si les anciens avoient eu les Amadis, nous ne parlerions peut-être pas d'Achille; une imagination tout à la fois grandiose et charmante, qu'on ne renouvellera plus, et qu'on regrettera toujours, comme cette jument de Roland, qui étoit si belle, si forte, si agile, qui imprimoit si puissamment son pied sur le sable de la lice et du champ de bataille, dont la main des princesses avoit brodé la housse et les harnois, et qui est morte.

Si j'étois capable de ressentir quelque mouvement de haine contre Cervantes, je lui reprocherois peut-être d'avoir contribué plus que personne à nous ravir ces délicieuses fantaisies du génie des siècles intermédiaires, qu'il brisa aussi facilement que don Quichotte avoit fait les marionnettes de Ginésile; mais je suis obligé de convenir que cette œuvre de destruction, qui nous a valu d'ailleurs un des plus beaux livres qu'ait produits l'imagination des modernes, étoit probablement la condition indispensable de sa destinée littéraire. Quand les fables d'un peuple ont vieilli, l'impitoyable instinct de changement qui réside en lui se manifeste à son jour et à son heure, et il vient manifester aux hommes, par des signes certains, qu'il faut recommencer la vie sociale sur nouveaux frais, sans égard aux traditions et aux sympathies du passé. Il déchaîne alors des esprits de dérision, poussés d'une haine irréfléchie, qui se font des hochets de ce que tous les siècles antérieurs ont vénéré, et qui jouent avec ces débris d'une civilisation expirante, en proférant des paroles d'ironie et de dédain, comme Hamlet, pesant la cendre des morts et analysant dans le crâne d'un fou les ressorts de l'intelligence, à la fosse d'Yorick. C'est ainsi que Lucien fut envoyé à la fin du paganisme, Cervantes après la chevalerie, Érasme et Rabelais avec la réforme, et Voltaire au-devant des révolutions politiques qui alloient accompagner la grande conflagration du christianisme. Quand un ordre de choses meurt, il y a toujours quelque ingénieux démon qui assiste en riant à son agonie, et qui lui donne le coup de grâce avec une marotte.

Le premier génie fantastique de la renaissance par ordre de date, et aussi par ordre de supériorité, car, dans les chefs-d'œuvre qui le révèlent, le génie n'est pas progressif, c'est Dante. Il arriva de lui-même, et tout seul, au dernier crépuscule d'une société finie, à la première aube d'une société commencée; et quoiqu'il eût ouvert la carrière, il la remplit toute. Il est vrai qu'il plaça le théâtre de sa terrible fantasmagorie sous la protection des croyances de son temps; mais il le fit sien par les passions, par les acteurs, et même par les détails de la scène, qui ne sont ni homériques, ni virgiliens, mais dantesques. On trouve souvent aujourd'hui des critiques pleins de goût qui déplorent l'erreur de cette magnifique imagination, et la confusion apparente de cette fable poétique, où le Virgile du moyen âge prend pour introducteur dans l'enfer chrétien le Virgile du paganisme. Cette idée est cependant le pivot de sa composition, et c'est elle qui la rend sublime. L'enfer d'une théogonie particulière auroit été trop étroit pour une si large invention. Il falloit que Dante s'y précipitât, sur le torrent des siècles, sans ménagement pour les formes circonscrites d'une timide épopée, et ce qu'il a conservé des idées universellement reçues est au contraire une concession très-ingénieuse et très-légitime au mytisme de son époque, qui étoit de sa propre nature une des pièces essentielles de *la Divine Comédie,* mais qui ne pouvoit en former l'âme exclusive dans cette conception de géant. Aussi l'enfer de Dante ne ressemble à aucun des innombrables enfers que la sombre mélancolie des poëtes a inventés, et qui rappellent plus ou moins entre eux le *vade in pace* du monachisme et la chambre des tortures de l'inquisition. Dans son architecture colossale, il contient tous les enfers, et il est propre à recevoir pendant les siècles éternels toutes les générations des méchants. Cette création atrabilaire ne doit pas être mesurée au compas de l'artiste et aux unités du rhéteur. Sa grandeur est dans sa liberté sans frein, dans le droit conquis de faire jouer incessamment sur le miroir à mille facettes de l'imagination tous les aspects de la vie, tous les reflets de la pensée, tous les rayons de l'âme. Il ne faut lui chercher, je ne dis pas un modèle, mais un objet de comparaison que dans l'Apocalypse de saint Jean; il faut moins lui chercher des imitateurs heureux dans les siècles qui l'ont suivi; car c'est ici l'œuvre spéciale d'une époque, et l'homme de génie qui l'a conçue étoit à lui seul l'expression d'un siècle dont on ne peut séparer son individualité sans la mutiler. Ce qui a passé de lui dans des écrits modernes, comme le rêve du parricide, dans *les Voleurs,* comme la prosopopée désespérante de Jean-Paul où Jésus-Christ vient révéler le néant éternel aux âmes innocentes des limbes, comme la vision incomparable du condamné, dans le roman psychologique de Victor Hugo, c'est une émanation locale, partielle, inextensible, incommunicable aujourd'hui, qui agit avec toute la puissance du principe dont elle est sortie, mais sur un point borné, dans une circonstance rare, et à travers un milieu insensible, ainsi que le feu d'un soleil qui s'éclipse et qui enflamme encore la poudre à travers une lentille de glace. Le monde que la civilisation nous a fait n'en permet pas davantage.

Ainsi la tradition révérée de *la Divine Comédie* n'a pas produit un ouvrage remarquable du même genre chez le peuple de la terre qui sait le mieux l'apprécier. Elle est restée comme un monument inviolable et inaccessible des temps reculés, à la frontière extrême de la littérature italienne, et le respect qui s'attache aux choses sacrées paroit la défendre à jamais de l'impuissante témérité des copistes. La nouvelle mine d'invention qu'exploitèrent tour à tour dans le même pays l'esprit, l'imagination, le génie, et puis cette industrie infaillible d'imitation qui s'attache partout à la suite des muses créatrices, et qui finit, dans les temps qu'on appelle classiques, par se parer de leurs couronnes, étoit commune à l'Europe entière; mais l'Italie avoit seule encore le privilége d'imprimer à ses découvertes un sceau immortel, parce que sa langue étoit faite. Il lui appartenoit d'enrichir nos chroniques et nos romans des beautés faciles d'une versification libre et gracieuse; et en les soumettant au mètre harmonieux de ses octaves, elle les affranchissoit d'ailleurs du reproche le plus sérieux d'une critique maussade, qui toléroit jusqu'à nouvel ordre, par condescendance pour l'antiquité, les mensonges rhythmiques. Pour se servir du langage familier de cette poésie, il seroit aussi aisé de compter les étoiles du ciel et les sables de la mer que les épopées chevaleresques du plus ingénieux de tous les âges littéraires. Les curieux en conservent plus de cent qui sont antérieures à l'Arioste, et que l'Arioste a fait oublier, comme Homère avoit fait oublier les rapsodies de ses prédécesseurs inconnus. Quelle imagination, en effet, n'auroit pas pâli devant cette imagination prodigieuse qui asservissoit, en se jouant, à ses combinaisons pleines de grâce, de fraîcheur et d'originalité, les traditions d'une histoire obscure, et les délicieuses rêveries d'une mythologie nouvelle, injustement négligée? On a dit qu'Hésiode avoit été nourri de miel par la main des filles du Pinde. Oh! ce sont les fées qui ont nourri l'Arioste de quelque ambroisie plus enivrante, et qui ont communiqué à ses divins écrits l'invincible séduction de leurs enchantements! Comment douter de la magie, quand le poëte, magicien lui-même, vous entraîne à son gré dans des espaces moins familiers à l'intelligence de l'homme que ceux où il a égaré l'hippogriffe, quand ses chants se ressentent d'une inspiration surnaturelle, et semblent provenir d'un autre monde? Pénétré de l'étude des anciens, il ne dédaigne pas d'enlever quelques lambeaux à leur dépouille, mais ne n'est jamais sans les assortir à l'air, à la physionomie de ses personnages et à la libre allure de ses compositions. Il est encore indépendant quand il obéit, encore neuf quand il imite, et il ne se soumet à l'invention des autres qu'en satiété de ses propres inventions, dont la profusion le lasse et le rebute. C'est qu'il a dérobé l'écrin d'Alcine ou les trésors secrets des mines du Cattay, et que la pudeur de l'opulence lui enseigne à mêler de temps en temps des richesses plus vulgaires à celles dont il dispose avec trop de facilité. Après l'Arioste et ses foibles copistes, le fantastique ne se montra presque plus dans la littérature italienne, et rien ne se comprend mieux. C'est qu'il l'avoit épuisé.

Qui croiroit que cette muse de l'idéal, fille élégante et fastueuse de l'Asie, se réfugia longtemps sous les brumes de la Grande-Bretagne ? Épouvantée peut-être des pompes mélancoliques du Nord dont le théisme lugubre l'avoit portée jusqu'au trône d'Odin, et des vaporeuses fictions de l'Écosse, où la harpe du Barde ne se marie qu'au fracas des claymores et aux mugissements des tempêtes, elle chercha bientôt à se reposer dans une de ces imaginations vives et riantes qui avoient égayé de leurs chants voluptueux les premières fêtes de son berceau. Shakspeare vint, qui connoissoit à peine dans l'enceinte de son île, *orbe toto divisa*, suivant l'expression de Virgile, les merveilles du monde physique, mais qui les avoit aperçues dans quelque vision sublime, et qui comprenoit les prodiges du royaume du soleil, comme s'il y eût été promené en songe dans les bras d'une fée ; car Shakspeare et la poésie, c'est la même chose. Spenser n'avoit fait que de lui tracer le chemin ; il l'élargit, le prolongea, l'embellit de spectacles nouveaux, le remplit, l'inonda de nouvelles figures, plus fraîches, plus aériennes, plus transparentes que les apparitions fugitives des rêves du matin ; il y mena les danses romantiques d'Obéron, de Titania, et des génies qui, d'un pied plus léger que celui de Camille, touchent aussi le gazon sans le courber ; il y sema ces fleurs embaumées de parfums célestes qui s'ouvrent, aux tièdes chaleurs de l'aurore, pour recevoir le peuple nocturne des esprits, et se referment sur lui jusqu'au soir, comme des pavillons enchantés ; il répandit dans l'air des lumières inconnues, accorda des lyres célestes qui n'avoient jamais vibré à l'oreille des hommes, suspendit l'orchestre mélodieux d'Ariel aux branches émues de l'arbrisseau, cacha le nid invisible de Puck dans un bouton de rose, et fit sourdre de tous les pores de la terre, de tous les atomes de l'air, de toutes les profondeurs du ciel, un concert de voix magiques. Dans les innombrables couleurs de la palette, et dans cette multitude de remuantes sympathies que la parole ébranle jusqu'au fond de l'âme, tout appartient à Shakspeare. Quand son pinceau a fini de caresser les formes séduisantes d'un sylphe, c'est à lui seul qu'il est réservé de tracer les proportions gigantesques et grossières du gnome sous les traits de Caliban, de déguiser le satyre antique sous l'attirail burlesque de Falstaff, et de suspendre le croquis de Michel-Ange au tableau délicieux du Corrége. Si Dante et l'Arioste ne vous ont pas encore offert toutes les conditions essentielles de l'individualité d'un demi-dieu, arrêtez-vous à celui-ci : *incessu patuit.*

Ce que tout le monde ne sait que trop de notre littérature nationale répond d'avance aux questions qu'on pourroit me faire sur les progrès qui y étoient promis au poëme fantastique. Ce n'est pas sur le sol académique et classique de la France de Louis XIII et de Richelieu que cette littérature, qui ne vit que d'imagination et de liberté, pouvoit s'acclimater avec succès. Les mensonges brillants du génie y auroient été aussi mal reçus que la vérité. L'empire de la pensée y appartenoit, de par la Sorbonne et Aristote, aux desservants d'une muse guindée, qui traînoit avec privilége du roi, sur le théâtre de la cour et dans les salons de l'hôtel de Rambouillet, les oripeaux de l'antiquité travestie. Racine, inspiré sur ses vieux jours du génie des livres saints, osa bien, par exception, jeter dans un récit téméraire la grande figure du spectre de Jésabel, et Voltaire crut avoir poussé assez loin l'audace du chef d'une opposition sociale qui cherchoit la nouveauté en tout, quand il eut fait hurler quelques alexandrins à travers un porte-voix par l'ombre tragique de Ninus. Nous avions eu nos chroniques et nos romans de chevalerie; mais ces respectables truchements du moyen

âge parloient une langue surannée que personne n'étoit

plus capable d'entendre, et les chevaliers de la Table-Ronde attendirent longtemps, pour obtenir à l'Œil-de-Bœuf quelque chose de l'accueil auquel ils avoient été accoutumés par Charlemagne, qu'un introducteur coquet eût substitué l'habit françois à leur lourde armure de fer, et le talon rouge à leurs bruyants éperons. Les personnages ainsi accoutrés par M. de Tressan ressemblent à peu près à leur type héroïque et naïf, comme la lanterne du clown, dans le *Songe d'une nuit d'été*, ressemble au clair de la lune.

Ce seroit être injuste cependant que de refuser au grand siècle la seule palme qui eût manqué à ses triomphes si vantés, et bien qu'il l'ait outrageusement repoussée, l'avenir plus juste la lui décernera peut-être en compensation de la gloire avortée de Chapelain, et des admirations un peu amorties qui couronnèrent jadis le sonnet de Voiture, le triolet de Ranchin, et le madrigal de Sainte-Aulaire. Cette production digne de faire époque dans les plus beaux âges littéraires, ce chef-d'œuvre ingénue de naturel et d'imagination qui sera longtemps le charme de nos descendants, et qui survivra, sans aucun doute, avec Molière, la Fontaine, et quelques belles scènes de Corneille, à tous les monuments du règne de Louis XIV, ce livre sans modèle que les imitations les plus heureuses ont laissé inimitable à jamais, ce sont les *Contes des Fées*, de Perrault. La composition n'en est pas exactement conforme aux règles d'Aristote, et le style peu figuré n'a pas offert, que je sache, aux compilateurs de nos rhétoriques beaucoup de riches exemples de descriptions, d'amplifications, de métaphores et de prosopopées; on auroit même quelque peine, et je le dis à la honte de nos dictionnaires, à trouver dans ces amples archives de notre langue des renseignements positifs sur certaines locutions inaccoutumées, qui, du moins pour les étrangers, y attendent encore les soins de l'étymologiste et du commentateur ; je ne disconviens pas qu'il en est dans le nombre, comme : *Tirez la cordelette et la bobinette cherra*, qui pourroient donner de graves soucis aux Saumaises futurs; mais ce qu'il y a de certain, c'est que leurs innombrables lecteurs les comprennent à merveille, et il est visible que l'auteur a eu la modeste bonhomie de ne pas travailler pour la postérité. Quel vif attrait d'ailleurs dans les moindres détails de ces charmantes bagatelles, quelle vérité dans les caractères, quelle originalité ingénieuse et inattendue dans les péripéties! quelle verve franche et saisissante dans les dialogues! Aussi, je ne crains pas de l'affirmer, tant qu'il restera sur notre hémisphère un peuple, une tribu, une bourgade, une tente où la civilisation trouve à se réfugier contre les invasions progressives de la barbarie, il sera parlé aux lueurs du foyer solitaire de l'odyssée aventureuse du *Petit Poucet*, des vengeances conjugales de la *Barbe Bleue*, des savantes manœuvres du *Chat Botté;* et l'Ulysse, l'Othello, le Figaro des enfants vivront aussi longtemps que les autres. S'il y a quelque chose à mettre en comparaison avec la perfection sans taches de ces épopées en miniature, si l'on peut opposer quelques idéalités plus fraîches encore aux charmes innocents du Chaperon, aux grâces espiègles de Finette et à la touchante résignation de Grisélidis, c'est chez le peuple lui-même qu'il faut chercher ces poëmes inaperçus, délices traditionnelles des veillées du village, et dans lesquels Perrault a judicieusement puisé ses récits. Je ne disconviens pas qu'on a savamment disserté de nos jours sur les *Contes des Fées,* qu'on a voulu en trouver l'origine bien loin, et qu'il ne tient qu'à nous de croire sur la foi des érudits que *Peau d'âne* est une importation de l'Arabie, que *Riquet à la Houppe* n'exerçoit pas le droit de fief sur ses vieux do-

maines, sans un titre d'investiture timbré au nom de l'Orient, et que la galette et le pot à beurre, malgré leur fausse apparence de localité, nous furent apportés un beau matin par quelque autre Sindbad, sur les épaules d'un afrite, du pays des *Mille et une Nuits*. On nous a tellement accoutumés à l'imitation, depuis l'établissement de cette dynastie aristotélique dont nous sommes encore gouvernés du haut de l'Institut, qu'il est à peu près reçu en dogme littéraire qu'on n'invente rien en France, et il est probable que l'Institut ne manque pas de bonnes raisons pour nous engager à le croire. Ma soumission à ses arrêts ne sauroit aller jusque-là. Nos fées bienfaisantes à la baguette de fer ou de coudrier, nos fées rébarbatives et hargneuses à l'attelage de chauves-souris, nos princesses tout aimables et toutes gracieuses, nos princes avenants et lutins, nos ogres stupides et féroces, nos pourfendeurs de géants, les charmantes métamorphoses de l'*Oiseau bleu*, les miracles du *Rameau d'or*, appartiennent à notre vieille Gaule, comme son ciel, ses mœurs et ses monuments trop longtemps méconnus. C'est porter bien loin le mépris d'une nation spirituelle qui s'est élancée si avant de son propre mouvement dans toutes les routes de la civilisation, que de lui contester le mérite d'invention nécessaire pour mettre en scène les héros de la *Bibliothèque bleue*. Si le fantastique n'avoit jamais existé chez nous, de sa nature propre et intuitive, abstraction faite de toute autre littérature ancienne ou exotique, nous n'aurions pas eu de société, car il n'y a jamais eu de société qui n'eût le sien. Les excursions des voyageurs ne leur ont pas montré une famille sauvage qui ne racontât quelques étranges histoires, et qui ne plaçât, dans les nuages de son atmosphère ou dans les fumées de sa hutte, je ne sais quels mystères, surpris au monde intermédiaire par l'intelligence des vieillards, la sensibilité des femmes et la crédulité des enfants. Que ne sont-ils assis quelquefois, les orientalistes passionnés qui nous dérobent les fables de nos nourrices pour en faire hommage aux coryphées des almées et des bayadères, sous le chaume du paysan, ou près de la baraque nomade du bûcheron, ou à la veillée parlière des teilleuses, ou dans la joyeuse écraigne des vendangeurs! Loin d'accuser Perrault de plagiat, ils se plaindroient peut-être de la parcimonie avare avec laquelle il a distribué à nos aïeux ces surprenantes chroniques des âges qui n'ont pas été et qui ne seront jamais, si actuelles et si vivantes encore dans la mémoire de nos trouvères de hameau! Que de belles narrations ils auroient entendues, empreintes, avec tant de vivacité, des coutumes, des mœurs et des noms du pays, que l'étymologiste le plus intrépide est obligé, en les écoutant, de s'arrêter pour la première fois à la source incontestable des inventions et des choses, et qu'il ne lui est jamais arrivé d'en demander compte dans sa pensée à une autre nature et à une autre société! Depuis la vieille femme sentimentale, rêveuse et peut-être un peu sorcière, qui s'est avisée la première d'improviser ces fabliaux poétiques, aux clartés flambantes d'une bourrée de genévrier sec, pour endormir l'impatience et les douleurs d'un pauvre petit enfant malade, ils se sont répétés fidèlement, de génération en génération, dans les longues soirées des fileuses, au bruit monotone des rouets, à peine varié par le tintement du fer crochu qui fourgonne la braise, et ils se répéteront à jamais, sans qu'un nouveau peuple s'avise de nous les disputer; car chaque peuple a ses histoires, et la faculté créatrice du conteur est assez féconde en tout pays pour qu'il n'ait pas besoin d'aller chercher au loin ce qu'il possède en lui-même, aussi bien que les guiriots et les calenders. Le penchant pour le merveilleux, et la faculté de le modifier, suivant certaines circonstances naturelles ou fortuites, est inné dans l'homme. Il est l'instrument essentiel de sa vie imaginative et peut-être même est-il la seule compensation vraiment providentielle des misères inséparables de sa vie sociale.

L'Allemagne a été riche dans ce genre de créations, plus riche qu'aucune autre contrée du monde, sans en excepter ces heureux Levantins, les suzerains éternels de nos trésors, à l'avis des antiquaires. C'est que l'Allemagne, favorisée d'un système particulier d'organisation morale, porte dans ses croyances une ferveur d'imagination, une vivacité de sentiments, une mysticité de doctrines, un penchant universel à l'idéalisme, qui sont essentiellement propres à la poétique fantastique; c'est aussi que, plus indépendante des conventions routinières et du despotisme gourmé d'une oligarchie de prétendus savants, elle a le bonheur de se livrer à ses sentiments naturels sans craindre qu'ils soient contrôlés par cette douane impérieuse de la pensée humaine qui ne reçoit les idées qu'au poids et au sceau des pédants. Cette individualité méditative, impressionnable et originale qui caractérise ses habitants, se manifeste de temps immémorial dans les innombrables monuments de sa bibliothèque fantastique, et là, au contraire de nos habitudes littéraires, où tout est subordonné à l'aristocratie de l'esprit, c'est la popularité qui consacre le succès. L'Allemagne jouit encore, sous ce rapport, des mêmes franchises qu'au siècle de Goëtz de Berlichingen. Elle en est redevable à cette multitude de circonscriptions locales et d'usages particuliers qui ont maintenu en elle la précieuse ingénuité des peuples primitifs, qui l'ont sauvée de l'avidité dévorante de cette monstrueuse Méduse de la centralisation, dont les bras, inertes pour tout autre usage que pour prendre, ne s'occupent qu'à rassasier l'insatiable faim de la Gorgone, et qui la maintiendront jusqu'à la fin de notre civilisation actuelle, quoi qu'en disent nos théoriciens de clubs et de cafés, au premier rang des nations libres. Depuis la belle histoire de *Faust*, admirablement poétisée par Goethe, qui n'a rien ajouté d'ailleurs à l'idéalité philosophique de l'invention, depuis la profonde allégorie de l'aventurier qui a vendu son ombre au diable, et que le dernier rapsode qui l'a recueillie n'a fait que réduire aux formes naines du roman, l'Allemagne a été jusqu'à nos jours le domaine favori du fantastique. Elle a complété l'histoire psychique de l'homme, si magnifiquement ouverte dans *la Genèse* par l'emblème vraiment divin de l'arbre de la science et des séductions du serpent. Faust est l'Adam du Paradis terrestre, parvenu à se croire égal à Dieu. Le *Rêve* de Jean-Paul est le dénoûment solennel de ce triste drame, et cette autre apocalypse, le terrible mot de l'énigme de notre vie matérielle. Hors de ces trois fables, il n'y a point de vérité absolue sur la terre.

Les malheurs toujours croissants de la nouvelle société présageaient si visiblement sa ruine prochaine, que la trompette de l'ange des derniers jours ne l'annoncera pas plus distinctement à la génération condamnée. De ce moment, le fantastique fit irruption sur toutes les voies qui conduisent la sensation à l'intelligence ; et voilà comment il est entré, malgré Aristote, Quintilien, Boileau, La Harpe et je ne sais qui, dans le drame, dans l'élégie, dans le roman, dans la peinture, dans tous les jeux de l'esprit, comme dans toutes les passions de l'âme. Et alors ce fut un cri d'aigre et ignorante colère contre l'invasion inopinée qui menaçoit les belles formes du classique; et on ne comprit pas qu'il y avoit encore une forme plus large, plus universelle, plus irréparable, qui alloit finir; que cette forme, c'étoit celle d'une civilisation usée, dont le classique n'est que l'expression partielle, momentanée, indifférente, et qu'il n'étoit pas étonnant que le lien puéril des sottes unités de la rhétorique se relâchât, quand l'immense unité du monde social se rompoit de toutes parts.

Parmi les hommes d'élection qu'un instinct profond du génie a jetés, dans ces derniers temps, à la tête des littératures, il n'en est point qui n'ait senti l'avertissement de cette muse d'une société qui tombe, et qui n'ait obéi à ses inspirations, comme à la voix imposante d'un mourant dont la fosse est déjà ouverte. L'école romanesque de Lewis, l'école romantique des lackistes, et, par-dessus tout, ces grands maîtres de la parole, Byron, et Walter Scott, et Lamartine, et Hugo, s'y sont précipités à la recherche de la vie idéale, comme si un organe particulier de divination, que la nature a donné au poëte, leur avoit fait pressentir que le souffle de la vie positive étoit près de s'éteindre dans l'organisation caduque des peuples. Je n'ai pas nommé parmi eux M. de Châteaubriand, qui est resté, par conscience et par choix, au terme de l'ancien monde, comme la pyramide dans les sables de l'Égypte, comme l'arche du déluge sur le sommet de l'Ararat, comme les colonnes d'Hercule sur le rivage des mers inconnues. Walter Scott, enchaîné aussi par des souvenirs, des études et des affections, a placé un peu plus loin, mais non avec plus de solidité et de puissance, les bases de sa renommée à venir entre les deux sociétés. C'est un phare qui jette indistinctement quelques lueurs sur le port, quelques lueurs sur l'abîme. L'abîme ! Byron s'y est perdu à toutes voiles, et nul regard d'homme n'a pu l'y suivre.

Le fantastique de l'Allemagne est plus populaire, et cela s'explique, je le répète, par une longue fidélité à des mœurs de tradition, à des institutions sorties du pays, et souvent défendues et sauvées au prix du sang des citoyens ; à un système d'études plus général, mieux entendu, mieux approprié aux besoins du temps. Cela s'explique surtout par une répugnance prononcée pour les innovations purement matérielles, et dans lesquelles le principe intelligent et moral des nations n'a rien à gagner. Ce peuple, qui a touché aux bornes de toutes les sciences, qui a produit presque toutes les inventions essentielles dont l'impulsion a complété la civilisation de l'Europe, et qui s'occupe délicieusement, dans la douce possession d'une liberté sans faste, aux contemplations sédentaires de l'astronomie et à l'enrichissement des nomenclatures naturelles, méritoit de conserver longtemps le goût innocent et sensé des contes d'enfant. Grâces soient rendues à Musœus, à Tieck, à Hoffmann, dont les heureux caprices, tour à tour mystiques ou familiers, pathétiques ou bouffons, simples jusqu'à la trivialité, exaltés jusqu'à l'extravagance, mais remplis partout d'originalité, de sensibilité et de grâce, renouvellent pour les vieux jours de notre décrépitude les fraîches et brillantes illusions de notre berceau. Leur lecture produit, sur une âme fatiguée des convulsions d'agonie de ces peuples inquiets qui se débattent contre une crise inévitable, l'effet d'un sommeil serein, peuplé de songes attrayants qui la bercent et la délassent. C'est la fontaine de Jouvence de l'imagination.

En France, où le fantastique est aujourd'hui si décrié par les arbitres suprêmes du goût littéraire, il n'étoit peut-être pas inutile de chercher quelle avoit été son origine, de marquer en passant ses principales époques, et de fixer à des noms assez glorieusement consacrés les titres culminants de sa généalogie; mais je n'ai tracé que de foibles linéaments de son histoire, et je me garderai bien d'entreprendre son apologie contre les esprits doctement prévenus qui ont abdiqué les premières impressions de leur enfance pour se retrancher dans un ordre d'idées exclusif. Les questions sur le fantastique sont elles-mêmes du domaine de la fantaisie. Dieu me garde de réveiller, à leur sujet, les misérables disputes des scolastiques des derniers siècles, et de transporter une querelle théologique sur le terrain de la littérature, dans l'intérêt de la grâce des féeries et du libre arbitre de l'esprit! Ce que j'ose croire, c'est que si la liberté dont on nous parle n'est pas, comme je l'ai craint quelquefois, une déception de jongleurs, ses deux principaux sanctuaires sont dans la croyance de l'homme religieux et dans l'imagination du poëte. Quelle autre compensation promettrez-vous à une âme profondément navrée de l'expérience de la vie, quel autre avenir pourra-t-elle se préparer désormais dans l'angoisse de tant d'espérances déchues, que les révolutions emportent avec elles, je le demande à vous, hommes libre qui vendez aux maçons le cloître du cénobite, et qui portez la sape sous l'ermitage du solitaire, où il s'étoit réfugié à côté du nid de l'aigle? Avez-vous des joies à rendre aux frères que vous repoussez, qui puissent les dédommager de la perte d'une seule erreur consolante, et vous croyez-vous assez sûrs des vérités que vous faites payer si cher aux nations, pour estimer leur aride amertume au prix de la douce et inoffensive rêverie du malheureux qui se rendort sur un songe heureux? Cependant tout jouit chez vous, il faut le dire, d'une liberté sans limites, si ce n'est la conscience et le génie. Et vous ne savez pas que votre marche triomphante à travers les idées d'une génération vaincue n'a toutefois pas tellement enveloppé le genre humain qu'il ne reste autour de vous quelques hommes qui ont besoin de s'occuper d'autre chose que de vos théories, d'exercer leur pensée sur une progression imaginaire, sans doute, mais qui ne l'est peut-être pas plus que votre progression matérielle, et dont la prévision n'est pas moins placée que celle des tentatives de votre perfectionnement social sous la protection des libertés que vous invoquez! Vous oubliez que tout le monde a reçu comme vous, dans l'Europe vivante, l'éducation d'Achille, et que vous n'êtes pas les seuls qui ayez rompu l'os et les veines du lion pour en sucer la moelle et pour en boire le sang! Que le monde positif vous appartienne irrévocablement, c'est un fait, et sans doute un bien; mais brisez, brisez cette chaîne honteuse du monde intellectuel, dont vous vous obstinez à garrotter la pensée du poëte. Il y a longtemps que nous avons eu, chacun à notre tour, notre bataille de Philippes; et plusieurs ne l'ont pas attendue, je vous jure, pour se convaincre que la vérité n'étoit qu'un sophisme et que la vertu n'étoit qu'un nom. Il faut à ceux-là une région inaccessible aux mouvements tumultueux de la foule pour y placer leur avenir. Cette région, c'est la foi pour ceux qui croient, l'idéal pour ceux qui songent, et qui aiment mieux, à tout compenser, l'illusion que le doute. Et puis, il faudroit bien, après tout, que le fantastique nous revînt, quelques efforts qu'on fasse pour le proscrire. Ce qu'on déracine le plus facilement chez un peuple, ce ne sont pas les fictions qui le conservent : ce sont les mensonges qui l'amusent.

LES QUATRE TALISMANS [1].

Première Journée.

> Travaillez, prenez de la peine ;
> C'est le fonds qui manque le moins.

Il y avait une fois, à Damas, un vieillard très-riche, très-riche, qu'on appelait *le Bienfaisant*, parce qu'il n'usait de ses trésors que pour adoucir les maux du peuple, soulager les malades et les prisonniers, ou héberger les voyageurs ; et il réunissait tous les jours quelques-uns de ceux-ci à sa

---

[1] LES QUATRE TALISMANS ont été publiés, dans l'année 1838, avec la LÉGENDE DE SOEUR BÉATRIX, en 1 vol. in-8° de 304 pages et une préface.

table, car il n'était pas fier, quoiqu'il fût parvenu. Les plus anciens de Damas, se souvenaient qu'il y était arrivé bien pauvre, et qu'il y avait long-temps gagné sa vie à porter des fardeaux pour les marchands; après quoi, ses petites économies lui permettant d'entreprendre le négoce à son propre compte, on l'avait vu s'élever au plus haut degré de prospérité sans donner

Voici ce que dit Nodler, dans cette préface, sur la pensée qui lui a inspiré ce conte :

« J'ai consacré les QUATRE TALISMANS à la classe de la société qui a le mieux compris, selon moi, ses obligations de la vie, et qui en tirerait le parti le plus raisonnable, si elle connaissait tous ses avantages, c'est-à-dire aux ouvriers. J'ai voulu leur montrer dans un cadre trop étroit pour un tableau de cette importance, mais dont tout le monde peut agrandir la bordure à sa fantaisie, que les conditions de supériorité sociale les plus universellement reconnues, ajoutent fort peu de chose ou n'ajoutent rien au bonheur, et qu'il arrive même assez souvent qu'elles le rendent impossible, tandis qu'il y a peu d'exemples d'un travail actif, obstiné, consciencieux, dirigé par l'envie de bien faire, qui n'ait pas tôt ou tard trouvé en lui-même sa récompense légitime. Cette leçon est grande, consolante, salutaire, propre à désabuser les bons esprits de ces ambitions jalouses et déplacées qui précipitent les vieux peuples vers leur ruine, et qui sont l'unique secret des révolutions. Aussi n'aurais-je pas hésité à la soumettre aux respectables distributeurs du prix fondé par M. de Monthyon, si cette noble récompense ne paraissait presque uniquement réservée désormais aux vues philosophiques et aux supplications expérimentales, qui ont pour but le perfectionnement intellectuel et moral des fainéants, des vagabonds et des forçats. Je conviendrai volontiers d'ailleurs, dans toute la sincérité de mon âme, que la direction donnée en ce sens à l'accomplissement des intentions rémunératrices du bienfaiteur, ne saurait être plus impérieusement prescrite par les besoins de notre civilisation, et je ne crois pas le temps fort éloigné où l'on pourra la regarder comme un hommage rendu aux intérêts de la majorité souveraine, qui sont le principe et la fin de la nouvelle politique. »

lieu au moindre reproche, de sorte que personne ne prenait ombrage de sa fortune, dont il ne semblait jouir que pour en faire part à tout le monde.

Un jour, trois voyageurs fort mal en point et recrus d'âge, de fatigue et de misère, s'étant rencontrés au même moment à sa porte, pour y demander l'hospitalité, les esclaves du vieillard leur donnèrent à laver suivant l'usage, substituèrent à leurs pauvres haillons et à leurs turbans délabrés des vêtements propres et décents, et distribuèrent entre eux trois bourses pleines d'or. Ils les introduisirent ensuite dans la salle du festin, où le maître les attendait, comme il faisait tous les jours, entouré de ses douze fils, qui étaient de beaux jeunes gens rayonnants d'espérance, de force et de santé, car Dieu avait béni *le Bienfaisant* dans sa famille.

Quand ils eurent fini leur repas, qui était simple, mais copieux et salutaire, *le Bienfaisant* leur demanda leur histoire, non pour satisfaire une vaine curiosité, comme le font la plupart des hommes, mais pour s'informer du moyen de les aider dans leurs entreprises et de les secourir dans leurs tribulations. Le plus âgé des trois, auquel il s'était adressé, prit donc la parole et s'exprima ainsi :

HISTOIRE DE DOUBAN LE RICHE.

Seigneur, je suis né à Fardan, qui est une petite ville du Fitzistan, dans le royaume de Perse, et je m'appelle Douban. Je suis l'aîné de quatre enfants mâles, dont le second s'appelait Mahoud, le troisième Pirouz, et le quatrième Ebid, et mon père nous avait eus tous les quatre d'une seule femme qui mourut fort jeune, ce qui le décida sans doute à se remarier, pour qu'une autre mère eût soin de nous. Celle qu'il nous donna dans ce dessein n'était guère propre à servir ses vues, car elle était avare et méchante. Comme notre fortune passait pour considérable, elle fit le projet de se l'approprier, et mon père ayant été obligé de s'absenter plusieurs mois, elle résolut de mettre ce temps à profit pour exécuter ses desseins. Elle feignit de s'adoucir un peu en notre faveur pour nous inspirer plus de confiance, et les premiers jours ainsi passés avec plus d'agrément que nous n'étions accoutumés à en trouver auprès d'elle, cette mauvaise personne nous leurra tellement des merveilles du Fitzistan et du plaisir que nous goûterions à y voyager en sa compagnie, que nous en pleurâmes de joie. Nous partîmes, en effet, peu de temps après, dans une litière bien fermée, dont elle ne soulevait jamais les portières, par respect, disait-elle, pour la loi qui défend aux femmes de se laisser voir, et nous voyageâmes ainsi pendant soixante journées, sans apercevoir ni le ciel ni la terre, tant il s'en fallait que nous pussions nous faire une idée du chemin que nous avions parcouru et de la direction dans laquelle nous étions conduits. Nous nous arrêtâmes enfin dans une forêt épaisse et obscure, où elle jugea à propos de nous faire reposer sous des ombrages impénétrables au soleil, et je ne doute pas que ce ne fût cette forêt magique qui sert de ceinture à la montagne de Caf, laquelle est elle-même, comme vous savez, la ceinture du monde. Nous nous divertîmes assez bien dans cet endroit, en buvant des vins qu'elle avait apportés et dont nous ne connaissions pas l'usage. Ces breuvages défendus nous plongèrent dans un sommeil si profond, qu'il me serait difficile d'en déterminer la durée. Mais quelle fut la douleur de Mahoud, celle de Pirouz et la mienne, car notre jeune frère Ebid dormait encore, quand nous ne retrouvâmes au réveil ni la femme de mon père ni la litière qui nous avait amenés! Notre premier mouvement fut de courir, de chercher, d'appeler à grands cris; le tout en vain. Nous comprîmes alors aisément le piège où nous étions tombés, car j'avais déjà vingt ans et mes deux frères puînés une seule année de moins, parce qu'ils étaient jumeaux. Dès ce moment nous nous abandonnâmes au plus horrible désespoir et nous remplîmes les airs de nos cris, sans parvenir toutefois à réveiller notre frère Ebid qui paraissait occupé d'un rêve gracieux, car le malheureux enfant riait dans son sommeil. Cependant nos clameurs devinrent si fortes, qu'elles attirèrent vers nous le seul habitant de ces affreux déserts. C'était un génie de plus de vingt coudées de hauteur, dont l'œil unique scintillait comme une étoile de feu, et dont les pas retentissaient sur la terre comme des rochers tombés de la montagne. Mais il faut convenir qu'il avait d'ailleurs une voix douce et des manières gracieuses qui nous rassurèrent tout de suite.

« C'est bravement crié, garçons, dit-il en nous abordant, mais c'est une affaire faite, et je vous dispense volontiers de vous égosiller davantage, d'autant que je n'aime pas le bruit. La gryphone a délogé à tire-d'aile et sans se faire prier aussitôt qu'elle vous a entendus ; et vous n'ignorez pas certainement, puisque vous mettez tant de zèle à mes intérêts, que mon maître le roi Salomon, trompé par les faux rapports de ce méchant animal, lui avait donné l'autorité souveraine dans mes Etats, jusqu'au jour où une voix humaine viendrait troubler le silence de ces solitudes. C'était à peu près comme qui aurait dit l'éternité, car il n'était guère probable que vous prissiez un jour fantaisie de venir brailler ici, au lieu de faire endêver messieurs vos parents à domicile. Grâces au ciel, tout est pour le mieux, et il ne me reste plus qu'à vous récompenser suivant vos mérites. Vous verrez, petits, que je sais être reconnaissant, car je vais vous gratifier entre vous trois de tout ce qui peut combler les désirs de l'homme sur la terre, savoir : la fortune, le plaisir et la science.

« Et d'abord pour toi, continua-t-il en me passant un ruban au cou et en me montrant un petit coffret qui y était suspendu, cette amulette aura la propriété de te faire posséder tous les trésors cachés que nous foulons aux pieds sans les connaître, et de t'enrichir de tout ce qui est perdu.

« Toi qui n'es que médiocrement joli garçon, dit-il à Mahoud avec la même cérémonie, tu m'auras l'obligation d'être aimé, du premier regard, de toutes les femmes que tu rencontreras dans ton chemin. Ce n'est pas ma faute si tu ne fais pas un bon établissement.

« Toi, dit-il à Pirouz, tu devras à ce talisman l'empire le plus universel qu'il soit possible d'exercer sur le genre humain, puisqu'il te fournira des moyens infaillibles de calmer toutes les douleurs du corps et de guérir toutes ses maladies... — Gardez bien ces précieux joyaux, ajouta-t-il enfin, car c'est en eux seuls que résident les merveilleux talents dont vous voilà revêtus, et ils perdront toute leur puissance au moment où vous en serez séparés. »

En achevant ces paroles, le génie nous tourna le dos, et nous laissa plongés dans le plus profond étonnement.

Nous ne revînmes à nous que peu à peu, et sans nous communiquer nos premières réflexions qui s'arrêtèrent probablement sur la même idée. Le génie n'avait disposé en notre faveur que de trois amulettes, et il était probable qu'il n'en possédait pas davantage ;

Ebid, qui n'avait pas été appelé au partage prendrait mal notre soudaine fortune, et peut-être il exigerait de nous une nouvelle répartition qui nous serait également funeste à tous, puisque la vertu de nos amulettes, exclusives à chacun de ceux qui venaient d'en être dotés, ne pouvait se communiquer à d'autres. Un sentiment de justice naturelle révolterait son cœur contre le caprice de cette destinée inégale et nous en ferait un ennemi toujours prêt à contrarier nos desseins et à troubler nos jouissances. Que vous dirais-je, seigneur ? Nous eûmes la cruauté d'abandonner cet innocent enfant qui n'avait que nous pour appuis, en essayant de nous persuader réciproquement que le génie en prendrait soin, mais sans autre motif réel que la honteuse crainte de l'avoir à notre charge. Cette abominable action, qui devait être l'éternel tourment de mon cœur, n'a pas encore été expiée par tous les maux que j'ai soufferts.

Nous marchâmes pendant quelques jours, en nous servant de ce qui nous restait de nos provisions, et soutenus par les brillantes espérances que nous fondions sur nos talismans. Mahoud, qui était le plus laid de nous trois et qui voyait d'avance toutes les belles soumises à son ascendant vainqueur, devenait à chaque pas, plus insupportable d'impertinence et de fatuité. C'était en vain que le ruisseau où nous allions puiser notre breuvage lui annonçait insolemment deux fois par jour qu'il n'avait pas changé de visage. L'insensé commençait à prendre plaisir à la reproduction de son image, et se pavanait devant nous, dans ses grâces ridicules, de manière à nous inspirer plus de pitié que de jalousie. Pirouz qui n'avait jamais rien pu apprendre, tant il avait l'esprit borné, n'était pas moins fier de sa science que Mahoud de sa beauté. Il parlait avec assurance de toutes les choses qui peuvent être soumises à l'intelligence de l'homme, et imposait hardiment des noms baroques à tous les objets inconnus que nous présentait notre voyage.

Quant à moi, qui me croyais le mieux traité de beaucoup, parce que j'avais assez d'habitude du monde pour savoir déjà que toutes les voluptés de l'amour et toute la célébrité du savoir s'y achètent facilement au prix de l'or, je tremblais que mes frères ne fissent de leur côté les mêmes réflexions, et j'osais à peine me livrer au sommeil sans leur rappeler que nos amulettes perdraient toute leur valeur dans les mains de ceux qui s'en seraient emparés. Cette précaution même ne me rassurait pas entièrement, et il m'arrivait rarement de céder aux fatigues de la journée, sans avoir enfoui la mienne à l'écart dans le sable du désert, ou sous un lit de feuilles sèches. Pendant la nuit, le moindre bruit me réveillait en sursaut ; j'éprouvais des inquiétudes qui ressemblaient à des angoisses ; je me rapprochais furtivement de mon talisman, je le déterrais avec d'horribles battements de cœur et je ne dormais plus.

Ces préoccupations, qui nous étaient sans doute communes, avaient fait naître entre nous la défiance et la haine et nous en étions venus au point de ne pouvoir plus vivre ensemble. Nous résolûmes de nous séparer, et de marcher tous trois dans trois directions différentes, en nous promettant, de la bouche plutôt que du cœur, de nous retrouver un jour. Là-dessus, nous nous embrassâmes froidement, et nous nous dîmes un adieu qui devait être éternel.

Le lendemain, je restai seul avec mes rêves, sans autre nourriture que les fruits sauvages des forêts ; ils me manquaient déjà depuis le matin, et la faim me pressait d'une manière cruelle, quand, au détour d'un ravin profond, je tombai au milieu d'une caravane de marchands ou d'une embuscade de voleurs nomades, je n'ai jamais su lequel. J'allai cependant m'asseoir avec sécurité dans le rang le plus épais de la bande, parce que mon amulette venait de me découvrir un mystère dont j'espérais tirer parti avec elle : « Mes amis, leur dis-je d'un ton résolu, vous voyez parmi vous un pauvre jeune homme qui ne possède au monde que ces simples vêtements, mais qui peut vous rendre tous les plus heureux et les plus opulents des mortels. Comme je suppose que vous n'avez pour but, dans vos périlleux voyages, que de vous enrichir par des gains licites, je viens vous offrir une fortune immense et facile, sans autre condition que de la partager avec vous. Voyez s'il vous convient de m'accorder la moitié d'un trésor que mes glorieux ancêtres ont caché dans ces solitudes, et ce qu'il me faut de chameaux pour la transporter dans la ville la plus voisine. Je prends le divin prophète à témoin que je vous cède l'autre part, et qu'elle est assez considérable pour combler l'ambition de vingt rois. »

Sur l'assentiment empressé de toute la troupe :
« Fouillez le sol de ce champ, repris-je aussitôt, et divisez les charges en égales portions entre vos chameaux et les miens. Je vous répète que la moitié est ma part, et que je ne veux rien de plus, car Mahomet m'a inspiré d'enrichir les premiers croyans que je trouverais dans le désert. »

L'événement répondit à ma promesse. L'or était presque à fleur de terre, et tous les chameaux furent chargés avant la nuit. Quoique le pays parût tout-à-fait inhabité, nous préposâmes les plus vigilants à la garde de la caravane, et, comme il n'y avait pas un de nous qui crût pouvoir compter aveuglément sur les autres, je suis assez porté à croire que personne ne dormit. Nous commencions à recueillir le premier fruit des richesses.

Les jours suivants se passèrent assez paisiblement, à jouir entre nous de l'idée de notre bonheur, et à nous confier nos projets. Seulement, à mesure qu'ils se développaient dans notre esprit, nous concevions la possibilité d'en étendre la portée dans une proportion presque infinie, et au bout d'une semaine, le plus modéré de la troupe était mécontent de son lot; car l'insatiable cupidité des riches leur crée, au milieu de leur prospérité apparente, une pauvreté relative plus difficile à supporter que la pauvreté absolue des malheureux de la terre. J'avais remarqué cette disposition dans mes compagnons, quand nous nous arrêtâmes pour camper sur l'emplacement d'une ville antique dont la vaste enceinte et les ruines superbes annonçaient la vieille capitale d'un grand peuple. Mon talisman m'y décelait presque à chaque pas des trésors mille fois plus précieux que le nôtre, mais nos bêtes de somme pliaient déjà sous un fardeau qui ralentissait considérablement leur marche, et l'avarice dont j'étais possédé me faisait craindre d'ailleurs de nouveaux partages. Sous prétexte de visiter ces monu-

ments dont la munificence n'avait frappé que moi, je

m'éloignai donc du reste de la caravane pour marquer à loisir, par des signes faciles à retrouver, les lieux qui recelaient tant de gages de mon opulence future, et je ne rentrai au camp qu'excédé de fatigue et de faim. Je fus étrangement surpris de l'agitation qui y régnait à mon approche, mais elle ne tarda pas à m'être expliquée :

« Jeune homme, me dit un de ces voyageurs que j'avais remarqué parmi les plus déterminés de la bande, nous ne savons ni qui vous êtes, ni d'où vous venez ; et depuis dix jours que nous sommes ensemble, vous n'avez pu nous faire connaître, en aucune manière les droits particuliers que vous prétendez faire valoir sur le trésor dont nous nous sommes rendus maîtres. Cependant nous sommes vingt, nous avons vingt chameaux, et le traité que vous nous avez malicieusement imposé vous a rendu possesseur de la moitié de nos chameaux et de la moitié de notre trésor, tandis que la moitié de la charge d'un seul chameau nous est échue à chacun, comme si quelque privilége imprimé à votre front, de la main d'Allah, nous avait livrés à vous en serviteurs et en esclaves. Les règles de l'équité naturelle voulaient que ces richesses fussent également divisées entre tous, et nous y consentirions encore, quoique votre orgueil et votre perfidie méritassent un plus rude traitement, si vous acceptez l'offre que nous vous faisons de la vingtème partie de nos charges. Autrement, nous examinerons la valeur de vos titres dans la sévérité de notre justice, et nous verrons s'il ne nous convient pas de vous mener prisonnier à Bagdad pour y rendre compte de l'origine de ce précieux dépôt, dont le secret est probablement caché dans la conscience de quelque assassin. »

Pendant qu'il parlait, j'avais réfléchi. Mon amulette, qui me donnait la connaissance des trésors enfouis, ne me révélait rien sur leurs maîtres légitimes, et j'étais, au reste, assez avancé dans l'étude de la politique pour ne pas espérer que les titres les plus sacrés prévalussent contre le fisc. L'immense fortune que je venais de découvrir et de jalonner me consolait d'ailleurs aisément de la perte de quelques misérables millions, car je l'évaluais à l'équivalent de tout ce qu'il y a d'or en circulation sur la terre ; je me contentai donc de sourire avec toute la grâce dont j'étais capable, en méditant ma réponse :

« Eh quoi ! mes chers camarades ! m'écriai-je, une difficulté si légère a-t-elle menacé un moment de troubler notre union ? Je venais vous apporter moi-même la proposition que vous me faites, et le seul regret que j'éprouve est de ne vous avoir pas prévenus. Autant que chacun de vous, et pas davantage, voilà le vœu auquel mon esprit s'était arrêté. Prenez donc neuf de mes chameaux, et chargez celui qui me reste de la part qui me revient. C'est tout ce que j'exige de vous. » Ces paroles achevées, je m'associai gaiement à la réfection commune, et je m'endormis ensuite avec tranquillité, en rêvant aux trésors inépuisables dont je venais de m'assurer la conquête.

Le lendemain, et plusieurs jours encore, nous continuâmes à marcher sans qu'il nous arrivât rien de notable. Seulement, de soleil en soleil, la caravane devenait plus pensive et plus triste, et il était aisé de discerner dans chacun de nos chameliers des mouvements alternatifs de jalousie et d'inquiétude. Il fut même question de quelques vols qui amenèrent des rixes sanglantes parmi ces aventuriers, dont le moindre avait de quoi acheter une province. D'un autre côté, les provisions étaient fort diminuées, et de toutes les rations la mienne était devenue la plus parcimonieuse. Dix fois j'avais regretté que le génie ne m'eût pas accordé, au lieu du talisman qui annonce le gisement des trésors, celui qui m'aurait fait deviner quelque silo inconnu ou seulement quelque racine nourrissante. Et pourtant, nous nous encouragions mutuellement à patienter, parce que notre route s'avançait. Des indices connus de tous ceux qui pratiquent le désert nous faisaient espérer d'arriver incessamment à un bourg ou à un village, et de nous y établir en souverains. Partout la souveraineté appartient à l'or.

Un jour enfin, livré à mes alarmes habituelles, j'étais à peine parvenu à clore mes paupières, au moment où l'aube commençait à blanchir les horizons du désert, quand je fus tout à coup réveillé par un coup de yatagan qui faillit me plonger dans l'éternel sommeil. Je n'eus que la force d'entr'ouvrir un œil mourant pour m'assurer près de moi que mon chameau n'y était plus, et pour porter à mon talisman une main défaillante, qui le trouva encore. Un cri, qui m'aurait perdu, manqua heureusement à ma douleur, et je retombai soudain dans un profond évanouissement, que mes assassins prirent pour la mort. Un grand nombre d'heures s'écoulèrent depuis, car le soleil était au milieu de son cours quand je revis la lumière.

J'étais couché sur le bord d'un ruisseau où l'on m'avait transporté pour laver ma blessure. Un vieillard vénérable, dont la barbe blanche descendait jusqu'à la ceinture, et qui achevait, penché sur moi, les soins de mon pansement, paraissait épier dans mes regards, avec une sollicitude paternelle, quelque faible rayon de vie. « Divin prophète ! m'écriai-je, est-ce vous qui êtes descendu du haut des cieux que vous habitez, pour rappeler à l'existence l'infortuné Douban, ou plutôt l'ange de la mort m'a-t-il déjà transporté sur ses ailes rapides à votre céleste séjour ?

« Je ne suis point Mahomet, répondit-il en souriant ; je suis le scheick Abou-Bedil, que la prévoyance ineffable du Tout-Puissant a conduit dans ce lieu pour te sauver, et qui a réussi avec l'assistance de sa volonté, par le secours de quelques simples dont la nature est prodigue. Rassure-toi donc, mon fils, car ta blessure ne présente plus de dangers, et tu t'en remettras facilement dans ma maison, où tu seras traité avec toute la sollicitude que méritent ton âge et ton malheur. Elle n'est pas éloignée d'ici, et cette litière de feuillage, que j'ai fait préparer pour toi, t'en adoucira le chemin. »

Nous y arrivâmes effectivement en quelques heures, et, avant le coucher du soleil, je reposais sur les nattes d'Abou-Bedil.

Ce sage viellard avait été la lumière de l'Orient. Long-temps conseiller des rois, il avait attaché le souvenir de son nom à celui d'une époque de paix et de prospérité qui vivra éternellement dans la mémoire des peuples. Les poètes avaient composé des chants à sa gloire, et les villes lui avaient consacré des monuments où éclatait leur reconnaissance. Malheureusement pour lui, la prudence de son administration diminua tellement le nombre des procès que l'infatigable activité des gens de loi, qui ne peut jamais être oisive, se changeant en haine implacable pour l'appointeur de tous les débats, suscita peu à peu contre sa bienfaisante autorité les aveugles colères de la multitude. Il tomba du pouvoir, sans s'y attendre, comme il y était parvenu, et, dépouillé de tous ses biens, il avait obtenu, pour grâce, de se réfugier obscurément dans le plus pauvre de tous les manoirs de ses ancêtres. Il y habitait depuis, également exempt d'ambition et de regrets, nourri du laitage de ses troupeaux, habillé de leurs toisons, partagé entre les loisirs de la méditation et les travaux de l'agriculture, plus heureux peut-être qu'il ne l'eût été jamais, parce qu'il avait promptement appris, dans sa retraite, qu'il n'est point d'état, si disgracié qu'il soit de la fortune, où une vie laborieuse et une âme bienveillante ne puissent être utiles aux hommes. Tel était Abou-Bedil, qui me sauva de la mort, et dont j'ai souvent maudit le bienfait, parce que je n'ai pas su en profiter.

Quand je fus entièrement rétabli, je me présentai devant lui pour baiser ses mains vénérables, mais avec une humilité moins timide qu'on n'aurait pu l'attendre de ma fortune et de ma condition, mon amulette m'ayant fourni pendant ma convalescence un moyen sûr de lui prouver que je n'étais pas ingrat.

« Généreux scheick, m'écriai-je en me relevant dans ses bras qui me pressaient avec tendresse, vois dans l'heureuse circonstance, qui m'a valu tes bons offices, une marque signalée de la protection du Dieu parfaitement juste que nous adorons, et qui voulait que je servisse d'instrument au rétablissement de ta prospérité et de ta grandeur. Un secret dont j'ai hérité de mes pères m'enseigne que tes aïeux ont caché dans les fondements de ce palais, pendant une longue suite de siècles, des trésors qui surpassent en richesses le trésor même des califes. Tu vas t'en assurer en faisant détourner à l'instant la pierre de tes souterrains, et creuser la terre de tes jardins, à quelques palmes au-dessous de la profondeur que la bêche peut atteindre. Redeviens donc opulent et renommé parmi les hommes, vertueux Abou-Bedil : loue Allah, qui ne peut jamais être assez loué, et ne refuse pas ta bénédiction à ton esclave fidèle. »

Abou-Bedil parut pensif, se mordit les lèvres, et me fit asseoir.

« Mon fils, me répondit-il, Dieu est grand et sa puissance est infinie. Je suis assez assuré de l'effet des remèdes dont je t'ai prescrit l'usage, pour ne pas attribuer l'hallucination dont tu es frappé aux vertiges qui sont quelque fois la suite d'une blessure mal guérie. J'avais d'ailleurs entendu parler, par mon père, de l'existence de ces trésors, et tu t'étonneras peut-être que je n'aie point cherché à m'en assurer la possession. C'est que l'étude et l'expérience m'ont appris qu'il n'y avait de trésors réels que la modération, qui est la sagesse. Les dons innocents de la nature ont suffi jusqu'ici à mon bonheur, et je ne m'exposerai point à altérer la pureté d'une vie simple et facile, en versant dans la coupe que Dieu m'a donnée le dangereux poison des richesses ; mais ta découverte, si elle se trouve vraie, m'enlève le droit de persister dans un dédain qui serait préjudiciable à ta propre fortune. Dans tous les pays policés, l'homme qui découvre un trésor caché peut légitimement en réclamer la moitié, et je manquerais aux devoirs de l'équité la plus commune, si je te privais des avantages que tant d'or acquis sans travail et sans périls semble promettre à l'inconsidération de ta jeunesse. Tu vas donc toi-même prendre possession de ces biens, à supposer qu'ils existent réellement, dans les vastes souterrains sur lesquels mon manoir est bâti. Seulement, je te supplie, au nom de la reconnaissance que tu me témoignais tout-à-l'heure et que tu dois réserver plus particulièrement au souverain auteur de toutes choses, de me laisser pour ma part les trésors enfouis sous le sol de mon jardin, non pas que j'imagine qu'ils puissent être plus considérables que les premiers, mais parce qu'on ne pourrait les extraire sans détruire les plantations dont je tire ma nourriture, et les fleurs que je cultive pour le plaisir de mes yeux. Dieu me préserve de sacrifier jamais, à la folle envie d'entasser dans mes coffres le métal corrupteur qui engendre tous nos maux, le parfum d'une seule rose ! »

Après avoir prononcé ces paroles A-bou-Bedil se retira dans ses bains, car c'était l'heure des ablutions.

Quant à moi, je fis appeler des ouvriers, je les conduisis dans les souterrains, et je leur ordonnai de les  dépaver sous mes yeux dans toute leur étendue. Les lingots de l'or le plus pur y étaient entassés en si grande quantité qu'après en avoir composé la charge de toutes les bêtes de somme qu'il fut possible de se procurer dans le pays, j'eus le regret d'en laisser presque autant que je pouvais en enlever ; mais je ne manquai pas de me faire honneur de ma modération forcée, en exagérant devant le scheick le nombre et la valeur des trésors que je lui laissais, comme s'il avait dépendu de moi de les lui ravir. « Tu sauras donc où les retrouver, dit le vieillard en souriant, quand tu auras épuisé ceux qui t'appartiennent, car je fais vœu, sur le saint livre du Koran, de n'y toucher de ma vie. Donne maintenant à ceux qui ont travaillé sous tes ordres tout ce qu'ils auront la force d'emporter de ce métal, et commande-leur de recouvrir le reste avec toute la solidité qu'ils sont capables de mettre dans leurs ouvrages. Puisse cet or être plus profondément enfoncé encore dans les entrailles de la terre, et y demeurer jusqu'à ce que mes mains l'en retirent ! Il n'y fait du moins point de mal. »

J'étais si impatient de jouir de mon opulence que je fus prêt à partir le lendemain avant la naissance du jour. Le scheick était debout comme moi, mais c'était pour contempler le lever du soleil et pour visiter ses fleurs. Quand il me vit disposé à m'éloigner : « Mon fils, me dit-il, veuille le ciel t'être désormais plus favorable qu'il ne l'a été jusqu'ici ! Tu es riche entre tous les hommes, et la richesse entraîne à sa suite plus de malheurs que tu n'en peux prévoir. Soulage ceux qui souffrent, et nourris ceux qui ont faim : c'est le seul privilége de la fortune qui mérite d'être envié. Évite le pouvoir, qui est un piége tendu par les mauvais esprits aux âmes les plus innocentes. Évite même la faveur de ceux qui sont puissants, car on ne l'obtient presque jamais qu'au prix de la liberté et du bonheur. Cherche cependant à te concilier leur bienveillance et à t'assurer leur appui, par les moyens dont tu te servirais pour te gagner des clients dans la classe moyenne, c'est-à-dire par des présents proportionnés à leurs besoins ou à leur cupidité. Toutes les classes sont également soumises à la séduction de l'or ; il n'y a que le taux de changé. Ne dédaigne pas d'acheter au même prix la protection des courtisans, sans laquelle il serait insensé de compter sur la protection du maître. Je n'ai plus que trois mots à ajouter à mes conseils : Sois indulgent et miséricordieux envers tout le monde, ne te mêle pas des affaires publiques, et tâche d'apprendre un métier. »

Là-dessus, Abou-Bedil me bénit, et retourna, tranquille, à ses roses.

Tandis que je cheminais vers Badgad, je méditais ces sages conseils dans mon esprit, et je pressentais de plus en plus la nécessité de signaler mon entrée dans la ville par un magnifique présent au calife ; mais je n'y pouvais penser sans m'effrayer du sacrifice que je serais obligé de faire à cette mesure de prudence, et je promenais sur mes trésors un regard inquiet et jaloux, en cherchant des moyens de ne pas m'en séparer. Nous arrivâmes enfin aux portes de la cité souveraine, dans une plaine propre à notre campement, qui s'étendait sur un des côtés de la route. Le côté opposé était occupé par une autre caravane, dans laquelle je n'eus pas de peine à reconnaître les bandits qui m'avaient dépouillé au désert, avec leurs chameaux chargés de mon or.

Les vêtements que j'avais reçu de la libéralité d'Abou-Bedil me déguisèrent heureusement à leurs yeux et je passai assez près d'eux pour m'assurer de ma découverte sans exciter leur défiance. Comme je m'étais accoutumé à la perte de ces richesses, et qu'elles n'auraient fait en ce moment qu'augmenter mes embarras, cette rencontre inopinée me suggéra un dessein qui satisfaisait à la fois mon avarice et ma vengeance, et que je me hâtai d'exécuter, après avoir mis mon escorte sur ses gardes contre de si dangereux voisins. J'entrai donc seul à Bagdad, et je me rendis sur-le-champ au palais du calife, car c'était l'heure où il tient ses audiences, qui sont ouvertes à tout le monde.

Il faut vous dire, seigneur, que l'empire des califes venait de recevoir un de ces rudes échecs qui ont enfin causé sa ruine, et que le souverain régnant n'avait trouvé moyen d'y porter remède qu'en levant sur ses peuples, un impôt exorbitant qui menaçait de devenir une source de sédition et de révolte. C'est dans ces circonstances que je me présentai devant lui, non sans colorer mon histoire d'un de ces mensonges que la mystérieuse origine de ma fortune me rendait à tout moment nécessaires, car c'est là l'inconvénient inévitable de toute fortune qui n'a pas été acquise par un droit légitime ou par un travail assidu.

« Souverain commandeur des croyants, lui dis-je après m'être prosterné trois fois et avoir frappé trois fois de ma tête le pavé de son palais, tu vois à tes pieds le malheureux Douban, prince du Fitzistan, chassé de ses États par l'ambition cruelle d'un frère, et qui vient chercher dans les tiens une demeure hospitalière et un tranquille repos. Le Très-Haut me garde pourtant d'aggraver les charges de ton empire des frais d'une hospilité importune ! J'ai soustrait mes trésors à la rapacité de mes ennemis, et la part que d'affreux malheurs m'ont laissée suffit largement aux besoins d'une existence digne du rang que j'ai tenu dans la Perse. Par un fatal hasard, j'en avais dirigé la plus faible portion par les voies ordinaires, et c'est celle qui m'accompagne aujourd'hui. L'autre, que j'escortais de ma personne dans les routes du désert, m'a été volée par mes esclaves, qui m'ont assassiné et laissé pour mort dans une région éloignée. Miraculeusement sauvé du trépas, j'ai rejoint ce matin la première partie de mon convoi

aux portes de Bagdad, et le Tout-Puissant a permis que je reconnusse l'autre dans une caravane voisine, au moment où je venais déposer à tes genoux l'assurance de mon dévouement filial. Celle-là, qui peut dispenser tes peuples du paiement d'un impôt rigoureux et difficile à prélever, et qui te fournira de surcroît tout ce qu'il faut d'or pour satisfaire à l'entretien de ta magnificence royale, t'appartiendra sans réserve, si tu daignes en recevoir l'hommage. Il suffira, pour la faire entrer dans ton trésor, que tu m'accordes une troupe de soldats disposés à s'en emparer sous mes ordres, et que tu m'autorises à faire justice de mes assassins. »

« Nous recevons ce que tu nous offres, et nous t'accordons ce que tu nous demandes, répartit le calife ; mais ce n'est point à cela que nous bornerons nos grâces. Il y a trois mois que notre grand-visir cherche à remédier aux embarras de l'empire, sans y avoir réussi, tandis que la vivacité de ton intelligence vient de nous en délivrer en un moment. Hâte-toi d'exécuter ce que tu nous proposes, et de prendre sa place auprès de nous, car telle est notre volonté. »

Ce langage me frappa de confusion et de terreur, parce que je comprenais pour la première fois que la fortune ne tient pas lieu de tout. J'étais à peine initié à la connaissance des lettres vulgaires, et, par conséquent, incapable d'exercer les fonctions de grand-visir, dont l'éloignement où j'avais toujours vécu des affaires me faisait concevoir une idée extravagante. Je ne me trouvais d'aptitude réelle qu'à être riche, état pour lequel j'imaginais qu'on a toujours assez d'esprit, et les exemples ne me manquaient pas. D'ailleurs, s'il faut l'avouer, j'estimais ma condition fort au-dessus de celle du grand-visir et du calife lui-même, et je m'étais proposé plus d'une fois, dans mes projets de grandeur future, d'acheter un jour l'empire du monde. Je déclinai donc, sous les prétextes les plus spécieux que mon imagination me put suggérer, la haute faveur dont m'honorait le commandeur des croyants, et je fus assez heureux pour colorer mon orgueil des apparences de la modestie et de la vertu. Il n'y a rien de plus aisé que de se donner les honneurs de la modération quand on n'a rien à désirer.

Le soir, les voleurs de mon or furent pendus, sans qu'il leur eût profité, et le trésor dont leur crime les avait rendus maîtres passa dans les caisses du calife, qui n'en profita pas davantage.

Le lendemain, j'achetai des palais, des maisons de campagne, des meubles somptueux, des esclaves innombrables, des femmes de toutes les couleurs et de

tous les pays. Les jours suivants, je mis en route des caravanes bien escortées pour aller recueillir dans la ville du désert, les richesses immenses que je prétendais y avoir enfouies, et j'ordonnai leurs voyages de telle manière que chaque soleil devait me ramener, pendant une longue suite d'années, autant de biens que j'en avais amassé jusque-là. Je fis creuser des souterrains d'une étendue prodigieuse pour y enfermer tous les nouveaux trésors que la terre devait accorder à mes recherches, et je m'abandonnai ensuite à la mollesse et à la volupté, au milieu de mes maîtresses et de mes flatteurs, sans aucune défiance de l'avenir, le service que j'avais rendu au calife me rassurant complètement sur les efforts que mes ennemis pourraient faire pour m'enlever sa protection.

Il s'en fallait cependant de beaucoup que je fusse à l'abri de tout danger, et je n'eus que trop tôt l'occasion de m'en apercevoir. En rendant l'impôt inutile, j'avais irrité les préposés du fisc qui recueillent toujours la meilleure part de tous les impôts possibles. J'avais aigri le sot orgueil de la populace elle-même qui souffre impatiemment qu'on se mêle des affaires, et qui ne veut pas qu'on puisse se flatter de lui avoir imposé l'indépendance et le bonheur. J'avais humilié l'ambition des grands, qui rougissaient de voir leurs honneurs répudiés par un aventurier, et la vanité des riches, dont mes profusions scandaleuses avaient rendu le faste impuissant et ridicule. Loin de me savoir gré de mon refus, le visir le regardait comme un moyen plus sûr de m'emparer de sa puissance, en l'avilissant dans ses mains, et en me faisant, par mes largesses, des créatures dans le peuple. Le calife, indigné de ne pouvoir lutter avec moi de magnificence, avait épuisé en vain ses ressources et son crédit par des emprunts ruineux, et il se tenait renfermé depuis quelque temps, sous prétexte de maladie, dans la misère de son palais. Telle était la position des choses, quand on m'annonça que le grand-visir demandait à me parler.

J'allai le recevoir en grande pompe, et je l'introduisis, en affectant une humilité insolente, dans le plus riche de mes appartements. C'était un homme déjà sur l'âge, que j'avais toujours dédaigné de voir, malgré les sages conseils d'Abou-Bedil, et dont toute la physionomie annonçait la plus honteuse avarice. Son œil était creux, fauve, éraillé; sa figure hâve et plombée par de longs soucis; son dos était voûté en quart de cercle, comme celui de ces malheureux ouvriers qui travaillent aux mines; son corps grêle, épuisé par les privations, chancelait sur ses frêles appuis, comme un chalumeau vide que la faulx du moissonneur a oublié en passant. Il pressait sur sa poitrine un manteau d'une étoffe assez riche, probablement dérobé aux dépouilles de son prédécesseur, mais dont la trame usée ne présentait plus qu'un tissu finement travaillé à jour qui menaçait de se rompre de toutes parts. Il en releva soigneusement les pans avant de s'asseoir, pour ne pas l'exposer aux chances périlleuses d'un frottement, et il me parla ainsi :

« Voyageur du Fitzistan, me dit-il, j'aurais le droit de vous aborder avec des paroles de colère, car vous avez oublié le respect qui est dû à notre auguste maître, en lui donnant pour un hommage libre ce qui n'est, en effet, qu'une très faible partie du tribut légal dont vous étiez tenu envers lui; mais sa mansuétude toute-puissante impose silence à notre justice. Je viens donc vous signifier en son nom, et par égard pour votre qualité d'étranger qui peut excuser votre ignorance, que la moitié des trésors dont vous vous êtes notoirement emparé en maintes et diverses parties de ses États, lesquels s'étendent aux bornes du monde, relève de sa propriété souveraine, et que vous ne pourriez la retenir traîtreusement sans encourir la peine justement infligée aux crimes de lèse-majesté, c'est-à-dire la mort et la confiscation. »

A ce dernier mot, qui avait une valeur particulière dans la bouche du grand-visir, ses lèvres longues et étroites se relevèrent par les coins ; ses petits yeux enfoncés brillèrent d'une lumière ardente, et son regard avide supputa d'un clin d'œil plus rapide que l'éclair la valeur de mes meubles et de mes bijoux.

Ses intentions et ses regrets étaient trop manifestes pour échapper, en moi, à cet esprit de prudence, déjà éprouvé, qui est la sagesse et le tourment des riches; mais ma résolution était prise à l'égard des voleurs de cour comme à l'égard des voleurs du désert, et j'étais décidé d'avance à tous les sacrifices, parce qu'il n'y avait point de sacrifice qui pût compromettre une fortune inépuisable. Je prévoyais d'ailleurs que le calife et le visir seraient obligés d'enfouir une partie de mes richesses ; et comme ils étaient beaucoup plus vieux que moi, je savais bien où retrouver un jour l'or qu'ils m'auraient volé. Ce n'était qu'une espèce de dépôt que j'espérais reprendre avant peu, grossi de leurs propres économies.

« Seigneur, répondis-je avec un sourire un peu forcé, quoique mes trésors ne doivent rien à la succession d'Abou-Giafar-Almanzor, premier calife de l'Irak, et que je me fusse fait scrupule d'en recueillir d'autres que ceux qui me viennent de mes pères, je me soumettrai sans réserve aux ordres de notre maître, qui ne peut jamais se tromper; je le prierai même d'agréer tout ce que je possède, au lieu de la moitié qu'il réclame, heureux que sa bonté souveraine me laisse une natte où reposer ma tête, et un burnous pour m'envelopper. Je ne prétends en distraire, si votre grâce le permet, que ces deux coupes, chacune d'une seule émeraude taillée par Ali-Taffis, et qui contiennent les diamants royaux de ma famille depuis le règne de Taher-le-Grand. »

« Deux coupes d'une seule émeraude chacune, et toutes remplies de pierres précieuses! » s'écria le grand-visir en bondissant sur mon divan.

« J'avais depuis longtemps destiné ces deux inestimables joyaux, continuai-je sans m'émouvoir, à enrichir le trésor particulier du plus grand ministre qui ait imposé à cet empire la douce sagesse de ses lois. C'est à vous, seigneur, qu'ils appartiennent, et c'est dans la seule intention de vous les offrir que je me les suis conservés. Puissent-ils vous paraître dignes de tenir une place modeste parmi les magnificences de votre palais! »

« Prince Douban, répondit le grand-visir en se soulevant d'un air de bienveillance sur ses mains sèches et crochues, nous aimons à reconnaître dans ce présent, qui nous est singulièrement agréable, la somptueuse libéralité de vos illustres ancêtres, et nous vous prions de croire à notre bénigne et infaillible protection. »

Un instant après, il fit charger trois cents chameaux de mes dépouilles, et il me quitta, en me félicitant, par des paroles affables et louangeuses, sur mon mépris pour les richesses.

Il s'en fallait de beaucoup que je fusse parvenu à ce haut degré de la sagesse humaine. Je me consolais sans effort d'un jour de mauvaise fortune, dans l'attente de mes convois, et il n'en manqua pas un seul. Mes maisons se remplirent, mes souterrains se comblèrent, l'or m'envahit de tous côtés ; et comme je ne pouvais suffire à le dépenser et à le répandre, je craignis quelquefois qu'il ne vînt me disputer la place étroite que je m'étais réservée pour vivre simplement et commodément à la manière des autres hommes. Deux mois se passèrent ainsi en sollicitudes et en embarras, dont les pauvres ont au moins le bonheur de ne pas se faire d'idée, et je crois que je serais mort à la peine si le grand-visir n'avait pas jugé à propos de mettre un terme éternel à mes soucis par une nouvelle visite.

Il se présenta cette fois dans un autre appareil, c'est-à-dire accompagné de cent eunuques noirs précédés de leurs chefs, et brandissant autour de leur tête des sabres éblouissants, dont l'aspect me saisit de terreur, car je n'ai jamais été fort brave, et il n'y a rien qui rende le cœur plus lâche que la richesse. L'abominable vieillard entra sans être annoncé, s'assit sans que je l'en priasse, et, fixant sur moi ses yeux rouges de colère : « Infâme giaour ! me dit-il, tu n'as donc pas craint de lasser par tes crimes la miséricorde du calife.

et celle du ciel! Non content de nous avoir dérobé la moitié de nos droits dans les trésors que tu accumule sans cesse, tu as contracté un pacte sacrilége avec les mauvais esprits pour convertir en or la plus pure substance de nos peuples bien-aimés, et jusqu'aux éléments nourriciers qui germent dans les moissons et qui mûrissent dans les fruits de la terre. De tels forfaits auraient mérité un châtiment qui étonnât le monde entier ; mais le calife, dont la bonté est infinie, adoucissant en ta faveur la rigueur de sa justice, en considération de quelque service que tu as rendu naguère au pays, et réduisant ta condamnation aux termes les plus favorables, veut bien se contenter de te faire étrangler aux prochaines fêtes de son glorieux anniversaire. La même sentence nous donnant l'investiture de tous tes biens passés et présents, provenant d'hoirie ou d'acquêts, nous daignons en prendre ici possession par-devant toi, pour que tu n'aies à en prétexter ignorance : et sur ce, gardes, qu'on le conduise hors de notre présence, aussitôt qu'il sera possible : car la vue des pervers est un supplice pour la vertu. »

Il n'y avait rien à répondre à cette allocution, puisque mon jugement était prononcé. Je baissai donc humblement la tête sous le sabre des eunuques, et je me disposai à gagner la prison où j'allais attendre le jour assez prochain des exécutions solennelles. J'atteignais à peine à la porte de ma salle des cérémonies, quand la voix aigre et fêlée du grand-visir vint vibrer à nos oreilles. « Holà ! dit-il, qu'on ramène ici ce misérable, et qu'on le dépouille à mes yeux des magnifiques vêtements qu'il a l'audace d'étaler jusqu'au milieu des calamités publiques que ses sortiléges ont attirées sur le pays. Le sayon le plus grossier et le plus vil est trop bon pour le couvrir. Ayez soin de placer ces étoffes somptueuses dans notre vestiaire pour quelque usage charitable auquel nous les avons réservées, car nous savons un homme de bien dont le nom est en bénédiction parmi le peuple, qui s'est toujours habillé avec une simplicité extrême, à cause de sa grande modestie, et qui relèvera encore ces riches parures par sa grâce et sa bonne mine. — Attendez, attendez, s'écria-t-il comme par réflexion, qu'est-ce donc que le coffret qui pend à cette chaîne d'un brillant métal sur la poitrine de cet infidèle? Qu'on me le fasse voir à l'instant! C'est qu'il est en vérité aussi remarquable par le travail que par la matière! Si j'en juge à son poids, il doit être de l'or le plus pur; les pierres dont il est incrusté sont si fines qu'on les croirait dérobées à la couronne de Salomon, et la ciselure en est si délicate qu'elle ne peut avoir été travaillée que par les péris. Je me proposais, au premier abord, d'en faire présent à Fatime, la plus jeune de mes esclaves, à qui je n'ai jamais rien donné, mais je m'avise qu'il convient mieux de le conserver dans mon trésor, dont il ne sera certainement pas la pièce la moins rare. »

En achevant ces exécrables paroles, le vieux coquin passa la chaîne de mon amulette autour de son cou.

« Tu ne t'es pas trompé en tout sur la valeur de ce joyau, voleur maudit que Dieu punisse par des tourments éternels, m'écriai-je en rugissant de fureur.. Le coffret que tu me ravis, c'est le talisman merveilleux qui me donnait la connaissance de tous les trésors de la terre. Si l'impatience de ton insatiable avarice avait pu se satisfaire des biens que je lui aurais donnés, j'aurais changé en six mois tous les palais en or, et je t'aurais fait marcher dans tes jardins sur un sable de diamants. Il t'en aurait moins coûté de distribuer des royaumes à tes esclaves qu'il ne t'en coûte aujourd'hui de les parer d'un misérable collier d'argent faux. Meurs donc de désespoir et de rage, homme stupide et détestable, car ce talisman dont tu t'es si indignement emparé vient de perdre toute sa vertu en tombant dans tes mains profanes. Il ne révèle pas même, à l'instant où je parle, l'endroit mystérieux où j'ai caché mes plus précieuses richesses. »

En effet, le talisman était devenu muet, et le grand-visir le savait déjà. Cette idée l'avait frappé du coup de mort; on l'emporta évanouie, et l'on me traîna en prison.

Peu de temps après le visir mourut, au milieu de ses sacs d'or, du regret de n'en pouvoir augmenter le nombre. Le calife s'empara de son héritage et de mes trésors les plus cachés, et il dévora en voluptés passagères ces vains restes de ma fortune, qui ne servirent qu'à l'amollissement et à la corruption de sa cour. Le peuple même énerva son courage dans les délices de ses fêtes. L'ennemi profita de ces jours d'ivresse et de délire pour planter ses tentes au milieu du vieux royaume d'Abou-Giafar; et avant le joyeux anniversaire du couronnement où je devais être pendu, l'empire entier avait péri, parce qu'il s'y était trouvé un homme trop riche. Tels furent les effets réels du talisman que le génie de la montagne de Caf m'avait donné pour la ruine d'une nation et peut-être pour la ruine du monde.

Les gouvernements qui succédèrent à celui de ce voleur couronné s'emparèrent tour à tour de la direction des affaires au nom de la justice et de l'humanité, car il paraît décidément que c'est un des meilleurs moyens possibles de tromper les hommes. L'insigne persécution dont j'étais victime fut la seule oubliée, parce que la splendeur de mon ancien état m'avait fait autant de rivaux qu'il y avait de riches, et autant d'ennemis qu'il y avait de pauvres, et qu'il n'était d'ailleurs personne à Bagdad, qui, par violence ou par adresse, n'eût tiré à soi quelque bonne part de mes dépouilles. Les cachots ne me furent ouverts qu'au bout de trente ans par une insurrection populaire, et je me trouvai heureux de m'échapper de la ville, où j'avais déployé tant de faste, à la faveur d'un incendie.

Ma première pensée fut de me rendre au modeste manoir d'Abou-Bedil, non pas que j'espérasse de le trouver encore vivant, mais parce que je me flattais qu'il n'avait pas révélé à ses héritiers le trésor de ses jardins. Hélas! je ne parvins pas sans de longues recherches à en connaître la place. Les ouvriers que j'avais employés s'étaient souvenus de ce mystère; peu de temps après mon départ, ils avaient égorgé le vieux scheick et sa famille; la terre, bouleversée au loin, leur avait rendu son funeste dépôt, il n'y restait pas même une des plantes nourricières que ses mains avaient cultivées, et qui auraient pu soulager ma faim. Ainsi j'avais porté dans cette maison, pour prix d'une si douce hospitalité, les plus effroyables malheurs ; et ces horribles calamités, dont le tableau me suivait partout où je portais mes pas, c'était le talisman de l'or qui les avait produites !

Il fallut donc me résigner à ma destinée, et tendre la main de ville en ville à la pieuse charité des passants, plus souvent secouru par les pauvres que par les heureux de la terre, dont la prospérité dessèche le cœur comme elle avait desséché le mien ; car mon aveugle opulence n'a pas laissé dans sa courte durée, je l'avoue en rougissant de honte et d'indignation, la trace d'un bienfait de peu de valeur, dont la reconnaissance puisse aujourd'hui me payer l'intérêt. Vingt ans se sont écoulés depuis, et c'est dans cet état d'opprobre que je suis arrivé ce matin à Bagdad, attiré, seigneur, par la renommée de votre inépuisable compassion pour les misérables, afin de mendier un faible secours à votre porte, où j'ai trouvé ces deux vieillards. »

Cette histoire est celle de Douban LE RICHE, qui avait eu à sa disposition tous les trésors inconnus, qui s'était proposé, à vingt ans, d'acheter tous les royaumes et toutes les îles du monde, et qui vivait depuis cinquante ans des alimens grossiers de la prison et des ressources incertaines de l'aumône.

Quoiqu'elle ne me paraisse pas fort amusante, le vieillard bienfaisant de Damas l'avait écoutée avec plus d'attention que je ne serais capable de lui en prêter moi-même, si j'étais obligé de la relire. Mais, comme l'heure s'avançait, il se leva en bénissant ses hôtes, et en les ajournant au lendemain pour entendre la suite de leurs récits.

Seconde Journée.

Le lendemain, les trois vieillards voyageurs se rendirent chez le vieillard de Damas, à l'heure où ils étaient conviés. Ils reçurent chacun une bourse d'or comme la veille, et s'assirent au banquet avec un parfait contentement, car ils n'avaient été depuis longtemps ni si bien accueillis ni si heureux. Douban le riche paraissait surtout s'étonner d'être si à son aise dans ses affaires, et de vivre si largement.

Quand le repas fut terminé, le bon vieillard de Damas se tourna du côté du second des trois vieillards qu'il avait à sa droite, et lui témoigna par une douce inclination de tête qu'il aurait aussi plaisir à entendre son histoire. Celui-ci ne se fit pas prier davantage, et raconta ce qu'on va lire :

HISTOIRE DE MAHOUD LE SÉDUCTEUR.

Seigneur, dit-il, je ne vous occuperai pas longtemps des particularités de mon enfance, car elles vous ont été rapportées avec beaucoup d'exactitude par celui de mes deux compagnons qui a eu l'honneur de parler devant vous. Je suis en effet son frère Mahoud le Beau, surnommé l'Amour et les délices des femmes, et dont le nom retentissait, il y a un demi-siècle au plus, dans tous les harems de l'Orient. Vous savez déjà comment nous nous séparâmes, et j'avoue que le dédain de mes frères pour quelques agréments dont j'étais doué, me faisait désirer en ce moment avec une vive impatience, quoique je n'eusse pas tardé à penser que le talisman du génie qui devait me faire adorer des belles produisait sur les hommes un effet tout opposé. Je restai donc seul, aussi satisfait de ma personne que mécontent de ma situation.

Le désert, seigneur, est un triste séjour pour un joli homme. J'y vécus fort mal et fort péniblement pendant plusieurs semaines, mais je trouvai à me dédommager aux premières habitations. Je n'ai pas besoin de vous dire à quel genre d'avantages personnels je dus partout la plus gracieuse hospitalité. Je ne peux cependant me dispenser d'ajouter qu'elle entraînait souvent avec elle de fâcheuses compensations. Les hommes sont généralement jaloux, et les jaloux sont généralement brutaux, surtout quand ils n'ont pas reçu d'éducation. Tous les pays que je traversais étaient des pays de conquêtes; mais à l'opposé des autres conquérants, je ne les traversais presque jamais sans être battu.

Un jour que j'échappais à la poursuite de cent beautés rivales, poursuite qui a aussi ses importunités, et que je me dérobais en même temps aux procédés grossiers de leurs amants et de leurs époux, je tombai au milieu de la caravane d'un marchand d'esclaves qui se rendait à Imérette pour y acheter des Georgiennes.

Comme j'avais entendu dire que c'était là que se trouvaient les plus belles personnes du monde, et que j'étais empressé d'y exercer l'empire déjà éprouvé de mon mérite ou de mon talisman, je n'hésitai pas à m'engager parmi ses serviteurs pour quelque office assez vil, dans l'espoir assuré de m'en affranchir au premier endroit où nous trouverions des femmes. Ces vallées creusées, comme vous le savez, dans les flancs du Caucase, sont malheureusement fort désertes, et nous devions arriver à Imérette sans avoir rencontré une seule tribu.

Le maître de la caravane était un homme fin, jovial et facétieux, qui avait surpris sans peine le dessein de mon voyage, et qui se faisait un malin plaisir de présenter mes espérances et mes prétentions sous un aspect ridicule : « Camarades, dit-il un jour, nous approchons du but de notre route, et nous allons nous remettre en possession de ces douces jouissances de la vie dont le désert nous a si longtemps privés : trop heureux, cependant, si l'aimable Mahoud, le séduisant prince de Fardan, daigne nous laisser quelques beautés à toucher, car vous savez qu'il sait les émouvoir, dès le premier jour, à la suite de son char victorieux. O beau Mahoud, que la nature a comblé de tant de grâces, refuseriez-vous d'être propice aux bons et fidèles compagnons qui ont partagé vos hasards, et n'auront-ils pas une seule amourette à glaner derrière vos riches moissons ? Assez de jolies filles fleurissent dans les délicieuses campagnes d'Imérette pour suffire à vos plans de conquêtes, sans que vous réduisiez vos amis au malheur d'aimer sans être aimés ! Il en est peu d'ailleurs parmi elles qui méritent d'être associées à une destinée telle que la vôtre, et celles-là ne doivent vous être disputées par personne. Que n'êtes-vous, hélas ! arrivé plus tôt dans le pays, quand la chute du plus puissant souverain du Caucase mit à ma disposition la princesse de Géorgie, cette adorable Zénaïb, la perle unique du monde, que je vendis l'année dernière au roi de la Chine...

— Zénaïb, princesse de Géorgie ! m'écriai-je avec enthousiasme ; car ce nom était pour moi une espèce de révélation merveilleuse.

— Elle-même, reprit le marchand avec un sang-froid accablant, et c'est ainsi qu'elle parlait de vous ! « Cruel, me disait-elle souvent en tournant sur moi des yeux de gazelle qui auraient attendri un tigre, si tu vends ma personne au roi de la Chine, comme tu te l'es proposé, ne te flatte pas de lui vendre mon cœur. Mon cœur s'est donné au plus beau des princes de la terre, au charmant Mahoud, l'héritier présomptif du Fitzistan : je ne sais si tu en as entendu parler, continuait-elle, et je ne l'ai jamais vu, mais il m'apparaît toutes les nuits dans mes songes. C'est à lui qu'appartient à jamais, quoi qu'il arrive, l'infortunée Zénaïb. »

A ces mots, la troupe entière partit d'un éclat de rire convulsif, mais j'y fis peu d'attention. L'image que je me faisais de Zénaïb absorbait toute ma pensée, et je me promettais déjà d'avoir peu d'égards pour les vulgaires tendresses des filles d'Imérette. Nous en-

trâmes le lendemain dans la ville, sans que j'eusse changé de résolution.

Après avoir reçu du marchand d'esclaves ce qui m'était dû en raison de mes services, je me retirai dans un khan fort isolé, pour y penser librement à Zénaïb, et pour y chercher les moyens de rejoindre ma princesse à travers l'espace immense qui nous séparait. Mon imagination, naturellement assez paresseuse ne m'en avait fourni aucun, je commençais à m'abandonner à la plus noire mélancolie, quand une fête publique qui se célébrait à Imérette, m'inspira l'envie de sortir de ma retraite pour me distraire un moment des chagrins qui m'accablaient. Il est inutile de vous parler de l'effet que produisit ma vue ; il n'y eut qu'un cri sur mon passage, et la modestie me défend de le répéter. Seulement, l'émotion des plus jeunes ou des plus réservées se trahissait par quelques soupirs qu'on étouffait à demi, en cherchant à les faire entendre. Je ne rentrai chez moi que fort tard, à cause du grand concours de femmes qui se pressaient au-devant de moi, et qui me fermaient le chemin. La soirée tout entière fut employée à recevoir des présents et à refuser des billets doux. Hélas ! m'écriai-je avec un dédain amer, en repoussant ces témoignages insensés d'une passion que je ne pouvais partager ; hélas ! ce n'est point Zénaïb ! — Et j'ajoutais, en gémissant du profond de mon cœur : Barbare souverain de la Chine, rends-moi Zénaïb, l'unique objet de mes vœux, Zénaïb que tu m'as ravie, ma belle et tendre Zénaïb !... A ce prix, je te laisse sans regret l'empire du monde ! — Il est vrai que je n'y avais pas beaucoup de prétentions.

J'avais paru. Les jours suivants ne firent qu'augmenter mon embarras. Vous ne sauriez imaginer, seigneur, combien il est pénible d'être adoré de toutes les femmes. On pourrait s'accommoder de trois ou quatre, et d'un peu de surplus ; mais, quand cela passe la douzaine, il n'y a réellement plus moyen d'y tenir. Et puis il y a des passions douces et faciles avec lesquelles on est toujours libre de prendre des arrangements, mais celles que j'avais le malheur d'inspirer étaient si fantasques et si violentes, que je ne me les rappelle pas sans frémir. Il ne fut bientôt plus question que de jeunes beautés éperdues d'amour, qui renonçaient à la modestie de leur sexe pour se disputer le cœur d'un aventurier inconnu. Quelques-unes furent subitement privées de l'usage de la raison ; quelques autres se livrèrent aux dernières extrémités du désespoir. Mon arrivée et mon séjour dans la capitale d'Imérette furent signalés enfin par une insurrection unique dans les annales du monde, et qui ne pouvait manquer d'attirer l'attention du gouvernement. On me conduisit devant le roi.

Ce prince, qui était jeune et beau, m'attendait avec une impatiente curiosité, au milieu des grands officiers de sa cour.

— Est-ce toi, me dit-il en arrêtant sur moi des yeux étonnés, qui te fais nommer Mahoud, prince de Fardan !

— C'est moi, seigneur, lui répondis-je d'un ton assuré, en déployant tout ce que je croyais posséder de dignité et de grâces.

Je dois rendre à ce monarque la justice de déclarer qu'il resta quelque temps interdit et comme stupéfait ; mais la puissance secrète attachée à mon talisman reprenant tout son empire, il s'abandonna si follement au délire de sa gaieté, que je pensai un moment qu'il allait perdre connaissance ; et, comme les sentiments des rois ont toujours quelque chose de contagieux, les courtisans qui l'entouraient, oubliant la retenue respectueuse que leur imposait sa présence, tombèrent pêle-mêle sur les degrés du trône, en se roulant dans les spasmes du rire le plus extravagant dont on puisse se faire une idée. Les gardes même qui m'environnaient abandonnèrent leurs armes pour se presser les côtés des deux mains, dans ce paroxisme presque effrayant de la joie qui commence à toucher aux confins de la douleur. Cette crise fut longue, et me parut plus longue peut-être qu'elle ne le fut en effet.

« Eh quoi ! s'écria le roi quand il eut repris assez de calme pour se faire entendre, c'est toi qui es venu troubler de ta funeste présence la tranquillité de mes États, en jetant dans le cœur des femmes les séductions de l'amour ! Ce prodigieux triomphe était réservé à ces petits yeux ronds et stupides, qui laissent tomber, de droite et de gauche, deux regards louches et maussades ; ou bien, à ce nez large et aplati qui surmonte de si haut une bouche torse et mal garnie. Tourne-toi un peu, je te prie, afin que je m'assure si je ne me suis pas trompé en devinant derrière tes épaules inégales une lourde protubérance. Elle y est, en vérité ; j'en prends tout le monde à témoin : et, pour comble de difformité, il s'en faut de cela, continua-t-il en montrant sa main étendue, que la jambe sur laquelle il s'appuie maintenant avec une nonchalence affectée, égale l'autre en longueur. Par le soleil qui nous éclaire, on n'a jamais rien vu de plus surprenant, depuis que les caprices d'un sexe imbécile disposent de l'honneur de l'autre !

» Odieux rebut de la nature, reprit-il après un moment de réflexion (c'est à moi qu'il adressait ces expressions désagréables), je t'ordonne d'évacuer à l'instant notre royaume d'Imérette, et, s'il t'arrive de te faire aimer avant ton départ de la dernière des esclaves, tiens-toi pour averti que tu seras hissé demain à l'arbre le plus élevé de la contrée, pour y servir d'épouvantail aux oiseaux de rapine. »

Cet arrêt sévère était énoncé de manière à ne pas me permettre la moindre réplique. Je me glissai avec modestie entre mes gardes, et je sortis de la ville au milieu de cette escorte insolente, en voilant mon visage de mes mains, dans la crainte d'exciter encore une de ces sympathies que j'étais menacé de payer si cher. Arrivé hors des faubourgs, et congédié plus grossièrement s'il est possible, que je n'en avais l'habitude, je me mis à marcher résolument vers la frontière, sans oser tourner les yeux derrière moi. Je cheminais ainsi depuis deux heures, en proie à des méditations fort sérieuses, car je n'avais pas eu le loisir de reprendre dans mon khan les cadeaux et les bijoux dont les beautés d'Imérette venaient de m'enrichir, quand les pas de plusieurs cavaliers qui me suivaient de près me firent craindre un nouveau malheur.

« Prince Mahoud, arrêtez, s'il vous plaît, s'écriaient des voix confuses; beau prince Mahoud, est-ce vous ? »

Presque assuré cependant que ces cris graves et robustes n'étaient pas articulés par des femmes, je fis courageusement face au péril, et je vis quatre pages ou icoglans, superbement vêtus, montés sur de magnifiques chevaux blancs, tout caparaçonnés de soie et d'or, et qui accompagnaient de riches voitures de bagages.

— Je suis le prince Mahoud que vous cherchez, répondis-je fièrement, et s'il n'y a point de femmes parmi vous, comme je le suppose, je puis l'avouer sans inconvénient pour la tranquillité publique. Maintenant que demandez-vous de moi ?

Je ne vous dissimulerai point, seigneur, que ma vue produisit sur ces étourdis son effet accoutumé. Ils se recueillirent toutefois après un moment de sottes risées, et celui d'entre eux qui paraissait exercer une certaine autorité sur les autres, descendant de cheval avec un embarras respectueux, vint ployer le genou et s'humilier à mes pieds.

— Seigneur, dit-il, en frappant la terre de son front, qu'il vous plaise d'agréer le timide hommage de vos esclaves. La divine Aïscha, notre reine, qui s'était glissée ce matin derrière une des portières de la salle du conseil, pendant votre entretien avec son auguste époux, et qui en connaît les funestes résultats, n'a pu se défendre d'un mouvement d'amour pour votre glorieuse et ravissante personne. En attendant des jours plus propices pour vous rappeler à sa cour, dont vous êtes destiné à faire l'ornement, elle nous a ordonné de venir vous offrir ces présents et ces équipages, et de vous accompagner partout où il vous conviendra de nous conduire. Dis-lui bien, Chélébi, a-t-elle ajouté en tournant sur moi des yeux pleins de la plus touchante langueur, que les minutes de son absence se compteront par siècles dans la vie de la malheureuse Aïscha, et que la seule espérance de le revoir bientôt peut soumettre mon cœur au cruel tourment de l'attendre !

En achevant ces paroles, elle a perdu la couleur et la voix, et nous l'avons laissée presque évanouie dans les bras de ses femmes.

— Levez-vous, Chélébi, lui répondis-je, et disposez-vous à me suivre. Nous avons, hélas ! de vastes contrées à traverser avant que je rentre dans les Etats de votre souveraine, si je dois y rentrer jamais ! Soumettons-nous à la volonté de celui qui peut toutes choses, et qui décidera seul de la destinée d'Aïscha et de la mienne.

Je montai ensuite un superbe cheval de main, qui était conduit par un de mes esclaves, et je me hâtai vers les dernières limites du royaume avec tout l'empressement que pouvait m'inspirer l'envie d'échapper à ma nouvelle conquête, car je n'en avais pas encore fait de si redoutable, mon âme ne fut entièrement délivrée de la crainte qui l'oppressait que lorsque j'eus franchi les frontières d'Imérette, où je laissais de si profonds souvenirs.

— Tendre Aïscha, me dis-je alors, à part moi, puisse le temps, qui triomphe de tout, vous rendre la douleur de notre séparation plus légère ! Elle sera probablement éternelle ; car vous ignorez, douce princesse, qu'un sentiment invincible m'entraîne vers l'adorable

Zénaïb, dont les tourments ne peuvent être apaisés que par ma possession. Consolez-vous, s'il est possible, et n'attribuez qu'à la prudence un abandon qui m'est imposé par l'amour. La faute en est au sort qui me condamne à être aimé.

Ainsi plongé dans des pensées mélancoliques sur les regrets dont j'étais l'objet, j'abandonnai nonchalamment la bride qui flottait sur le cou de mon cheval, et je me livrai à l'instinct naturel de son espèce, qui le conduisit au premier khan de la route.

J'abuserais de l'attention que vous voulez bien m'accorder, seigneur, si j'entrais dans les mêmes détails sur toutes les aventures de mon voyage, qui fut d'une longueur infinie; car, malgré mon impatience, j'étais obligé de ne marcher qu'à petites journées, et je ne m'arrêtai qu'à la grande capitale du royaume de la Chine, dont le nom est Xuntien, comme tout le monde le sait. La nuit était déjà tombée depuis quelques heures, quand je parvins à m'établir dans une auberge assez voisine du palais, où j'essayai inutilement de goûter quelque repos. La pensée que j'habitais enfin ces lieux où respirait Zénaïb, et l'incertitude naturelle que j'éprouvais sur le succès de mon entreprise, ne me permirent pas de fermer les yeux. Je me levai avec plus de diligence que je ne l'avais fait de ma vie ; je me revêtis à la hâte de quelques habits simples, mais galants, et je me dirigeai vers la demeure du souverain de tous les rois, la face à demi cachée dans mon manteau, pour me soustraire aux regards des femmes. Il est vrai qu'on n'en trouve point dans les rues qui n'appartiennent à la classe du peuple, toutes les autres étant retenues dans leurs maisons par l'extrême délicatesse de leurs pieds, qui sont les plus menus, les plus gracieux et les plus adorables du monde, mais qui ne peuvent leur servir à changer de place. Le soleil avait accompli plus de la moitié de sa course, avant que j'eusse achevé de parcourir la magnifique allée d'arbres qui borde dans toute sa longueur la principale façade du palais.

Rassuré par la solitude qui règne aux environs de ce beau séjour, je laissais flotter mon manteau, quand un cri parti des balcons m'avertit que j'avais été vu, et qu'il était trop tard pour cacher ces traits dont les funestes ravages m'avaient déjà causé tant d'embarras et de traverses. Je levai les yeux, imprudemment peut-être, et un nouveau cri se fit entendre. Une jeune princesse, dont j'eus à peine le temps de remarquer la beauté, à travers le trouble et la pâleur de son visage, tombait sans connaissance entre les bras de ses femmes, et les jalousies, refermées derrière elle, m'en séparaient à jamais.

— Infortunée ! m'écriai-je, quand je fus rentré chez moi ! et le front appuyé sur les coussins de mon divan.

— Trop séduisant et trop malheureux Mahoud, pourquoi faut-il que vous sachiez plaire à toutes les femmes si la seule femme dont le cœur puisse avoir pour vous quelque prix, Zénaïb, la divine Zénaïb, doit rester la proie de son barbare vainqueur ? Mais quel partie de ce palais habite ma Zénaïb ? Où la trouver ? comment la voir ? comment surtout en être vu ? Espérances insensées ! fatal amour ! illusions trompeuses que trop de succès ont nourries ! La nature ne m'a-t-elle donné tant d'avantages sur les autres hommes que pour me faire sentir plus amèrement la rigueur de ma destinée ?

En achevant ces paroles, je cachai ma tête tout entière entre mes coussins, et je les inondai de mes larmes.

Chélébi entrait au même instant pour m'annoncer la présence d'une vieille esclave maure qui demandait à me parler.

— Qu'elle parle, répondis-je, sans daigner détourner vers elle mes yeux obscurcis par les pleurs. Que veut-elle au triste Mahoud ? Que peut-elle attendre du déplorable prince de Fardan ?

— C'est bien à vous, seigneur, que mon message s'adresse, dit la vieille Maure d'un ton mystérieux, et je me connais mal à ces sortes d'affaires, s'il ne comble tous vos désirs. Ce n'est peut-être pas sans dessein que vous vous êtes arrêté, il y a une heure, sous le balcon de la favorite ; mais, quoi qu'il en soit de ce projet ou de ce hasard, l'amour vous y rappelle ce soir, à minuit. Cette clef vous ouvrira la porte de la grille qui se ferme au coucher du soleil, et une échelle de corde, jetée de la croisée, vous conduira aux pieds de la plus aimable des princesses. Prenez donc la clef, seigneur ; mais répondez, je vous en conjure, et n'oubliez pas que Zénaïb vous attend !

Au nom de Zénaïb, je m'emparai de la clef que la vieille s'était efforcée d'introduire dans ma main languissante, et je m'élançai vers elle pour l'embrasser, en action de grâces d'une si bonne nouvelle; mais, à son aspect, je reculai d'une horreur irrésistible, tant cette noire était exécrable à voir, et je retombai à ma place.

Par une rencontre de circonstances trop facile à expliquer, l'esclave maure restait clouée à la sienne, et roulait sur moi des yeux épouvantablement passionnés, dont l'expression n'a rien qui puisse lui être comparée dans toutes les terreurs du sommeil.

— O le plus séduisant de tous les hommes, s'écriat-elle en adoucissant autant qu'elle le pouvait sa voix aigre et cassée, les égarements de l'amour n'ont point d'excès qui ne s'explique à votre vue ! Mais, heureusement pour vous, la nature ne vous oblige point à partager les sentiments imprudents que vous inspirez. Daignez réfléchir un moment, beau prince, avant d'accepter les périls du rendez-vous qu'on vous propose. Il est vrai que Zénaïb ne manque pas de beauté, mais elle compte parmi ses esclaves une femme qui peut hardiment lui disputer cet avantage, et qui prodiguerait à vos désirs des plaisirs moins dangereux. L'empereur est fier, jaloux et cruel, et sa vengeance serait peut-être plus terrible que vous ne pouvez le prévoir. Tant de perfections, hélas! ne la désarmeraient point. La tendre Boudroubougoul, que vous avez sous les yeux, n'aspirerait, au contraire, qu'à embellir votre existence des jouissances les plus douces; car sa vertu éprouvée vous est garant, comme les attraits incomparables dont vous êtes pourvu, que vous n'auriez jamais de rivaux! Cédez, cédez, seigneur, aux conseils de la prudence, et ne repoussez pas les vœux de Boudroubougoul qui vous implore, de la brune Boudroubougoul, votre servante et votre épouse!...

— Monstre abominable! m'écriai-je en me relevant avec violence afin d'éviter les embrassements odieux dont elle me menaçait, rends grâce au message dont tu es chargée, si je ne te frappe à l'instant de mon canzar, pour punir ton insolence et ta trahison. Retourne auprès de ta maîtresse, et dis-lui que je paierai de ma vie, s'il le faut, le bonheur dont elle a flatté mes espérances. Boudroubougoul sortit en lançant sur moi un regard courroucé, qui me laissa douter si sa haine était aussi effrayante que son amour.

Je me rendis aux bains, je me parfumai avec soin, je me couvris des habits les plus élégants que je pusse trouver parmi les magnifiques présents de la déplorable Aïscha, et je fus exact au rendez-vous de Zénaïb. L'échelle de corde était préparée; il ne me fallut, pour la franchir, que le temps de le vouloir. Je la vis, seigneur, et le souvenir de ce moment, impossible à décrire, fait encore le bonheur et le désespoir de ma vie! Pardonnez donc à l'émotion involontaire qui embarrasse et qui suspend mes paroles.

Zénaïb, couchée sur de riches carreaux semés de fleurs, se souleva lentement en poussant un faible cri, car l'excès de sa passion lui avait ôté presque toutes ses forces. Je fléchis un genou devant elle, et je m'emparai en tremblant de sa main palpitante.

— Prince Mahoud, est-ce vous ? dit-elle en entr'ouvrant sur moi un long œil noir qui resplendissait de plus de feux que l'étoile du matin. Est-ce vous continua-t-elle avec une langueur inexprimable, en laissant retomber sa tête défaillante sur son cou de cygne, parce que son cœur ne pouvait plus suffire au trouble qu'il éprouvait. Quant à moi, je cherchais en vain un langage pour lui répondre, à l'aspect des beautés qui frappaient mes regards, et dont les houris de Mahomet n'offriront jamais qu'une imparfaite image.

Cependant nos yeux se rencontrèrent, et une admiration réciproque prenant la place de tout autre sentiment, nous restâmes comme pâmés l'un devant l'autre, plus semblables à des statues insensibles qu'à des amants impatiens d'être heureux.

Au même instant, une des portières de l'appartement s'entr'ouvrit, et l'empereur de la Chine, suivi de courtisans et de soldats, s'élança au milieu de nous en brandissant un sabre nu sur nos têtes, pendant que Zénaïb retombait évanouie sur ses coussins, et que je me couchais sur ma face, éperdu de terreur, comme pour cacher aux assassins  dont j'étais entouré, les charmes funestes qui avaient causé mon infortune. Je ne savais pas encore combien j'aurais à les maudire.

— Qu'on livre cette indigne esclave aux plus vils de mes serviteurs, dit alors le tyran, et qu'elle ne reparaisse jamais devant moi. Quant à l'impie qui a osé franchir le seuil de ce palais, gardes, emparez-vous du traître, et disputez-vous la gloire de le faire mourir à mes yeux dans les plus horribles tourments. Je donnerai une province du céleste empire à celui d'entre vous dont l'habile cruauté se conformera le mieux aux désirs de ma vengeance !...

Il n'avait pas fini de prononcer cette sentence, que dix bras vigoureux me saisirent, et que je me trouvai debout au milieu de mes bourreaux furieux. Je vous laisse à juger, seigneur, des angoisses dans lesquelles j'étais plongé, quand la portière qui s'était ouverte pour le passage de l'empereur se souleva de nouveau, et laissa paraître la vieille Boudroubougoul. L'infâme esclave, que je regardais déjà comme l'artisan secret de ma perte, s'avança jusqu'aux pieds de l'empereur, se prosterna, et parla ainsi :

— Auguste souverain de la Chine et de toutes les îles du monde, dit-elle, daigne modérer, au nom de ta propre gloire, les justes emportements d'une colère trop fondée, mais à laquelle tu viens d'imposer toi-même des limites qu'il ne t'est pas permis de franchir ! Lorsque je t'ai révélé la trahison de Zénaïb et de son perfide complice, il te souvient, sans doute, que je m'étais réservé, pour prix d'un secret si important à l'honneur de ta couronne, l'assurance d'obtenir la première grâce que j'oserais implorer de toi.

— Il est vrai, répondit l'empereur, et j'en ai pris à témoin les dieux du ciel et de la terre.

— Je t'implore donc avec assurance, continua-t-elle. Apprends, puissant roi de tous les rois, que la jalousie seule m'a excitée à trahir le mystère qui couvrait ces criminelles amours. Le charmant prince de Fardan s'était rendu maître de mon cœur, jusqu'ici inflexible, et j'étais prête à lui faire le sacrifice de mon innocence, quand il osa former l'audacieux projet de te ravir ta favorite. Il avait paru lui-même touché de mes faibles attraits, et le bonheur de ton esclave allait passer tous ses vœux, si les séductions de Zénaïb n'avaient rompu de si beaux liens. Rends-moi, rends-moi l'époux qui m'abandonne, et je m'engage à fixer désormais le volage de manière à ne plus le perdre ! C'est la grâce que je t'ai demandée.

— En effet, répartit l'empereur en détournant de Boudroubougoul ses yeux effrayés, ce genre de supplice n'a peut-être rien à envier à tous ceux qu'inventerait l'imagination des hommes. Que le prince de Fardan soit ton époux, car telle est notre volonté souveraine. Je ferai plus, fidèle Boudroubougoul, en faveur d'une si digne alliance. Je t'accorde pour dot la meilleure forteresse du Petcheli, et une garde de cinq cents guerriers qui veilleront aux déportements de ton séducteur, car je n'entends pas qu'il reparaisse jamais aux regards de ce sexe facile dont il surprend si insolemment les bonnes grâces. Qu'on l'amène en ma présence pour entendre son arrêt.

Les gardes me poussèrent devant l'empereur, et j'y restai immobile et comme terrassé sous le coup de foudre qui venait de m'accabler.

Il y eut alors un moment de silence que j'essayais

inutilement de m'expliquer à moi-même, et qui se termina par des éclats d'un genre si extraordinaire, que je ne pus me défendre de relever la tête pour en connaître la cause. Ma vue avait produit sur la cour de Xuntien le même effet que sur la cour d'Imérette; mais comme les Chinois sont beaucoup plus gais que les Géorgiens, leurs transports avaient quelque chose d'effrayant qui me consterna presque autant que mon propre malheur. L'empereur surtout était en proie aux convulsions d'un rire si délirant, qu'on semblait craindre pour sa vie, quand il parvint à se rasseoir, tout haletant, sur un de ces carreaux, en couvrant ses yeux d'un pan de sa robe royale pour éviter de me voir.

— Qu'on l'éloigne d'ici, dit-il, au nom de tous les dieux qui protègent la Chine, et qu'on s'assure attentivement des moindres circonstances d'un mariage si bien assorti, pour les inscrire en lettres d'or dans les annales de mon règne!...

Les gardes se rangèrent alors sur deux lignes, entre lesquelles on me fit placer à côté de ma fatale fiancée; nous descendîmes ainsi dans les rues de la ville qui commençaient à s'éclairer des premiers rayons du jour, et nous traversâmes lentement, pendant tout un soleil, la foule qui s'augmentait sans cesse aux huées unanimes de la populace, car j'entendais trop bien les intérêts de ma gloire pour laisser mon visage exposé à la vue des femmes. Il était tard quand nous arrivâmes au château-fort de Boudroubougoul, qui ne se sentait pas de joie et qui ne se lassait pas de m'accabler de ses formidables caresses; mais des courriers, qui nous précédaient de loin, avaient déjà tout fait disposer pour nous y recevoir. Le mariage se célébra dans les formes ordinaires, et la soldatesque féroce dont nous étions accompagnés eut la cruauté de ne nous quitter qu'au lit nuptial.

Vous me permettrez, seigneur, de jeter un voile sur les horreurs du sort que la barbare vengeance de l'empereur m'avait réservé. Elles se comprennent mieux, hélas! qu'elles ne peuvent se décrire. Qu'il me suffise de vous dire que ma captivité dans cette demeure infernale ne dura pas moins de trente ans dont les minutes ne peuvent se mesurer à aucune espèce de temps connu, car la vieillesse de Boudroubougoul semblait défier les années. Plus l'âge s'appesantissait sur elle, plus elle devenait acariâtre et violente, plus elle redoutait, dans son implacable jalousie, que je n'échappasse au funeste amour que j'avais eu l'affreux malheur de lui inspirer. La précaution même avec laquelle elle avait éloigné toutes les femmes ne la rassurait qu'à demi. Elle descendait impitoyablement jusque dans les mystères de mon cœur, pour y surprendre une pensée qui n'aurait pas été pour elle, et la moindre découverte de ce genre m'exposait aux traitements les plus odieux. Je vous laisse à penser si l'occasion s'en présentait souvent; et que serait-ce, grand Dieu! si vous aviez vu Boudroubougoul!

J'avais toutefois conservé précieusement mon amulette. Je touchais tout au plus à ma cinquantième année, et si ce n'est plus l'âge de plaire, c'est celui du moins où les gens sensés ont acquis toute la maturité nécessaire pour tirer un parti raisonnable de l'amour. Je vivais encore, triste mais résigné, par cette espérance présomptueuse de l'arrière-saison, quand je m'aperçus un matin que le talisman du génie m'avait été dérobé pendant mon sommeil. Boudroubougoul, qui partageait toutes les nuits la couche de malédiction sur laquelle le ciel avait amassé pour moi tant d'opprobres et de douleurs, pouvait seule s'en être emparée, dans la fausse et ridicule idée que ce joyau était le gage de quelque sentiment de jeunesse dont mon âme conservait tendrement le souvenir. Je m'élançais brusquement de mon lit, je courus à la chambre de ma femme, et je vis l'abominable vieille occupée à exciter, de la pointe d'une longue broche de fer, l'ardent brasier qui achevait de dévorer l'amulette. Elle n'existait déjà plus qu'en cendres impalpables qui noircissaient à la surface des charbons brûlants, mais qui trahissaient encore l'apparence de sa forme.

A cet aspect, un cri lamentable s'échappa de mon cœur déchiré, mes yeux se voilèrent, et je sentis mes jambes défaillir sous moi.

— Perfide! s'écria Boudroubougoul en se retournant de mon côté, c'est donc ainsi que vous trahissez les devoirs d'un lien si bien assorti, et qui a fait si long-temps votre félicité? Pour cette fois, misérable, ma vengeance est sans pitié, et je ne me laisserai attendrir ni par vos larmes ni par vos serments.

Elle se levait, en effet, pour me frapper, selon sa constante habitude, quand une impression toute nouvelle, dont elle ne fut pas maîtresse, la contraignit de changer de langage.

— Oh! oh! reprit-elle en faisant deux pas en arrière, par quel mystère ce manant a-t-il pu s'introduire dans ces murs impénétrables? Qui es-tu, insolent étranger, pour oser te présenter sans être annoncé dans l'appartement des femmes?

— Hélas! répondis-je les yeux baissés, ne reconnaissez-vous pas en moi votre malheureux époux, Mahoud, le beau prince de Fardan?

— Serait-il vrai! dit Boudroubougoul après m'avoir long-temps considéré avec un mélange d'étonnement et d'effroi. Il serait vrai! répéta-t-elle du ton d'une conviction amère. C'est donc à toi, ignoble et difforme créature, c'est à toi, magicien maudit, que la vive et grâcieuse Boudroubougoul a prodigué, pendant trente ans d'illusions, les trésors de sa jeunesse et de sa beauté! C'est à toi que j'ai sacrifié la fleur de ces charmes innocents qui faisaient l'enchantement des yeux et les délices du monde!.... Retire-toi, continua-t-elle dans un accès de colère impossible à exprimer, et en me poursuivant outrageusement de la broche de fer que sa main n'avait pas laissée échapper. Disparais à jamais de ma présence, et va chercher des conquêtes nouvelles chez les monstres qui te ressemblent.

Boudroubougoul me conduisit ainsi jusqu'aux remparts de la forteresse; car toutes les portes s'ouvraient devant elle. La dernière se referma sur moi, et j'arrivai au milieu de la place publique, en regrettant profondément de ne m'être pas avisé plus tôt d'un moyen si facile de reconquérir ma liberté. Je n'avais pas perdu avec mon talisman la confiance un peu tardive que je fondais sur la bonne volonté des femmes. Je cherchai leurs regards ; j'épiai leurs émotions, j'attendis leur enthousiasme et leurs avances, et je n'obtins que des rebuts. Le jour de mes triomphes était passé à jamais. Fiez-vous après cela aux avantages de la nature et aux talismans des génies.

Le commencement de mon récit ressemble au commencement du récit de mon frère Douban le riche, et ces deux récits se ressemblent aussi par la fin. Obligé, comme lui, pendant vingt ans, de subsister aux dépens de la charité publique, j'arrivai hier à Damas où tout le monde m'indiqua cette maison hospitalière, comblée des bénédictions du ciel et de celles de la multitude. Je venais y demander les aliments d'un jour et l'asile d'une nuit, quand je trouvai à la porte ces deux vieillards, dont l'un est mon frère. Puisse le maître souverain de toutes choses reconnaître l'accueil généreux que vous nous avez fait !

Cette histoire est celle de Mahoud LE SÉDUCTEUR, qui avait le don d'être aimé de toutes les femmes, qui avait dédaigné à vingt ans le cœur des princesses et des reines, qui avait gémi pendant trente ans sous le joug de la plus abominable et de la plus méchante des créatures, et qui vivait, depuis qu'il en était délivré, des petites aumônes du peuple, comme son frère Douban LE RICHE.

Quoiqu'elle ne me paraisse guère plus amusante que la première, le vieillard bienfaisant de Damas l'avait écoutée avec plus d'attention que vous ne lui en avez probablement porté vous-même, et je vous prie de ne pas regarder cette observation comme un reproche. Mais, comme l'heure s'avançait, il se leva en bénissant ses hôtes, et en les ajournant au lendemain pour entendre le reste de leurs aventures.

Troisième et dernière Journée.

Le lendemain, les trois vieillards se réunirent, comme la veille, chez le vieillard bienfaisant de Damas, à l'heure du repas du soir où ils étaient invités. Ils reçurent chacun une bourse d'or, comme les deux jours précédents, et quand le banquet fut fini, leur hôte, s'adressant à celui qui n'avait pas encore parlé, lui rappela qu'il attendait aussi le récit de son histoire. Le voyageur inconnu, qui était un homme sérieux et circonspect, passa gravement sa main sur sa barbe, salua d'un air digne et posé le père de famille et ses enfants, et commença en ces termes :

HISTOIRE DE PIROUZ LE SAVANT.

eigneurs illustres, vous n'apprendrez peut-être pas sans étonnement que je suis le troisième frère de ces deux vieillards, et que c'est de moi qu'ils vous ont parlé sous le nom de Pirouz. Je suis plus connu aujourd'hui dans l'Orient sous le titre de SAVANT que l'on m'y a donné par excellence, pour me distinguer de la foule des gens qui font profession de science, aux risques et périls de l'humanité, sans s'être jamais signalés par une découverte utile. C'est moi qui avais reçu du génie de la montagne le talisman au moyen duquel on connaît le secret des maladies, et les électuaires spéciaux que la nature a produits pour y porter remède. Il n'avait probablement pas fait ce choix sans motif, mon inclination m'ayant toujours porté à la recherche de ces arcanes précieux, qui seraient la première des richesses de l'homme, s'il savait la connaître.

Je reçus cette faveur avec joie, parce qu'elle m'ouvrait en espérance un long avenir de fortune et de gloire, et je quittai mes frères sans regret et sans envie. Épris de leur opulence et de leurs avantages personnels, ils jouissaient d'une santé qui ne me donnait pas lieu de croire qu'ils eussent jamais besoin de moi. J'emportai donc ma part des provisions, et je m'avançai dans le désert en cueillant des simples assortis aux principales infirmités de l'espèce.

Quelques semaines écoulées, mon sac fut plein de spécifiques et vide de provisions. Je me trouvai riche de tout ce qui peut guérir ou soulager les souffrances de l'humanité, à l'exception de la faim ; la faim, ce mal positif, auquel les sages n'ont pu pourvoir jusqu'ici qu'en mangeant. Ce qui me consolait, seigneur, dans les tourments qu'elle me fit éprouver, c'est que je n'ignorais pas qu'il y avait beaucoup de savants qui les ont éprouvés avant moi, et si on s'en rapporte au témoignage des histoires, il n'est pas absolument nécessaire d'aller dans le désert pour en citer des exemples.

J'étais pressé par cette nécessité importune et humiliante, quand mon oreille fut frappée du bruit de quelques voix humaines. Le bruyant délire dont ces voyageurs paraissaient animés me fit d'abord espérer que j'aurais affaire à des malades ; mais je m'aperçus avec une certaine satisfaction, je dois le dire, qu'il n'annonçait que l'explosion bienveillante et communicative d'un banquet qui tire à sa fin. Je m'y glissai sans crainte : les gens qui ont faim sont si insinuants et si persuasifs !

J'y fus admis sans difficulté : les gens qui dînent sont si polis ! Je pris part, avec une expansion toute naturelle, à la bonne chère et à la joie des convives, et j'y serais resté long-temps, si un soin particulier ne les avait appelés quelque part. C'était un festin funèbre.

Le roi d'Egypte avait alors un favori que la passion de la chasse aux bêtes fauves entraînait souvent à leur poursuite dans les régions les plus sauvages. Il s'était

arrêté, la veille, avec son escorte, dans le lieu qui nous rassemblait, et il venait d'être victime de la vengeance d'un tigre blessé à mort, qui l'avait laissé sans vie à côté de lui sur le sable du désert. La fosse était creusée, le cadavre était là, et voilà pourquoi on se réjouissait, en attendant les funérailles.

Je n'eus pas plutôt touché le mort, que je reconnus qu'il était vivant. Mon sac me fournissait des baumes et des dictames inconnus d'une puissance héroïque ; et quand tout fut prêt pour l'enterrement, mon mort monta à cheval.

Le plus rare bonheur qui puisse arriver à un jeune médecin, c'est de débuter dans la pratique par la guérison d'un grand seigneur. Le salut d'un peuple entier ne l'aurait pas tiré de l'obscurité ; celui d'un homme en place fait sa fortune ; mais la mienne devait être exposée à d'étranges vicissitudes, et je ne vous en raconterai qu'une partie. J'arrivais au Caire sous les auspices d'un courtisan que la faveur dont il jouissait rendait au moins l'égal du souverain, et, par conséquent, avec une perspective presque infaillible de profit et de gloire. Malheureusement pour mon patron et pour moi, le prince, qui avait besoin d'un ami plus assidu, venait de donner un successeur à mon maître. Quand son favori arriva, il lui fit trancher la tête, et c'est un genre d'accident pour lequel mon amulette ne m'enseignait pas le moindre remède.

La science ne saurait pourvoir à tout.

Par une compensation dont les médecins ont seuls quelque bonne raison de se féliciter, la contagion qui désole l'Égypte tous les ans faisait alors d'horribles ravages.

La circonstance était propice, et j'en usai avec empressement pour guérir tous les malades, à l'exception de ceux qui aimaient mieux mourir selon les règles, en s'en tenant aux ordonnances qui avaient tué

leurs pères. Leur nombre fut considérable ; mais ma réputation prévalut, et je n'en tirai pas un gaand profit. Il n'y a rien d'ingrat comme un malade guéri.

Les hommes n'apprécient la santé à sa valeur que lorsqu'ils n'en jouissent plus. Il en est autrement de l'héritage des morts, dont ils ne connaissent jamais mieux le prix que lorsqu'ils vont en prendre possession. L'héritier est naturellement reconnaissant et libéral, et voilà pourquoi les riches ne guérissent presque jamais.

Cependant je n'avais pas à me justifier dans ma pratique d'un seul événement sinistre ou même douteux, et la médecine me porta envie. Le collége des docteurs m'assigna devant le tribunal souverain, pour y rendre compte du droit que j'avais de guérir, car il n'est pas permis, dans ce pays-là, de sauver un homme de la mort, quand on n'y est pas autorisé par un brevet qui rapporte de gros deniers au fisc. Pour être confirmé dans l'exercice de la profession dont j'avais témérairement usurpé les priviléges, il fallait prouver au moins que je m'y étais préparé par des études préliminaires d'un genre fort singulier, entre lesquelles passait en première ligne la connaissance approfondie de la langue copte. Le tribunal souverain devant lequel m'avait envoyé le collége des docteurs, et qui ne connaissait pas la langue copte, me renvoya devant le collége des docteurs qui ne la connaissait pas non plus.

Le premier des docteurs qui avait à m'interroger me demanda si Sésostris était devenu aveugle des deux yeux à la fois, et, dans le cas où je partagerais l'opinion contraire, qui paraît la plus vraisemblable aux savants, si l'œil qu'il avait perdu le premier était le droit ou le gauche.

Je lui répondis que cette question semblait assez étrangère à l'art de guérir, mais que, si Sésostris n'était pas devenu aveugle à la fois des deux yeux, et que ce ne fût pas l'œil gauche qu'il eût perdu le premier, il me paraissait probable que c'était le droit.

Je peux dire ici, sans faire trop de violence à ma modestie, que cette solution fut accueillie par un murmure assez flatteur.

Le second docteur voulut savoir mon avis sur la couleur du scarabée sacré, qui a toujours passé pour noir, jusqu'à l'arrivée d'un voyageur venu de Nubie, d'où il a rapporté un scarabée vert. Cette difficulté ne présentant pas non plus un intérêt fort grave pour l'humanité souffrante, je me contentai de déclarer, dans la sincérité de mon cœur, que Dieu avait fait, selon toutes les apparences, des scarabées de toutes les couleurs, et que ses moindres ouvrages étaient dignes de l'admiration des hommes.

Le troisième docteur toucha de plus près aux questions sur lesquelles mon talisman me fournissait des solutions infaillibles. Il exigeait que j'expliquasse à la docte assemblée les vertus secrètes par lesquelles *l'abracadabra* guérit de la fièvre tierce, et je répliquai cette fois, sans hésiter, que *l'abracadabra* ne guérissait point de la fièvre tierce. Comme les médecins d'Égypte ne guérissent la fièvre tierce qu'au moyen de *l'abracadabra*, quand ils ont le bonheur de la guérir, cette dernière réponse excita l'indignation générale.

Le collége me repoussa comme un imposteur téméraire et ignare qui ne savait pas même la langue copte, et le tribunal souverain me renvoya en prison, pour y finir mes jours, avec défense expresse de guérir qui que ce fût sous peine du dernier supplice. J'y passai trente ans à souhaiter la mort ; mais je ne m'étais jamais mieux porté, et je ne reçus pas une seule visite des médecins. C'est la seule marque de vengeance dont ils m'aient fait grâce.

Au bout de trente ans, le jeune roi d'Égypte était devenu vieux. Tourmenté d'un mal inconnu qui défiait toutes les prescriptions de la science, et pourvu d'une vitalité qui résistait à tous les remèdes, il se rappela confusément les cures miraculeuses du médecin persan qui avait fait si grand bruit au commencement de son règne. Il ordonna que je lui fusse amené, sous la condition formelle de payer de ma tête le mauvais succès d'une ordonnance inutile.

J'acceptai avec empressement cette terrible alternative, quoiqu'il ne me parût pas bien démontré que mon amulette eût conservé si long-temps sa vertu.

Il y a si peu de facultés données à l'homme qui ne perdent pas, en trente ans, une partie de leurs propriétés et de leur énergie, si peu de réputations scientifiques qui suvivent à un quart de siècle !

Je ne manquai pas sur ma route d'occasions de me rassurer. A peine eus-je passé le seuil de mon cachot, que je trouvai la rue encombrée de malades, les uns errant comme des spectres échappés au tombeau, et encore à demi voilés de leurs linceuls ; les autres, appuyés sur le bras de leurs amis et de leurs parents ; ceux-ci gisant sur la paille, et tendant vers moi des bras suppliants ; ceux-là portés dans des litières magnifiques, et faisant joncher le chemin que je parcourais de bourses d'or et de bijoux, par les mains de leurs esclaves.

D'un regard, je connaissais tous les maux; je les guérissais d'une parole, et j'arrivai au palais, escorté d'un peuple de moribonds ressuscités qui remplissaient l'air des éclats de leur joie et de leur reconnaissance. Je m'approchai, avec la sécurité calme et fière d'un triomphateur modeste, du lit royal sur lequel le prince était assis. Hélas! combien ma confiance fut trompée!

Le roi d'Égypte n'avait pas alors plus de cinquante ans, mais son front portait l'empreinte d'une caducité séculaire. Sa face hâve et plombée, comme la main livide de l'ange funèbre qui s'était étendue sur lui, avait perdu jusqu'au mouvement de la vie. Ses lèvres sans couleur conservaient à peine assez de force pour s'entr'ouvrir au dernier souffle qui allait lui échapper; ses yeux seuls laissaient deviner quelques restes d'une existence fugitive, et finissaient de briller dans la profonde cavité de leur orbite, comme deux étincelles prêtes à s'éteindre sur deux charbons éteints. Il voulut faire un mouvement pour m'appeler, mais sa main le trahit et resta glacée sur le dossier qui l'appuyait. Un balbutiement confus erra sur sa langue paralysée, mais je ne l'entendis pas.

Mon état n'était guère à préférer à celui de l'agonisant. Je ne l'avais pas plutôt aperçu que je devinai ma destinée à l'horrible silence de mon talisman. Il ne me suggéra pas une pensée, pas un subterfuge même qui pût me tenir lieu de pensée. Un médecin ordinaire aurait improvisé le nom d'une maladie inconnue, celui d'un remède imaginaire ou difficile à trouver. Il aurait

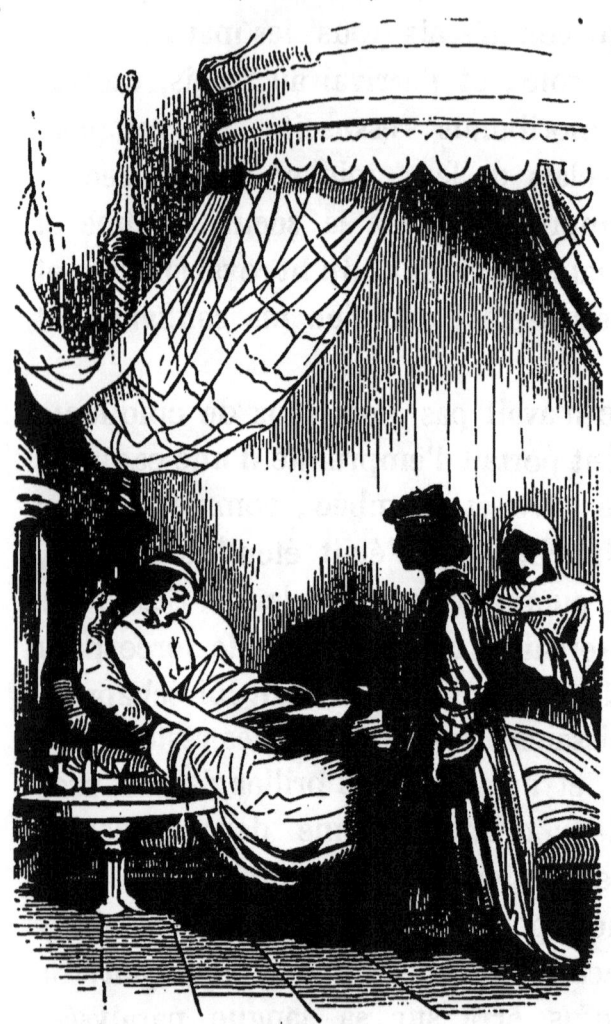

gagné le temps nécessaire pour laisser mourir son malade, et il en fallait si peu ! Médecin par l'instinct de la nature et les bons secours du génie de la montagne de Caf, je ne connaissais pas ces habiles artifices. Je jetai autour de moi un regard d'humiliation et de désespoir, et je rencontrai les yeux du médecin du roi qui jouissait de ma confusion avec un insolent sourire. Ma première idée fut que la présence d'un de ces docteurs à brevet suffisait pour neutraliser les effets de l'amulette salutaire, quoique le génie ne l'eût pas dit ; mais les génies ne peuvent pas penser à tout. Convaincu que je ne gagnerais rien à réfléchir plus longtemps, je me jetai la face contre terre.

— Seigneur, m'écriai-je enfin en me relevant sur mes genoux dans l'humble attitude de la résignation, ou votre majesté n'est point malade, ou le mal dont elle est frappée se dérobe à mon savoir impuissant. Je suis incapable de la guérir.

A ces mots, le roi rassembla le reste de ses forces pour m'accabler de sa colère, mais il ne put faire qu'un geste et pousser qu'un cri. — Qu'on le mène à la mort, dit-il.

— Seigneur, dit le médecin en se rapprochant de l'auguste malade, votre indignation est légitime, et votre vengeance est trop douce. Permettez-moi cependant de vous indiquer un moyen de la rendre utile à la conservation de ces jours précieux sur lesquels reposent la prospérité de l'Égypte et le bonheur du monde. Votre majesté, qui sait tout ce que savent les rois, ces dieux visibles de la terre, n'ignore pas que notre loi nous défend d'attenter au cadavre et de troubler par une étude sacrilége le saint repos de la mort. Cette science impie des Cafres et des giaours nous est sagement interdite, mais le divin Alcoran ne nous a défendu nulle part d'en puiser les rares secrets dans les entrailles d'un criminel vivant. Si votre mansuétude paternelle, qui veille incessamment à la conservation de vos sujets, daignait m'acorder ce misérable, couvert de forfaits et d'ignominie, je me crois assez expert dans mon art pour l'ouvrir et le disséquer, sans toucher aux parties nobles, et pour découvrir dans ses viscères palpitants le mystère et le remède des douleurs qui vous tourmentent, car l'amour seul de votre personne sacrée m'a inspiré cette prière.

Pendant cette allocution effroyable, la moëlle s'était figée dans mes os, et j'attendais la réponse du tyran dans une horrible perplexité. Un sourire d'espérance courut sur sa bouche pâle, et il inclina faiblement la tête en signe d'approbation. Je perdis connaissance.

Alors on me lia les pieds et les mains; on me transporta ainsi dans une litière fermée, et on me conduisit à la maison de plaisance du médecin du roi, délicieuse *villa*, dont le Nil baigne l'enceinte élevée.

Arrivés au terme de ce voyage fatal, les esclaves

me déposèrent sur une table de cèdre qui paraissait disposée à l'avance pour l'affreuse opération que j'allais subir, tandis que d'autres serviteurs préparaient sur une table voisine les instruments de mon supplice, des scies, des couteaux, des scalpels, des bistouris acérés, dont la vue ferait horreur à un de ces héros invulnérables que chantent les anciens poëmes de l'Arabie. J'en détournais les yeux avec une épouvante qui me brisait le cœur, quand un pas grave et lent, qui s'imprimait solennellement sur les degrés, m'annonça la présence de mon barbare assassin. Oh! combien je regrettai alors que le génie maladroit qui m'avait doué, sans mon aveu, du priviIége stérile de guérir toutes les maladies des hommes, ne m'eût pas accordé en échange le pouvoir de les donner! de quelle foudroyante apoplexie j'aurais accueilli, sans remords, le médecin du roi! Mais je me débattis inutilement sous les convulsions de la terreur, et je retombai dans mes liens.

— Que vois-je! s'écria-t-il en m'apercevant. Est-ce ainsi qu'on reçoit les hôtes respectables qui me font l'honneur de me visiter! Hâtez-vous de rompre ces cordes infâmes et de nous apporter des carreaux sur lesquels nous puissions nous livrer à loisir aux douceurs d'un sage entretien. — Et toi, continua-t-il, en s'adressant à une espèce de majordome que je n'avais pas encore vu, tâche de te surpasser dans les apprêts d'un festin qui témoigne à ce noble étranger, par sa magnificence, combien je suis sensible à la gloire dont sa présence me comble aujourd'hui. Quand j'aurai affaire à vous pour d'autres services, j'aurai soin de vous appeler et de vous faire connaître mes volontés.

Il n'avait pas fini de parler que ses ordres s'exécutèrent. Une table jonchée de fleurs se couvrit de sorbets, de confitures, de mets délicats, de vins exquis ; car les médecins d'Égypte poussent à un degré incroyable de raffinement le goût de la bonne chère, et ne se font pas grand scrupule d'enfreindre les préceptes de la loi ; je ne sais s'il en est de même ici. J'étais loin cependant d'être rassuré, ou plutôt je commençais à m'imaginer que le docteur se proposait de m'étourdir par des breuvages narcotiques dont je n'avais pas l'habitude, pour procéder ensuite à son opération avec moins de difficulté. Les scalpels et les bistouris n'avaient d'ailleurs pas disparu, et la vue de ces ustensiles menaçants reprimait fort mon appétit. Le médecin parut remarquer enfin ma consternation, dont il n'ignorait pas la cause.

— Eh quoi ! me dit-il, mon illustre confrère, vous croyez-vous par hasard au saint temps du Ramazan, pour dédaigner des mets qui éveilleraient la sensualité d'un santon? Daignez du moins me faire raison de ce verre de vieux Schiraz que je vais boire à l'honneur de vos glorieux succès.

La révolution que produisit en moi cette singulière apostrophe me rendit subitement la parole : C'en est trop, lui répondis-je en pleurant de colère; je ne m'attendais pas à voir un homme qui exerce une profession libérale et humaine joindre une ironie si amère à une si noire cruauté !

— Allons donc, reprit-il, vous ne sauriez attribuer sérieusement au plus zélé de vos admirateurs et de vos disciples l'intention de cette exécrable plaisanterie. J'avoue que la gloire d'ouvrir un grand homme tel que vous est faite pour éblouir mon orgueil; mais ce n'est pas au point de fermer mes yeux à l'éclat de votre savoir et de vos talents. Je vous suivais d'assez près, ce matin, quand vous marchiez de votre prison au palais du roi d'Égypte, et vous m'avez rendu témoin de miracles si surprenants, qu'ils semblent plutôt l'ouvrage d'un génie que celui d'un homme. O seigneur, que vous êtes un habile médecin, et que les moindres de vos formules seraient payées cher par notre académie !

Quoique ma situation fut peu changée en apparence, j'avouerai que ces paroles me pénètrèrent d'une émotion assez douce, et que mon amour-propre triompha un moment de ma peur. Je bus un verre de Schiraz, et je repris quelque courage.

— Il est vrai, dis-je avec l'expression d'un contentement modeste, que ma pratique n'a jamais été malheureuse, à une triste occasion près, et je mets le monde entier au défi de citer un seul malade que je n'aie pas guéri du premier abord, si ce n'est le roi d'Égypte, à qui Dieu pardonnera le mal qu'il me fait ou qu'il veut me faire.

— Pour celui-là, répliqua le docteur en riant, vous m'auriez étonné d'une tout autre manière, si vous aviez deviné sa maladie, car je vous suis caution qu'il n'est point malade. C'est une organisation de fer, usée avant l'âge par tous les excès qui précipitent le cours de la vie, la satiété des voluptés, la satiété du pouvoir, la satiété du crime. Il n'y a plus rien de nouveau pour ses organes blasés, sur cette terre dont il est l'effroi, et voilà pourquoi il se meurt. C'est de tous mes clients celui qui m'inquiète le moins, car je lui tiens en réserve, pour le premier moment d'humeur dont il aura le malheur de m'inquiéter, une potion souveraine qui lui procurera la guérison radicale de tous ses maux, et qui guérira l'Égypte plus infailliblement encore de l'opprobre et des calamités de son règne. Ne soyez donc pas surpris de n'avoir pas trouvé de remède aux douleurs qui le dévorent. La Providence est trop sage pour avoir réservé de telles ressources au plus méchant de tous les hommes.

— Si je comprends la valeur de ce spécifique, interrompis-je en frissonnant, il est bien à regretter pour moi que vous ne vous en soyez pas avisé plus tôt.

— C'est ce que nous verrons tout à l'heure, poursuivit le médecin du roi en jetant un regard oblique sur ses redoutables ferrements. Nous avons auparavant à nous entretenir d'autre chose, et au point où nous en sommes, vous et moi, nous pouvons nous parler tous deux sans mystère. Vous pénétrez d'un coup-d'œil la cause de toutes les maladies, et vous savez leur approprier à l'instant le remède qui leur convient : c'est un point sur lequel nous sommes d'accord, et dont les observations que j'ai faites, il y a peu de temps, ne me permettent pas de douter; ce que je ne saurais croire, c'est qu'il y eût une école de médecine, en Egypte ou ailleurs, qui enseignât cette science, et vous me permettrez d'imaginer que vous la devez plutôt au hasard qu'à l'étude.

Un sentiment involontaire de confusion ou de pudeur dut alors se manifester sur mon visage, et, dans mon émotion, je baissai les yeux sans répondre.

— J'ai fréquenté comme vous, continua-t-il, les cours des sages les plus renommés, et j'y ai appris que les médecins ne savaient que peu de chose ou ne savaient rien. Nous raisonnons sur les maladies par approximation; nous leur appliquons, par habitude, les remèdes qui nous ont plus ou moins réussi dans des circonstances analogues, et nous les guérissons quelquefois par hasard. C'est à cela que se réduit notre savoir; mais il nous suffit pour gagner la confiance de la multitude, et pour vivre dans l'aisance aux dépens des gens crédules. Si vous connaissez une autre médecine que celle-là, vous êtes encore plus savant que je ne l'avais pensé, mais j'ai quelque raison de croire que vous n'en avez pas acquis le secret sur les bancs du collége. Une confidence loyale et sans réserve pourrait faciliter entre nous un bon arrangement dont je n'ai pas besoin de vous faire sentir l'urgence. Vous avez eu le temps d'y penser.

Il porta au même instant une main nonchalante sur ses bistouris, et les étala sur ses genoux avec une distraction affectée.

J'avais compris mon médecin, et je n'hésitai plus que sur les termes de la capitulation.

— Un secret pareil, lui dis-je, serait à estimer au-dessus de tous les trésors des hommes.

— Et non pas au-dessus de la vie, reprit-il en repassant négligemment le plus horrible de ses bistouris sur une pierre à aiguiser. Il me semble qu'une jolie djerme voilière galamment équipée, qui vous transporterait cette nuit loin des terres d'Égypte, et une poignée de franches roupies de Perse qui vous donnerait de quoi vivre, en attendant une clientèle, valent mieux pour vous que l'honneur de figurer un jour dans un cabinet d'anatomie. C'est payer assez haut, selon moi, dans la position où vous êtes, la communication de quelques folles paroles que vous devez à la bienveillance d'une péri.

— Apportez-moi les roupies, repartis-je, et allons voir la djerme, si elle est prête, car j'ai hâte de voyager. Vous aurez le talisman.

Je le passai, en effet, sur son cou, au moment où le patron donnait le signal du départ. Je fis valoir avec soin les vertus incomparables de mon amulette, mais j'omis plus soigneusement encore, et pour cause, de prévenir le docteur qu'elle perdait à l'instant son efficacité quand elle était tombée en d'autres mains, parce que cette circonstance malencontreuse aurait annulé un marché auquel j'avais le plus grand intérêt possible. C'est toutefois depuis ce temps-là que les médecins d'Égypte se flattent, entre ceux de toutes les nations, de guérir toutes les maladies ; mais je puis vous attester, seigneur, qu'il n'en est rien, et que les médecins de ce pays-là tuent leurs malades comme les autres.

Mes ressources ne furent pas longtemps à s'épuiser ; mais je croyais en avoir conservé quelques-unes dans mes habitudes de praticien. J'avais vu et nommé une multitude de maladies ; j'avais nommé et conseillé une multitude de remèdes, et ma mémoire ne m'avait pas abandonné avec le talisman du génie. J'allai donc à travers le monde, cherchant partout des malades, imposant le plus souvent au hasard les définitions de ma pathologie et les recettes de ma pharmacopée, et laissant les traces ordinaires du passage d'un médecin dans les endroits où je passais. J'en eus quelques remords au commencement, parce que j'ai l'âme naturellement sensible ; mais je finis par m'en faire une habitude assez facile, comme les autres médecins, quand j'eus expérimenté, en cent consultations différentes, que les plus huppés de cette savante profession n'en savaient pas plus que moi. Il arrivait toujours, en dernier résultat, que le malade triomphait du mal, ou que le mal triomphait du malade, selon l'arrêt de la destinée ou le caprice de la nature.

J'éprouvai cependant quelques échecs qui compromirent ma réputation, et qui mirent ma sûreté en péril. Je crois qu'il n'en eût pas été question pour un docteur en crédit, dont la considération repose sur une vieille tradition pratique, et sur la confiance d'une clientèle honorable. Ceux-là font tout ce qu'ils veulent des infortunés qui tombent dans leurs mains, et l'opinion ne vient pas leur en demander compte; mais c'est autre chose pour un pauvre médecin sans diplôme, qui n'a pas, comme l'on dit, l'*attache* du corps enseignant, et le privilége légal d'exercer l'art de guérir, sans avoir jamais guéri personne. On me sacrifia sans pitié dans toutes les villes où je m'étais successivement établi à la basse jalousie de mes confrères, qui se partageaient joyeusement mes malades le lendemain de mon départ, et qui ne manquaient pas de les enterrer en trois jours, pour se réserver le plaisir d'attribuer ce mauvais succès au vice radical du premier traitement. Cette fatalité, qui semblait partout s'attacher à mes remèdes, finit par produire un tel scandale, que la justice crut devoir me défendre de pratiquer la médecine, sous peine de perdre le nez et les oreilles. J'étais si las de la science, et si jaloux de conserver les principaux ornements d'une figure humaine en bon état, que je me résignai à vivre d'aumônes, en suivant les convois des morts, que j'avais vu tant de fois s'ouvrir sous mes auspices. J'étais parvenu à ce point de misère et d'avilissement, quand le hasard me fit rencontrer avant-hier, aux portes de Damas, ces deux vieillards mendiants, dans lesquels j'ai reconnu depuis mon frère Douban le riche, et mon frère Mahoud le séducteur, que les avantages de la fortune et de la beauté n'ont pas rendus plus chanceux que moi.

A ces derniers mots du récit de Pirouz, les trois frères

se levèrent et demandèrent au vieillard bienfaisant de Damas la permission de s'embrasser, comme des voyageurs revenus de courses lointaines qui se rencontrent inopinément au but commun de tous les hommes, sur cette pente de la caducité qui mène à la mort. Le vieillard les y autorisa par un signe de tête plein de douceur et de grâce ; et se levant à son tour en essuyant quelques larmes, il les embrassa aussi tous les trois : après quoi il reprit sa place et les fit asseoir.

— C'est à moi, dit-il, de vous apprendre maintenant, ô mes chers amis, comment je suis parvenu à l'éclatante prospérité qui couronne mon heureuse vieillesse, et qui va devenir votre partage ; car vous voyez en moi votre frère Ébid, que vous avez laissé dans la montagne de Caf. Consolez-vous, frères bien-aimés, et soyez sûrs que le jour où le Tout-Puissant vous dirigea vers ma demeure, il avait tout oublié comme moi.

HISTOIRE D'ÉBID LE BIENFAISANT.

Mon histoire, continua-t-il, ne sera pas longue à raconter. Il y a peu de vicissitudes dans la vie des hommes simples, qui obéissent naïvement à leur nature, et qui subissent les lois inévitables de la nécessité sans ressources et sans secrets que la patience et le travail. Ce que j'ai fait, c'est ce que l'instinct universel de la conservation enseigne à tous nos semblables. Ce que je suis devenu, c'est Dieu qui l'a fait.

Mes cris troublèrent comme les vôtres le silence presque inviolable où reposait depuis des siècles le génie de la montagne. Il m'apparut comme à vous, mais probablement plus impatient et plus fatigué, car il n'avait pas compté sur une importunité nouvelle. Aussi je ne vous cacherai pas que son aspect me remplit de terreur, et que je tombai tremblant devant lui, sans avoir la force d'opposer une parole à sa colère. Touché cependant de mon enfance et de ma faiblesse, il s'empressa de me rassurer par des discours bienveillants, qui me rendirent un peu de courage, parce qu'à travers les formes grossières de sa mauvaise éducation, ils annonçaient un grand fonds de bonne foi et d'honnêteté naturelles. « Lève-toi, pauvre petit, me dit-il, et laisse-moi en repos sans t'inquiéter pour toi-même, car je ne veux point te faire de mal. Ce n'est pas ma faute, au reste, si tu dors d'un sommeil si dur, et je regrette que tu ne te sois pas éveillé avec tes compagnons. Comme ils m'avaient rendu service, et que toute peine vaut salaire, j'ai distribué entre eux quelques babioles qui me sont venues d'héritage, mais dont je n'avais aucun besoin pour mon usage particulier, le patrimoine que mes aïeux m'ont laissé me permettant de vivre ici à mon aise, insouciant et solitaire, sans autre ambition que de dormir la grasse matinée et de manger à mes heures. Je les ai dotés de la science, de la fortune et du don de plaire. C'était tout ce que j'avais de joyaux : un pauvre génie ne peut donner que ce qu'il a. Quant à toi, tu me trouves les mains vides, et j'en suis presque aussi fâché que toi. Vois pourtant, continua-t-il en frappant du pied un vieux sac de cuir qu'avait laissé selon toute apparence quelque homme égaré comme nous dans ces tristes déserts, vois si tu peux tirer quelque parti de ces ferrailles ; il ne me reste pas autre chose. » Après cela il disparut.

Mon premier soin fut d'examiner mon trésor, qui se composait d'outils bizarres que je croyais avoir vus quelquefois dans la main des ouvriers, mais dont je ne m'expliquais pas l'usage. Le second fut de recourir aux provisions que vous m'aviez ménagées, et de rassembler ce qui m'en restait dans un autre sac qui les avait contenues, en répartissant les deux charges d'une manière à peu près égale, pour diminuer la fatigue du transport. Cependant je marchais lentement, parce que j'étais faible, et je m'arrêtais souvent, parce que j'étais paresseux comme le sont tous les enfants ; mais je m'aperçus avec plaisir, au bout de quelques jours, que l'habitude m'avait rendu ce travail facile et ce fardeau léger.

Bientôt je parvins à des lieux plus favorisés du ciel, où la nature me fournit assez de racines et de fruits pour suppléer à mes provisions épuisées. Je m'y serais arrêté volontiers, si le cri des bêtes féroces ne m'avait pas inquiété pendant de longues nuits qui n'étaient pour moi que des veilles soucieuses. C'est alors que j'appris la valeur des objets contenus dans mon sac de cuir. J'imaginai de détacher quelques fortes branches d'arbres avec un de mes instruments qui s'appelle une scie, de les enfoncer dans la terre avec un maillet, de les unir avec des sions robustes que j'empruntais aux roseaux, de les fortifier par de grosses pierres que je cimentais de terre glaise avec une truelle, et de m'en faire une enceinte impénétrable, où je trouvais chaque soir le repos. Toutefois, je n'arrivais pas aux habitations des hommes, et mes vêtements en lambeaux commençaient à m'abandonner. Je m'avisai de m'en faire d'autres avec quelques écorces flexibles qui se détachaient facilement sous ma main, que je taillais avec des ciseaux et que je réunissais avec des aiguilles, au moyen de certains filaments souples et solides que me fournissaient en abondance les plantes les plus communes. Je m'étais initié ainsi, par un apprentissage de trois ans, à tous les travaux des métiers; et quand le sort aventureux des voyages me conduisit à Damas, je n'étais ni riche, ni beau, ni savant, mes pauvres frères; j'étais ignorant, indigent et dédaigné, mais j'étais ouvrier. La sobriété m'avait rendu sain et robuste; l'exercice m'avait rendu souple et léger; la nécessité même, qui est une bonne maîtresse, m'avait rendu inventif et adroit. Je joignais à cela le contentement de l'âme qui rend sociable et gai. L'aspect d'une ville ne m'effraya point, parce que je savais que les hommes, réunis en société, ont besoin partout de payer de quelques aliments, l'intelligence, l'industrie et la force. Au bout d'un jour, j'avais gagné ma journée. Au bout d'une semaine, j'avais économisé pour les besoins d'un jour; au bout de quelques mois, je m'étais assuré une vie d'un mois, car il faut bien compter avec les maladies et même avec la paresse. Un an après, j'avais de l'aisance ; dix ans après, j'étais riche dans l'acception raisonnable du mot. La richesse consiste à vivre honorablement, sans se rendre à charge aux autres, et dans une condition d'aisance modeste et tempérée qui permet quelquefois d'être utile aux pauvres. Tout le reste n'est que luxe et vanité.

A trente ans, le soin que je mettais à mon travail avait attiré l'attention des manufacturiers de Damas. Le plus opulent de tous me donna de lui-même sa fille unique que j'aimais sans oser le dire. Je reconnus sa bonté par mon zèle, et Dieu favorisa mes entreprises. J'avais centuplé sa fortune quand il la laissa dans mes mains. Arrivé moi-même à l'âge du repos, car mon bienfaiteur était mort plein de jours, je bornai ma dernière ambition à sanctifier sa mémoire par un bon usage des biens qu'il m'avait laissés, et je m'avance ainsi doucement vers le terme de ma douce vie, sans avoir rien à regretter que l'épouse chérie et les amis que j'ai perdus.

Vous étiez compris dans ce nombre, car je ne vous avais jamais oubliés. L'heureux événement qui vous a rendus à mes vœux est un bienfait de plus dont je suis redevable à la divine Providence. Après ces rudes épreuves de la vie qui ont été si pénibles pour nous , il vous reste du moins à goûter, dans le sein de la famille, les loisirs sans mélange d'une tranquille vieillesse. Cet âge n'est plus celui des vives jouissances, mais il a les siennes qui ont aussi leur charme et leurs délices, et vous verrez qu'il n'est jamais trop tard pour être heureux. Nous nous rappellerons ensemble vos espérances et vos désabusements, pour nous réjouir ensemble des circonstances prospères, quoique tardives, qui vous ont fait passer de cet océan d'illusions orageuses dans un port de salut et de prospérité ; et nous tomberons facilement d'accord pour convenir que de tous les talismans qui promettent le bonheur aux vaines ambitions de l'homme, il n'y en a point de plus sûr que le travail.

Ici finit le discours du vieillard, et on ne trouvera pas mauvais que je finisse avec lui. Je vous proteste qu'il y a longtemps que j'en éprouve le besoin, et que je regrette de vous avoir entraînés dans les lenteurs d'une narration languissante dont j'avais peine à dégager mon imagination et ma plume; mais l'aimable génie qui me raconte ces histoires dans mon sommeil avait prêté à celle-ci des grâces que je n'ai pas retrouvées en écrivant. Vous jugerez si l'époque est venue où je dois renoncer à ses promesses, et j'apprendrai de vous si j'ai perdu aussi le modeste talisman qui m'a quelquefois obtenu de faibles droits à votre indulgence. Il faut bien que ce jour arrive, et il est peut-être arrivé.

HISTOIRE

DU

ROI DE BOHÊME

ET DE

SES SEPT CHATEAUX.

S.

HISTOIRE

DU

ROI DE BOHÊME

ET DE

SES SEPT CHATEAUX.

Il y avait une fois un roi de Bohême
qui avait sept châteaux.   TRIMM.

Introduction

Oui ! quand je n'aurais pour monture que l'âne sophiste et pédant qui argumenta contre Balaam !...

Quand je serais réduit à enfourcher la rosse chatouilleuse qui fit un autre Absolon de F. Jean des Entommeures — ou la mule rétive dont l'opiniâtreté infernale compromit un jour le salut de l'abbesse des Andouillettes et de la douce Marguerite !...

Quand il me serait prescrit par une loi de l'État — ou par un canon de l'Église — de ne jamais courir une poste que sur la haquenée fantastique de Lénore — ou sur le cheval pâle de l'Apocalypse qui portait un cavalier nommé LA MORT!... Hélas! celui-là piaffe à ma porte...

Mais qui diable pourra me dire ce que c'est qu'un cheval pâle?

Quand je devrais emprunter (pour y aller), l'essor aventureux de l'hippogriffe, me suspendre comme Montgolfier à une vessie de toile gommée, chassée par le vent, ou me jucher comme Sindbad le marin sur les épaules d'un afrite maudit... J'irai!

Funeste ambition, où prétends-tu me conduire? est-ce à Corinthe?... — Non, Théodore, c'est en Bohême.

J'ouvrirai les dyptiques, j'épellerai les diplômes, je collationnerai les chartes — je saurai dans quel temps vivait ce roi de Bohême, et je marquerai la place de ses sept châteaux avec une précision digne de Pausanias, d'Antonin, de Rutilius — de manière à faire mourir de dépit l'exact, ponctuel et soigneux Dodwell, s'il n'était mort en 1711, ce bon Henri Dodwell, quelques jours avant Pâques fleuries.

D'ailleurs, du temps de Dodwell, on s'occupait si peu du roi de Bohême et de ses sept châteaux!

Et voilà pourquoi les sociétés marchent lentement. Chaque siècle a ses besoins.

Le besoin le plus pressant de notre époque pour un homme raisonnable qui apprécie le monde et la vie à leur valeur, c'est de savoir la fin de l'histoire du roi de Bohême et de ses sept châteaux.

Moi, je n'ai besoin que d'un cheval : soit nécessité,

soit caprice, je n'irai pas en Bohême sans cheval. Une entreprise comme celle-ci vaut bien les frais d'un cheval, et cependant j'ai vu passer vingt souscriptions sans qu'il fût question d'un cheval pour aller en Bohême !

Un cheval ! un cheval !

A horse ! a horse ! my kingdom for a horse !

Rétractation.

Que ferais-je au reste d'un cheval ? je n'en donnerais pas la coquille univalve — je ne sais si c'est un cône ou un fuseau, une olive ou un sabot, une hélice ou un buccin — je crois que c'est une porcelaine — non, — je ne donnerais pas un fragment de cette petite monnaie du sauvage que la mer roule sur tes plages, pauvre et heureux insulaire, pour le cheval d'Alexandre qui avait la tête du bœuf, et pour celui de César qui avait le pied du bélier.

Ne puis-je voyager sans cheval dans tous les espaces que Dieu a ouverts à l'imagination de l'homme ? N'ai-je pas à mon service la voiture commode et obéissante dont il me fit présent, pour toute part de mon céleste héritage, et que j'ai préférée quelquefois aux chars de Pharaon ?

Je ne vous dirai pas précisément comment votre carrossier l'appellerait. Ce n'est pas la *désobligeante* solitaire de M. Dessein ; ce n'est pas le *tilbury* présomptueux du petit maître. Ce n'est ni la *sédiole* rapide de l'Italien qui fuit sur deux roues brûlantes, ni le traîneau fumant du Lapon qui glisse en sifflant sur la neige, et disparaît au milieu d'un nuage de poussière glacée.

C'est une voiture à moi, où je dors paisiblement sur les quatre coins, quelquefois seul, souvent accompagné, et que je dirige à mon gré vers tous les points de l'univers.

Il me suffit de faire claquer le pouce contre le *medius*, ou de frapper trois fois la langue contre le palais, pour la mener de Delhi à Tobolsk, ou pour la renvoyer des Orcades à Chandernagor — et si j'ai mâché quelques feuilles de ce grand *convolvulus* qui donne le bétel ; si le suc du pavot, transformé en pastilles solides et parfumées, réveille dans mes esprits la riante famille des songes ; si j'ai aspiré dans un long verre le gaz spiritueux et spirituel qui émane des tonnes d'Éper-

nay, ou si j'ai tiré à fréquentes reprises de ma jolie
tabatière de Lumloch cette poudre enivrante et poétique
dont un mince diplomate du seizième siècle a doté la
France... oh! combien je vous laisse loin de moi,
timide Vesta, grave et modeste Pallas! que j'ai franchi de fois Jupiter, l'orbe où roulent tes satellites!
que j'ai de fois rompu ton anneau pâlissant, sombre
et silencieux Saturne! je me souviens d'avoir touché
à une barrière où on lisait en lettres d'une forme et
d'une couleur inconnues sur la terre :

OCTROI D'URANUS

Dieu! qu'il y faisait froid!

Ce qu'il y a de commode dans ma voiture, c'est
qu'elle est toujours prête. Madame, voulez-vous
monter? Il n'y a pas un moyeu à graisser, pas une
clavette à serrer. Il ne manque pas un boulon. Ne
craignez pas les accidents du chemin. Si l'équipage
de Cervantes ou de Rabelais, si celui du bénéficiaire
de Sutton ou du doyen de Saint-Patrick a passé par
ici — j'ai suivi l'ornière avec tant de soin — ou je
m'en suis écarté avec tant d'adresse! Les fossés sont
en vérité profonds comme l'espace. Ils donneraient le
vertige à un aigle! Mais la voie est large comme le
canal de la Manche, multiplié par toutes les gouttes
d'eau de l'Océan. Je verse quelquefois, mais seulement quand je le veux, ou quand vous le voulez

— et c'est sur un sable si doux, sur un gazon si souple, si élastique et si frais, que vous n'y regretteriez, je le jure, ni l'édredon moelleux de votre lit de repos, ni la bourre de soie qui enfle vos canapés. Hier encore, Fanny, les yeux fixés sur cette petite mouche fauve qui domine ton sourcil noir, car il y a trop de danger pour moi à regarder plus bas... — Pas plus tard que ce matin, Victorine, les doigts liés aux boucles d'or de tes cheveux flottants... — Dis-moi, traîtresse, qui t'a ainsi décoiffée?

O Victorine! ô Fanny, que de chemin vous avez fait avec moi sans le savoir!

Mais il s'agit aujourd'hui de choses plus sérieuses. Pour la première fois de ma vie, je me suis avisé d'avoir une volonté fixe, un but déterminé. Je pars, je suis parti.

— Où allez-vous donc, Théodore?
— En Bohême, vous dis-je! Fouette, cocher!

Convention.

Seulement je n'irai pas sans eux. J'ai de si bonnes raisons pour cela !

L'un, c'est don Pic de Fanferluchio !

L'autre, c'est mon fidèle Breloque.

Le premier m'entretien en secret de ces études de peu de valeur avec lesquelles on oublie doucement de vivre. Il fut le plus assidu des amis de ma jeunesse. A vingt-cinq ans, je n'avais jamais recherché d'autre conversation que la sienne, et quelle conversation !

L'homme le plus long, le plus mince, le plus étroit, le plus géométriquement abstrait dans toutes ses dimensions — le plus frotté de grec, de latin, d'étymologies, d'onomatopées — de thèses, de diathèses, d'hypothèses, de métathèses — de tropes, de syncopes et d'apocopes — la tête qui contient le plus de mots contre une idée, de sophismes contre un raisonnement, de paradoxes contre une opinion, — de noms, de prénoms, de surnoms — de titres oubliés et de dates inutiles — de niaiseries biologiques, de balivernes bibliologiques, de billevesées philologiques — la table vivante des matières du *Mithridate* d'Adelung et de l'*Onomasticon* de Saxius !...

Le second, créature bizarre et capricieuse — jeu singulier de la Providence qui s'amuse, après avoir moulé un génie sous la forme d'Achille ou d'Apollon, à bâtir avec les rognures échappées à son ciseau sublime un monstre difforme et grotesque — mélange fortuit d'éléments que l'on croirait incompatibles — accident passager mais unique dans les modes innombrables de l'être — ébauche ridicule de l'homme qui ne sera jamais achevée — être sans nom, sans but, sans destinée, qu'on voit toujours riant, toujours chantant, toujours moquant, toujours gabant, toujours gambadant, toujours disposé à rien faire ou à faire des riens. —

Hélas! mon cher Victor, je n'ai pas ta plume d'or et

ton encre aux mille couleurs ; je n'ai pas, mon cher Tony, la palette plus riche que l'arc-en-ciel où tu charges tes pinceaux — et j'essaierais de peindre un nain !

Quand j'eus gagné à la loterie cette principauté d'Allemagne que j'ai perdue ce matin à mon réveil — la peste soit du frotteur ! — je donnai à don Pic de Fanferluchio les sceaux de la chancellerie et les clés de la bibliothèque.

Breloque eut la trésorerie et les petits appartements.

O vous que la fortune a exposés dans un rang élevé aux regards jaloux de la multitude, et qui n'avez pas lu sans fruit la vie d'Alcibiade, vous pouvez vous adresser à Breloque en toute sûreté. Il coupera la queue de vos chiens.

Non... jamais on n'a éprouvé au même degré que moi... —

Non, Cléobis et Biton qui moururent de fatigue en traînant le char triomphal de leur mère... Non, le sire Gontran de Léry qui expira en déposant sa fiancée au sommet de la *Côte des deux amants*... Non, Euthyme de Locres à qui il n'arriva rien de moins, pour avoir transporté un rocher énorme, destiné à clore les murailles de sa cité — Que dis-je ! ce géant qui soutint le monde — Anthée, Épiméthée, Prométhée, ou Atlas — je serais bien fâché de me tromper sur son nom, mais je n'ai pas même ici un almanach —

Non, personne n'a senti ce que pèse cette vertu compacte et immense, cette idéalité des perfections absolues, cette *prototypie* de toutes les facultés innées et acquises, morales et rationnelles, cette perfection de l'âme et de l'intelligence humaine presque divinisées, dont la supériorité accablante exerce une censure involontaire, mais hostile et perpétuelle, sur la société entière —

A moi, Breloque, m'écriai-je, sauve-moi de mon innocence! Dépouille, s'il le faut, mon chaste front de cette couronne de pureté timide que les femmes me décernèrent autrefois. — Délivre-moi de cette infaillibilité de mœurs, de cette austérité inflexible, qui finiraient par m'attirer la haine de tout le genre humain. — Danse, Breloque, danse encore. — Donne-moi des défauts qui ne soient pas des vices, des goûts qui ne soient pas des excès, des manies qui ne soient pas des passions. — Danse, Breloque, danse toujours ; et si tes grelots bruissent jamais dans le formidable concert des trompettes du jugement, ne crains pas qu'ils m'avertissent d'un remords !

Breloque fit le saut périlleux.

Pauvre Breloque! sans toi que serais-je devenu !

Qu'aurais-je été sans eux, je le demande? La statue informe du Titan, la poupée de l'idéologue, le monstre antropomorphe de Godwin?

Quand l'archange qui coule la figure d'un homme dans les fourneaux de la nature, se fut aperçu de la méprise qui lui avait fait confondre des éléments si divers — don Pic, Breloque et Théodore — son premier mouvement fut de rompre l'image, et d'en jeter les fragments à travers l'espace. —

O povero mi ! Que de siècles n'aurait-il pas fallu

pour remettre mes molécules constitutives en harmonie, pour raccrocher mes atomes, pour idiosyncraser mes monades, pour rétablir l'adhérence intime et parfaite de tant de surfaces antipathiques entre le myrmidon Breloque et le patagon filiforme don Pic de Fanferluchio ?

Heureusement l'ange praticien y regarda deux fois, trois fois, y revint encore, s'accoutuma d'abord à tolérer, puis à aimer son modèle. Il alla même jusqu'à lui confier une émanation de ce souffle de bonté dont les anges sont avares, et imprimant fortement le pouce à l'extrémité du nez de son mannequin encore inanimé, pour parvenir à le reconnaître un jour à ce méplat original : — Va, lui dit-il, sois Théodore, — Et mon père pleura de joie sur un berceau.

Démonstration.

i cependant, par hasard, cette fiction ne vous convenait pas... car je ne vois aucune difficulté à déclarer que c'est une fiction...

Si vous êtes du nombre de ces esprits positifs qui ne se contente que de vérités absolues, et qui ne recevraient pas une idée frappée au coin de Montaigne et de Platon sans lui faire subir l'épreuve du trébuchet...

Si vous faites plus de cas d'une bonne addition que d'une similitude et même que d'une comparaison...

Eh, mon Dieu! vous n'avez qu'à parler!

Il faut seulement s'entendre sur un point de départ, c'est-à-dire sur le calcul de Dioclès de Smyrne qui représente l'esprit de l'homme par le nombre *Mille*.

Ci, valeur reçue en compte. . . . . 1000.

Passons à l'analyse :
Soit Théodore, ou mon imagination . . . . 0.
Soit don Pic de Fanferluchio, ou ma mémoire. . . . . 1.
Soit Breloque, ou mon jugement. . . . . . 999.

Je n'ai pas besoin de faire la synthèse devant vous ; mais vous pouvez la vérifier facilement avec votre professeur de mathématiques, avec votre intendant, ou avec votre blanchisseuse. —

Je pose hardiment le total. . . . . 1000.

Ce qui signifie identiquement : l'auteur de l'*Histoire du roi de Bohême et de ses sept châteaux* ; car l'esprit est tout l'homme, et c'est de ces trois facultés, l'imagination, la mémoire et le jugement, que se compose (à moins qu'on n'y ait changé quelque chose) la mystérieuse trinité de notre intelligence, dans des proportions assez irrégulières, comme vous le voyez, et qui peuvent souffrir des modifications si multiples que la rencontre des deux ménechmes intellectuels sera probablement l'événement le plus inattendu de l'autre monde, et celui qui ajoutera le plus au charme piquant de notre future Palingénésie.

Quelle incroyable variété de physionomies! quelle inépuisable source d'harmonies et de contrastes! que d'âmes qui seront étonnées de n'avoir pas volé l'une à l'autre! que d'affections qui se révolteront contre le joug que leur a fait subir une trompeuse sympathie! que d'admirations détrompées! que de modesties rassurées trop tard! que de grands hommes j'ai vus, et, il m'en coûte de l'avouer, qui arriveront là, négativement timbrés de trois zéros, à la barbe de Dioclès!

Breloque ne s'est pas réservé d'autre plaisir pour les trente premières myriades de siècles de l'éternité.

Objection.

— Eh, monsieur, je vois ce que c'est! encore un mauvais pastiche des innombrables pastiches de Sterne et de Rabelais... —

Mauvais, cela vous plaît à dire... et puis, que diable vous faut-il si vous ne voulez pas des pastiches?

Oserais-je vous demander quel livre n'est pas pastiche, quelle idée peut s'enorgueillir aujourd'hui d'éclore première et typique?...

(Dalgarno réduisait toutes les idées primitives à six,

et don Pic de Fanferluchio prétend qu'il y avait du luxe.)

Oserais-je vous demander, dis-je, quel auteur est procédé de lui-même comme Dieu, si ce n'est l'auteur inconnu qui s'avisa le lendemain de l'invention des lettres...

C'était peut-être Énoch ; mais son livre ne s'est pas retrouvé —

C'était peut-être Abraham ; mais le *Jezirah* est apocryphe, et le Saint-Esprit le balaya, comme les faux évangiles, de la table du concile de Nicée —

C'était peut-être Mercure, autrement Hermès ou Trismégiste ; mais il n'est pas plus question de cette particularité dans Apollodore que dans le père Gautruche. Qui s'avisa de tracer pour la première fois... sur le sable — Ou sur un rocher — Ou sur une brique —

Ou sur une *tabella* d'ivoire enduite de cire vierge —

Ou sur toute autre surface naturelle ou plastique, mais pénétrable et tenace —

Ou sur une feuille de papyrus —

Ou sur la membrane du placenta d'un quadrupède —

Ou sur de la bouillie de chanvre ou de lin, de coton ou de soie, de paille ou d'ortie, étendue, aplatie et desséchée — Avec un roseau éguisé —

Ou un burin pointu —

Ou un crayon de métal friable —

Ou un fragment de pierre colorée —

Ou une plume d'oie —

De tracer (j'en étais là) quelques lignes verticales ou horizontales — de bas en haut ou de haut en bas

— de droite à gauche ou bien de gauche à droite — ou même de gauche à droite et de droite à gauche alternativement, comme cela se pratiquait dans le *Boustrophedon* —

Et de s'écrier dans une langue qui est morte avant le déluge : *Exegi monumentum!*

Celui-là (écrivain original, je te salue!) n'écrivit cependant, selon toute apparence, que ce qu'on avait dit avant lui; et, chose merveilleuse! le premier livre écrit ne fut lui-même qu'un pastiche de la tradition, qu'un plagiat de la parole!

Une idée nouvelle, grand Dieu! il n'en restait pas une dans la circulation du temps de Salomon — et Salomon n'a fait que le dire d'après Job.

Et vous voulez que moi, plagiaire des plagiaires de Sterne —

Qui fut plagiaire de Swift —

Qui fut plagiaire de Wilkins —

Qui fut plagiaire de Cyrano —

Qui fut plagiaire de Reboul —

Qui fut plagiaire de Guillaume des Autels —

Qui fut plagiaire de Robelais —

Qui fut plagiaire de Morus —

Qui fut plagiaire d'Érasme —

Qui fut plagiaire de Lucien — ou de Lucius de Patras — ou d'Apulée — car on ne sait lequel des trois a été volé par les deux autres, et je ne me suis jamais soucié de le savoir...

Vous voudriez, je le répète, que j'inventasse la forme et le fond d'un livre! le ciel me soit en aide!

Condillac dit quelque part qu'il serait plus aisé de créer un monde que de créer une idée.

Et c'est aussi l'opinion de Polydore Virgile et de Bruscambille.

Déclaration.

Au reste, on conviendra que je n'ai pas affiché du moins la prétention insensée d'être neuf dans le métier le plus fastidieusement usé qu'on puisse exercer au monde, celui, dirait Rabelais, de sophistiqueur de pensées et de grabeleur de mots.

Vous chercheriez inutilement pendant cent ans un titre qui révélât plus naïvement le plagiat que ces lignes ingénues :

Histoire
du Roi de Bohême
et
de ses sept châteaux.

A peine ont-elles frappé vos yeux que trois ou quatre

idées subites jaillissent tout armées d'autant de cases de votre mémoire, comme Minerve de la tête de Jupiter, chargées d'insignes, de blasons, de plans, de devis; ceintes de remparts, de glacis et de contrescarpes; hérissées d'ouvrages à cornes et de bastions —

Ah! ah! dites-vous, j'ai vu cela quelque part, dans Olaüs Magnus, dans Rudbeck, dans Sterne peut-être...

Une dernière case s'ouvre, celle de la réflexion, et il en sort une idée plus intelligente, plus nette, plus lucide, qui vous dit d'un ton sardonique en haussant légèrement les épaules (ô divine Entéléchie, les épaules d'une idée!...)...

« Mais c'est cela, c'est absolument cela! c'est dans Sterne! ce n'est qu'un pastiche. » Et puis elle rentre avec dédain... Merci, madame!

Et pourquoi pas un pastiche?...

Il m'était si aisé de dissimuler cet emprunt d'une imagination épuisée, en disant, par exemple :

HISTOIRE
DU ROI DE HONGRIE
ET
DE SES HUIT FORTERESSES.

ou mieux encore :

CHRONIQUE
DES EMPEREURS DE TRÉBISONDE,
ET DESCRIPTION
DE LEURS QUATORZE PALAIS.

Mais ma candeur naturelle répugne à ces artifices;

Un pastiche, un vrai pastiche, tout ce qu'il y a de plus pastiche...

Et cela me convient d'autant mieux que je ne savais pas ce que c'était.

Il ne tient même qu'à vous de me faire porter cette abnégation sincère de tout mérite personnel à sa dernière expression —

(Je parle à cette idée hargneuse, qui sort obstinément de sa niche à la fin de toutes mes pages, comme l'automate importun des horloges de Nuremberg.)

Douce et pudibonde Modestie! inspire-moi une concession si humble, si résignée, qu'elle désarme enfin la colère de mes ennemis!

. . . .
. . . .

Je l'ai trouvée!... — Je l'ai trouvée! —

Et je dois rassurer mes jolies lectrices — je n'écris point ceci *dans le simple appareil...* dans le costume négatif d'Archimède. J'ai un habit bleu barbeau qui ne m'a servi que trois fois...

Ce n'est pas moi d'ailleurs qu'il s'agit de regarder. C'est la page suivante où vous trouverez le titre définitif de ce volume...

Définitif, autant qu'il est permis à l'homme d'attacher à une de ses conceptions cet adjectif téméraire...

Définitif, si Dieu et mon anévrisme le permettent...

Pauvre Théodore!

Histoire

du

Roi de Bohême

et

de ses sept châteaux.

PASTICHE.

O imitatores, servum pecus!
HORAT., *Epist.* I. XIX, 19.

Paris,

CHEZ LES LIBRAIRES

Qui ne vendent pas de nouveautés.

Continuation

Quant aux imitateurs sans conscience !...

Quant au singe batelier qui contrefait sans goût ce qu'il voit sans intelligence, automate vivant dont la physionomie est une caricature et le rire une grimace...

Quant au perroquet maussade qui chante la chanson de Psaphon parce que Psaphon l'a chantée, et qui croit inventer ce qu'il répète...

Quant à la corneille effrontée qui se pare insolemment des dépouilles de quelque paon inconnu, et qui étale dans vos musées et dans vos académies une aigrette de diamants et des plumes d'or aux yeux d'azur qu'elle n'a point portées...

J'aurais plus tôt fait de compter les chèvres de la Toralva, calcul qui épouvanta l'infaillible judiciaire de don Quichotte, et que les mathématiciens infinitésimaux les plus perspicaces, depuis le marquis de l'Hospital jusqu'au rédacteur du dernier *Almanach des Muses*, ont sagement laissé à part.

Qui oserait se plaindre aujourd'hui qu'il y eût une

chèvre, une seule chèvre de trop dans le troupeau de la Toralva, et qu'elle y caracolât, la pauvre bête, à la manière des autres ?...

On n'a jamais trouvé trop nombreux les moutons de Dindenaut — cependant ils se noyaient, tandis que les chèvres de la Toralva ne demandent qu'à sauter.

Et pourvu que ma chèvre passe dans le nombre. — Elle n'est ni vieille, ni difforme, ni maussade — elle est propre, elle est élégante, elle est mouchetée — elle a le sentiment de sa dignité naturelle et des bienséances de son sexe —

... Pourvu, dis-je, qu'elle défile le nez au vent, les narines entr'ouvertes pour aspirer de loin les fleurs et la rosée, la tête un peu inclinée sur la clavicule droite, parce que cela donne de la grâce...

Ou bien que, dressée sur ses jambes de derrière, celles de devant modestement recourbées sur elles-mêmes, le cou tendu, l'œil saillant, la bouche allongée et frémissante, elle puisse briser de temps en temps, au sommet d'un buisson qui n'appartient à personne, un de ces longs bouquets de feuilles ou de fruits parasites qui épuisent l'arbuste et ne l'embellissent pas...

Fructu capreolus volvitur gestiens croceo...

(C'était probablement le corymbe d'un sorbier avant la maturité.) —

O critique impitoyable, on ne vous en demande pas davantage...

Messieurs, voulez-vous permettre ? Place à la chèvre de Théocrite !

Protestation.

Plagiaire ! moi, plagiaire ! — Quand je voudrais trouver moyen pour me soustraire à ce reproche de disposer les lettres dans un ordre si
N O U V E A U,
ou d'assujettir les lignes à des règles
de dispositions si bizarres,
ou pour mieux dire
si follement
hétérocl-
ites!!!

Quand de si violentes inversions, je voudrais torturer les mots !

Ou marier incompatiblement des idées et des paroles ennemies qui rugiraient de se rencontrer !

Quand je n'aspire qu'à vous emporter sur les ailes du Condor oriental au sommet de quelque montagne qui a bravé, inaccessible, l'invasion du déluge ; —

Ou à vous précipiter avec moi sur un coursier près duquel celui de Mazeppa ne ferait pas meilleure figure que le grison de Sancho, dans des profondeurs creusées cinq cent millions de lieues au-dessous du monde souterrain de Klimius... —

Vous m'accuseriez de vous emprisonner par une

lâche impuissance dans ce petit recoin de notre petite terre que l'on appelle la Bohême !...

Hélas ! je n'irai peut-être jamais en Bohême, quoique ce soit, je le jure sur l'honneur, le seul projet, dont je m'occupe aujourd'hui — et si j'y vais, j'y arriverai si tard que personne de cette génération et des vingt-deux générations qui la suivront, n'en pourra lire la nouvelle dans les affiches de Prague. — J'ai tant de choses à faire sur le chemin !

D'abord, j'y suis bien décidé : je n'entrerai en Bohême que par l'Autriche...

En Autriche que par la Styrie...

En Styrie que par la Carinthie, où je dois une larme au tombeau vide d'Édouard...

En Carinthie que par la Carniole, ma seconde et chère patrie...

En Carniole que par l'Istrie, où, couchés sur les plages riantes du golfe bleu, nous égarerons à loisir nos yeux ravis des bastides de Trieste à la tour d'Aquilée...

En Istrie que par le pays de Venise —

Voilà Venise, et son port, et ses gondoles, et sa vieille mosquée chrétienne, et ses noirs palais, et les degrés de marbre où vit la trace du sang de Faliéro, rajeunie par les vers de Byron et par les pinceaux de Delacroix —

A Venise que par Mantoue qui rappelle Virgile ;

Ou par Brescia, qui rappelle la continence de Bayard (Puisse le ciel lui en savoir plus de gré que moi !) ;

Ou par Bergame, qui rappelle un autre héros, plus modeste et plus populaire, dont vous reconnaîtrez les compatriotes à la queue de lapin qui flotte élégamment sur leur feutre blanc —

Et si vous m'en croyez, nous laisserons là Bayard et Virgile en faveur d'Arlequin —

En Italie enfin que par le mont Saint-Bernard et la vallée de Chamouny, où je viens de pénétrer à reculons, rétrogradant avec une habileté merveilleuse dans des sentiers épouvantables, bien que j'eusse l'esprit doublement distrait par le vertige, et par je ne sais quel souvenir confus des aventures de Gervais et de Cæcilia...—

Mais êtes-vous aussi disposés à les entendre que moi à les raconter? Je ne suis venu que pour cela.

Dubitation.

 e n'y fais aucune opposition, dit
» don Pic, moyennant que votre
» Cæcilia ne soit pas aveugle. — »
(Elle l'est.)
» J'ai en horreur ces fictions
» sans naturel où le nom du
» principal personnage vous indique d'avance le su-
» jet et le but du récit, sans égard pour l'illusion qui
» en fait tout le charme.

» Et quel intérêt voulez-vous que j'accorde à la
» mort d'Hippolyte, aux infortunes d'OEdipe et aux
» combats de Diomède, quand je suis si bien averti
» que le premier périra victime de ses chevaux furieux,
» que les pieds enflés du second auront été traversés
» dans le jeune âge par quelque courroie sanglante,
» et que le troisième est nominalement prédestiné à
» triompher des dieux mêmes?

» Ai-je besoin de l'histoire pour savoir que Phi-
» lippe aimait passionnément les chevaux, et qu'A-
» lexandre a soumis les nations? N'est-ce pas une
» mauvaise plaisanterie que d'appeler Augustule le
» dernier de empereurs?

» Je n'ai point d'objection à faire contre Nicias,

» puisqu'il paraît que c'est en raison de ce nom qu'il
» fut porté au commandement dans la guerre de Sicile.

» Et il n'y a probablement personne qui s'imagine
» que le nom de Scævola et celui de Coclès leur avait
» été donné, avant que le premier se brûlât le poignet
» dans le brasier de Porsenna, et que le second se fît
» bravement crever l'œil à la défense d'un pont, qui
» n'est pas toutefois le *Pons Emilius* ou *Palatinus*,
» comme l'avancent quelques antiquaires saugrenus.

» Mais vous trouverez des gens qui ont fait d'ail-
» leurs d'assez bonnes études, et qui croient sincère-
» ment que l'homme dont l'éloquence fut longtemps
» la force du peuple s'était appelé Démosthènes dès le
» berceau, et que la nature avait inscrit les titres du
» modèle des sages dans l'extrait de baptême, ou, si
» vous voulez, dans l'acte de naissance d'Aristide.

» Quand les moines et les clercs du moyen-âge s'a-
» visèrent de faire passer sous des noms anciens les
» loisirs de leur muse obscène et déréglée, eurent-ils
» à désigner l'auteur d'un recueil de chants gracieux,
» badins et tendres, comme les modulations de la petite
» flûte bocagère qui fait danser les jeunes filles ? ils
» l'appelèrent Tibulle. Fut-il question d'un poète sou-
» ple, mignard et mordant qui se joue avec un moi-
» neau le nom de Catulle se présenta de lui-même.
» Le volume faisait-il naître l'idée d'un arsenal où
» s'étalaient, sous mille formes hostiles, les armes les
» les plus cruelles qui aient jamais, depuis Archilo-
» que, offensé tous les états et toutes les mœurs de
» la société, on l'attribuait à Martial.

» Quel critique judicieux serait assez crédule pour
» adopter l'individualité d'un écrivain concis, presque
» énigmatique, dont l'art est de cacher beaucoup d'i-
» dées sous peu de mots, et qui s'appellerait Tacite?...

» Ou d'un déclamateur élégant, pompeux, sonore,
» aux mots choisis et groupés en bouquets, aux phra-
» ses à compartiments émaillés, et qui s'appellerait
» Florus?... »

— Quoi, vous penseriez!... —

« Inventions de studieux fainéants qui se délassaient
» sagement des ennuis de l'office, en composant des
» classiques latins à l'usage de l'ignorante postérité!
» — Ce qui m'afflige profondément, c'est que notre
» sainte Eglise, dont l'infaillibilité est si avérée, ait pu
» se rendre complice de ces frauduleuses maladresses,
» en adoptant la fable criante d'un Hippolyte de se-
» conde édition, d'un Hercule Christophore ou *Porte-*
» *Christ*, et d'une prétendue Véronique ou *Véritable*
» *image*, qu'on ne saurait nommer sans révéler la gau-
» cherie impudente d'un faussaire —

» Oh! si votre Cæcilia était aveugle! —

(On sait qu'elle l'est.)

» J'aimerais cent fois mieux qu'elle s'appelât Sapho
» ou Lucrèce, Philis ou Dorimène, Radegonde ou
» Débora, quoique j'aie tous ces noms en exécration. »

— Si elle s'appelait Eulalie?... —

» Vous vous croiriez obligé à la faire parler avec
» cette abondance redondante et maniérée qui ne vous
» est que trop familière.... »

— Je vous donne ma parole d'honneur la plus sa-

crée, comme disaient les euphuistes de la cour de Barras, que je ne sais pas un mot de ce qu'elle dira —
« A la bonne heure. »

Narration.

J'avais parcouru avec un plaisir nouveau cette gracieuse forêt de sapins qui enveloppe le village des Bois. J'arrivais à cette petite esplanade, de jour en jour envahie par les glaciers, que dominent d'une manière si majestueuse les plus belles aiguilles des Alpes, et qui aboutit par une pente presque insensible à la source pittoresque de l'Arveyron. Je voulais revoir son portique de cristal azuré qui tous les ans change d'aspect, et demander quelques émotions à ces grandes scènes de la nature. Mon cœur fatigué en a besoin.

Je n'avais pas fait trente pas que je m'aperçus, non sans étonnement, que Puck n'était pas près de moi — Hélas! vous ne l'auriez pas décidé à s'éloigner de son maître, au prix du macaron le plus friand, de la gimblette la plus délicate — il tarda même un peu à se rendre à mon appel, et je commençais à m'inquiéter quand il revint, mon joli Puck, avec la contenance embarrassée de la crainte, et cependant avec la confiance caressante de l'amitié, le corps arrondi en demi cerceau, le regard humide et suppliant, la tête si basse, si basse, que ses oreilles traînaient jusqu'à terre comme celles du chien de Zadig... Puck était aussi un épagneul. —

Si vous aviez vu Puck dans cette posture, vous n'auriez pas eu la force de vous fâcher.

Je ne me fâchai point, mais il repartit, puis il revint encore, et à mesure que ce jeu se renouvelait, je me rapprochais sur sa trace du point d'attraction qui l'appelait, jusqu'à ce qu'également attiré par deux sympathies parfaitement isogènes ou par deux puissances tout à fait semblables, il resta immobile comme le battant aimanté entre ses timbres de fer.

Sur le banc de rocher dont Puck me séparait avec une précision si exacte que le compas infaillible de La Place n'aurait trouvé ni d'un côté ni de l'autre le moyen d'insérer un seul point géométrique, était assis un jeune homme de la figure la plus aimable, de la physionomie la plus touchante, vêtu d'une blouse bleue de ciel, en manière de tunique, et la main armée d'un long bâton de cytise recourbé par le haut, ajustement singulier qui lui donnait quelque ressemblance avec les bergers antiques du Poussin. Des cheveux blonds et bouclés s'arrondissaient en larges anneaux autour de son cou nu, et flottaient sur ses épaules. Ses traits étaient graves sans austérité, tristes sans abattement. Sa bouche exprimait plus de déplaisir que d'amertume. Ses yeux seuls avaient un caractère dont je ne pouvais me rendre compte. Ils étaient grands et limpides, mais fixes, éteints et muets. Aucune âme ne se mouvait derrière eux.

Le bruit des brises avait couvert celui de mes pas. Rien n'indiquait que je fusse aperçu. Je pensai qu'il était aveugle.

Puck avait étudié toutes mes impressions, et au premier sentiment de bienveillance qu'il vit jaillir de mes regards, il courut à ce nouvel ami. — Qui nous expliquera l'entraînement de l'être le plus généreux de la nature vers l'être le plus infortuné, du chien vers l'aveugle ! O Providence ! je suis donc le seul de vos enfants que vous ayez abandonné !...

Le jeune homme passa ses doigts dans les longues soies de Puck, en lui souriant avec candeur. — D'où me connais-tu, lui dit-il, toi qui n'es pas de la vallée ? J'avais un chien aussi folâtre, et peut-être aussi joli que toi ; mais c'était un barbet à la laine crépue — il m'a quitté comme les autres, mon dernier ami, mon pauvre Puck !...

— Hasard étrange ! votre chien s'appelait comme le mien...

— Ah ! monsieur, me dit le jeune homme, en se soulevant penché sur son bâton de cytise ; pardonnez à mon infirmité...

— Asseyez-vous, mon ami! Vous êtes aveugle!

— Aveugle depuis l'enfance.

— Vous n'avez jamais vu?

— J'ai vu, mais si peu! J'ai cependant quelque souvenir du soleil, et quand j'élève mes yeux vers la place qu'il doit occuper dans le ciel, j'y crois voir rouler un globe qui m'en rappelle la couleur. J'ai mémoire aussi du blanc de la neige, et de l'aspect de nos montagnes.

— C'est donc un accident qui vous a privé de la lumière?

— Un accident qui fut, hélas! le moindre de mes malheurs? J'avais à peine deux ans qu'une avalanche descendue des hauteurs de la Flégère écrasa notre petite maison. Mon père, qui était guide dans ces montagnes, avait passé la soirée au Prieuré. Jugez de son désespoir quand il trouva sa famille engloutie par l'horrible fléau! Secondé de ses camarades, il parvint à faire une trouvée dans la neige et à pénétrer dans notre cabane dont le toit se soutenait encore sur ses frêles appuis. Le premier objet qui se présenta à lui fut mon berceau; il le mit d'abord à l'abri d'un péril qui s'augmentait sans cesse, car les travaux mêmes des mineurs avaient favorisé l'éboulement de quelques masses nouvelles et augmenté l'ébranlement de notre fragile demeure. Il y rentra pour sauver ma mère évanouie, et on le vit un moment, à la lueur des torches qui brûlaient à l'extérieur, la rapporter dans ses bras — mais alors tout s'écroula — Je fus orphelin, et on s'aperçut le lendemain qu'une goutte sereine avait frappé mes yeux. J'étais aveugle.

— Pauvre enfant! ainsi vous restâtes seul, absolument seul!

— Un malheureux n'est jamais absolument seul dans notre vallée. Tous nos bons Chamouniers se réunirent pour adoucir ma misère. Balmat me donna l'abri, Simon Coutet la nourriture, Gabriel Payot le vêtement. Une bonne femme veuve, qui avait perdu ses enfants, se chargea de me soigner et de me conduire. C'est elle qui me sert encore de mère, et qui m'amène à cette place tous les jours de l'été.

— Et voilà tous vos amis?

— J'en ai eu plusieurs, répondit le jeune homme en imposant un doigt sur ses lèvres d'un air mystérieux, mais ils sont partis.

— Pour ne pas revenir?

— Selon toute apparence. J'ai cru pendant quelques jours que Puck reviendrait, et qu'il n'était qu'égaré... mais on ne s'égare pas impunément dans nos glaciers. Je ne le sentirai plus bondir à mes côtés... je ne l'entendrai plus japper à l'approche des voyageurs...

(L'aveugle essuya une larme.)

— Comment vous nommez-vous? — Gervais.

— Écoutez, Gervais — Ces amis que vous avez perdus... — expliquez-moi... —

(Au même instant, je fis un mouvement pour m'asseoir auprès de lui, mais il s'élança vivement à la place vide.)

— Pas ici, monsieur, pas ici!... c'est la place d'Eulalie, et personne ne l'a occupée depuis son départ.

— Eulalie? repris-je en m'asseyant à la place qu'il

venait de quitter ; parlez-moi de cette Eulalie et de vous. Votre histoire m'intéresse.

— Je déclare, dit Victorine, qu'elle commence à m'intéresser aussi...

— Et que pourrais-je lui refuser ? — Décidément, Breloque, nous n'irons pas encore aujourd'hui en Bohême.

Gervais parla donc ainsi :

Insertion.

Ou plutôt, il ne parla pas, car je l'interrompis brusquement en m'élançant de toutes les forces de ma pensée dans le bureau de rédaction du meilleur journal de l'époque, l'*Infaillible,* l'*Impartial* ou le *Désintéressé,* distrait par une idée fixe que ma pudeur littéraire me force à enfermer au double tour, sous la clé de la parenthèse :

(La nécessité extrêmement urgente de m'assurer du débit de cette histoire ou de ce roman, de cette facétie ou de ce poème dont les libraires ne veulent point.)

Cependant, je l'avouerai ! je ne quitte pas le récit de Gervais sans regret... Et je prends le ciel à témoin que je me souviens du récit de Gervais comme si je venais de l'entendre, et que je l'écrirai avant d'être arrivé au salon.. A l'antichambre... Au porche... Au palier...

Au grand escalier... Au vestibule... Au parvis... A la cour... A la porte... A l'avenue...

Au tourne-bride du premier des sept châteaux du roi de Bohême.

Mais il est si bon et si sûr de se rendre compte soi-même de soi-même à soi-même !

Ce privilège est si commun, si comique, si commode, si commercial, et j'en ai si peu usé ! Tu me démentiras, si tu l'oses, démon avide et financier, qui présides au tarif des réputations !

— Qui nous empêche, dit Breloque, de lire demain, dans toutes les archives des renommées contemporaines, ces lignes équitables écrites à notre gloire ?

« L'illustre anonyme...

(Illustre à cause de notre magnifique souveraineté de *Nihil-no-not-night.*)

» L'illustre anonyme ne se dérobera point à l'admi-
» ration publique. . . . . 3 f. 50 c.

» On a reconnu dans son style le cachet d'un écri-
» vain tendre, éloquent, énergique, harmonieux, su-
» blime. . . . . 7 f. 25 c.

» Qui a laissé bien loin derrière lui Cyrano de Ber-
» gerac, Homère, Byron, Châteaubriand, le Seigneur
» des Accords, Montesquieu et Turlupin . 9 f. 00 c.

» L'*Histoire du roi de Bohême et de ses sept châteaux*
» devant produire une immense révolution dans la
» littérature...

— Quelles sottises dis-tu là, Breloque ?

— Je fais un article de journal.

— Dispense-toi de cette peine. En voilà un tout fait.

Va, mon ami, achète de la gloire, puisque tu préfères cette sotte fumée à la vapeur suave de mes cigares de la Havane. Achète de la gloire, Breloque, paie comptant et paie sans compter : autrefois elle était plus chère !...

— Empedocle l'acquit à si haut prix qu'il n'est resté de lui que ses pantoufles. —

— Ses pantoufles, Breloque, rien que ses pantoufles ! c'est ce que je voulais te dire. — Pantoufle ! ce mot fait vibrer dans mon cœur une de ces cordes douloureuses qui retentissent longtemps, et dont l'émanation s'harmonie sympathiquement avec toutes les mélancolies de l'âme...

Que si j'avais encore, par fortune, un violon de Stradivarius ou d'Amati, et que je pusse le soumettre à la méthode savante de Baillot,, ou l'animer du doigté pathétique de Viotti ; —

Ou si je possédais seulement ce qu'il faut de la térébenthine de Kolophon (il en est question dans Meursius), pour faire crier moins disgrâcieusement le rauque archet d'un Amphion de village... —

Avec quelle impétueuse sensibilité je ferais passer dans votre âme l'expression déchirante de mes souvenirs !

Mais j'ai beau attiser la mèche languissante ! l'huile qui reste dans ma lampe nous mènera tout au plus à la fin de ce feuilleton.

Transcription.

ANNONCES LITTÉRAIRES.

HISTOIRE
DU ROI DE BOHÊME ET DE SES SEPT CHATEAUX [1].

« Je ne peux pas dire de l'auteur de cet ouvrage ce
» que disait Tacite d'Othon, de Galba et de Vitellius :
» *nec beneficio, nec injuriâ cognitus.* J'en parlerais au con-
» traire, si mon impartialité ne l'emportait sur toute
» autre considération, comme Corneille de Richelieu :

« *Il m'a fait trop de bien pour en dire du mal ;*
« *Il m'a fait trop de mal pour en dire du bien.*

« C'était un de ces êtres accidentellement identiques
» à notre existence, dont nous sommes obligés de to-

---

[1] Un volume in-8° cartonné à l'anglaise et orné de 50 vignettes gravées sur bois par Porret, d'après les dessins de Tony Johannot ;

PRIX :

Papier cavalier vélin d'Annonay, satiné	15 fr.
Papier de Hollande, tiré à 12 exemplaires	30 fr.
Papier de couleur, tiré à 6 exemplaires	60 fr.
Papier de Chine, tiré à 6 exemplaires	120 fr.

A Paris, chez DELAN LE FRÈRES, éditeurs-libraires, rue du Battoir-Saint-André-des-Arcs, n. 19.

» lérer l'intimité indivisible pendant toute la vie, sans
» concevoir à leur égard ni une affection ni une haine
» permanente, et dont nous recevons cependant tour
» à tour ces deux impressions, suivant les dispositions
» de notre esprit, et surtout suivant celles de nos af-
» faires ; balancés d'heure en heure entre le besoin de
» nous affranchir violemment d'un tyran incommode,
» et celui d'accueillir toutes ses fantaisies, de caresser
» tous ses caprices, et de lui prodiguer du temps, de
» l'or et des hochets. Heureusement, il a creusé entre
» nous un intervalle immense en abordant la périlleuse
» et ridicule carrière des lettres, et en vendant son
» esprit aux monopoleurs et aux libraires :

Puisqu'Albe l'a nommé, je ne le connais plus.

» Ou plutôt je le connais assez pour être sûr qu'il
» n'attend de moi qu'une impartialité rigoureuse, dont
» cet article sera probablement le seul exemple dans
» tous les journaux passés, présents et à venir.

» Jusqu'ici la réputation de l'auteur dont nous par-
» lons est due tout entière à la vogue momentanée d'un
» morceau d'éloquence qui avait pour titre : *Éloge*
» *d'une maîtresse pantoufle*, et qui resta inédit après
» avoir fait pendant trois séances consécutives les dé-
» lices de la *Société des Bonnes-Lettres*. Il est vrai qu'à
» la dernière lecture, l'anagnoste accablé s'endormit si
» profondément qu'avant qu'il pût s'en apercevoir, le
» manuscrit entra en communication immédiate avec
» la flamme de la bougie, et se consuma jusqu'à l'an-
» gle presque imperceptible de sa partie inférieure qui

» restait machinalement saisi entre le pouce et l'index
» du patient, de sorte qu'il n'en existe aujourd'hui que
» des vestiges imparfaits, dans lesquels l'infatigable An-
» gelo Maï et le docte Furia ont eu beaucoup de peine
» à retrouver vingt-deux mots, et un point d'exclama-
» tion, dont il serait absolument impossible de compo-
» ser un sens logique, et même un non-sens roman-
» tique, aussi absurde qu'on puisse l'imaginer.

» Nous n'avons donc à le juger que sur ceux de ses
» ouvrages qui ont subi l'épreuve de la publicité (si
» l'on peut appeler publicité l'existence d'un livre im-
» primé qui n'est pas lu), c'est-à-dire sur un petit vo-
» lume de poésies, composé au collége, ou du moins à
» l'âge où l'on devrait être au collége, et sur un mince
» roman dont le succès, inconnu de tout ce qui s'oc-
» cupe de littérature et de critique, a été vivement con-
» testé pendant un mois chez les marchandes de mo-
» des. On jugera du mérite des vers par l'oubli total où
» ils sont tombés au bout de deux jours, cinq heures
» et quelques minutes, quoique recommandés par une
» affiche coquette à cadre de filigrane, et ornés d'une
» délicieuse vignette de Devéria.

» Comme nous nous proposons d'être justes avant
» toutes choses, nous aimons à reconnaître que la
» prose du pseudonyme Théodore n'est pas tout à fait
» aussi mauvaise que ses vers ; qu'elle n'est même pas
» dépourvue de ce luxe fluide de syllabes, de cette
» pompe arrangée des mots, de cette faconde *parlière*,
» comme dit Montaigne, *ampullas ac sesquipedalia*
» *verba,* comme dit Horace, qui séduisent jusqu'à un

» certain point les oreilles peu exercées et les esprits
» peu judicieux ; mais ce bourdonnement de phrases
» sonores, si laborieusement, si péniblement étudiées
» sur toutes les touches de la parole humaine, si in-
» fructueusement soumises à un diapason dont la vi-
» bration n'est sensible que pour le très petit nombre
» des *dilettanti* de la prosodie, cette mélodie déplacée
» est jetée sur des conceptions si nulles, si dénuées
» de goût et de raison, si faussement saisies et si gau-
» chement ordonnées, que nous ne l'avons jamais en-
» tendue retentir à travers le vague immense des idées
» de l'auteur, sans crier, comme Fontenelle à la sonate :
» *Prose ! que me veux-tu ?* et sans regretter du fond de
» notre cœur l'inimitable naïveté du *Petit Chaperon*
» *rouge*, ou l'énergie gothique de *Robert-le-Diable*.

» Il faut avouer cependant que de toutes les extrava-
» gances dont s'est avisé le plus obscur, hélas ! et le
» plus infatigable des arrangeurs de périodes (c'est lui-
» même qui a trouvé pour elles l'heureuse comparai-
» son de l'instrument à cordes qui ne résonne que
» parce qu'il est vide), il n'y en a point d'aussi pi-
» toyable que l'*Histoire du roi de Bohême et de ses sept*
» *châteaux*. Nous doutons en vérité qu'il existe dans
» aucune langue un terme propre à caractériser l'intré-
» pidité du scribe téméraire qui n'a pas craint de con-
» trefaire gauchement ce que le talent même ne saurait
» imiter, l'originalité d'un écrivain unique dans son
» espèce et à jamais unique dans tous les âges ; car si
» Sterne avait été réservé par la providence du génie,
» à cette époque raisonnable, sérieuse et puissante,

» où toutes les vérités utiles peuvent se montrer sans
» masque, il aurait jeté bien loin de lui la béquille
» de Trim et les grelots de Tristram ! Il y avait cepen-
» dant au fond de son ingénieuse satire un intérêt,
» une famille, une action, un roman. Dans l'ébauche
» insignifiante du copiste, que je ne vois que la fas-
» tidieuse paresse d'un *phrasier* de profession, qui
» couvre le papier de mots tirés au hasard à l'inépui-
» sable loterie des dictionnaires, et lancés avec fracas
» au travers d'un livre comme les dés du trictrac.
» Cette monomanie sans exemple ne peut même s'ex-
» pliquer que par un accident physique, tel que l'ac-
» tion trop verticale des rayons du soleil auxquels
» l'auteur a exposé imprudemment dans ses voyages
» lointains la boîte osseuse dont les physiologistes font
» le mystérieux *scrinium* de nos facultés rationnelles,
» et qui ont tellement desséché, à travers la frêle
» enveloppe de son sinciput trois fois trépané, ce long
» chiffon nerveux roulé en tampon qu'on appelle vul-
» gairement le cerveau, que celui de notre auteur est
» réduit, de l'avis de tous les anatomistes, à des
» proportions incomparablement inférieures en dimen-
» sion, consistance et capacité, à celles de l'organe
» occulte qui tient lieu du *sensorium commune* au plus
» petit des animalcules microscopiques, vulgairement
» connus dans la science sous le nom d'infusoires.

» Il devra les ménagements dont nous avons usé
» envers lui à cette considération, et pour les porter,
» avec toute la bienveillance dont nous sommes capa-
» bles, à leur expression superlative, nous convien-

» drons qu'il n'est pas donné à tout le monde d'étaler,
» au courant de la plume, tant de cynisme pédantes-
» que et tant de grotesque érudition. Ce faste de science
» mal placée n'annoncerait cependant que de fortes
» études mal faites par un homme qui se souciait peu
» d'apprendre et qui se souvient mal d'avoir appris ;
» mais nous avons d'excellentes raisons de penser que
» son savoir se réduit à quelque adresse de mémoire.
» Ce que nous aimerions mieux trouver dans l'*Histoire*
» *du roi de Bohême et de ses sept châteaux*, et ce que
» les lecteurs y chercheront vainement, ce sont des
» aperçus fins, la critique du temps, la satire de cir-
» constance, et surtout la gaîté. L'idée d'écrire un
» livre pareil quand on n'a jamais été remarqué par
» l'esprit de saillie, qu'on est devenu triste, et qu'on
» est presque vieux, est une de ces extravagances
» malencontreuses qui n'ont signalé de tout temps que
» des esprits disgrâciés. N'est-ce pas une singulière
» ambition à un écrivain profondément morose, que
» paraissent ulcérer d'incurables douleurs, que de se
» jouer avec une marotte ? N'est-ce pas une folle dé-
» ception que celle d'un homme sérieux d'études et
» de mœurs, qui essaie de réjouir les curieux au
» bruit d'un grave tambourin et d'un galoubet senti-
» mental ? Quelle prétention ose-t-on fonder sur une
» pareille entreprise ? Celle, peut-être, de passer,
» dans un avenir de quelques semaines, pour le plus
» jovial des écrivassiers mélancoliques, ou pour le plus
» triste des romanciers bouffons ! Il y a, je l'avoue,
» dans cette combinaison extraordinaire de la folle

» ironie d'un esprit aigri, et du sombre désabusement
» d'un cœur trompé, quelque chose qui mérite plus
» de pitié que de dérision; mais c'est un de ces
» malheurs de position dont le public ne tient pas
» compte aux auteurs qui l'ennuient; et nous serions
» bien surpris s'il existait en Europe un désœuvré assez
» dénué de sens, ou un prodigue assez dégoûté d'ar-
» gent pour laisser tomber sur le comptoir du libraire
» la plus petite fraction de la plus menue monnaie
» du plus vil métal qui ait été illustré d'une effigie im-
» périale, royale ou consulaire, en échange de ces
» feuilles ineptes, noircies d'encre d'imprimerie à la
» honte de la civilisation.

« Ce texte nous amène naturellement à solliciter de
» la haute sagesse des chambres une loi de répression
» contre les barbouilleurs ignares qui font du bienfait
» de la presse un sujet d'opprobre pour le genre hu-
» main, en avilissant l'art divin des maîtres de la pen-
» sée et du style. Ce sera le sujet d'un autre article. »

(La suite au numéro prochain.)

Conversation.

DON PIC DE FANFERLUCHIO.

Comment, monseigneur, sans égard pour notre haute position sociale!!!

Sans respect pour notre littérature principesque!!!

— Oh! rare et généreuse fierté de l'homme de lettres digne de ce nom!!!

— Oh! que j'ai toujours admiré la noble indépendance du journaliste qui a pris pour devise le VITAM IMPENDERE VERO du philosophe genevois!

THÉODORE,
avec un dépit concentré.

Dites plutôt le NIL MINARI de Bolingbroke!

BRELOQUE,
avec une assurance qui ne témoigne pas en faveur de sa modestie.

Heureusement, nous pouvons nous couvrir comme d'un bouclier de la devise de Marot :

LA MORT N'Y MORD.

DON PIC DE FANFERLUCHIO.
un peu ironiquement.

En y joignant celle de Montaigne :

QUE SAIS-JE ?

Ou celle de La Motte Le Vayer :

DE LAS COSAS MAS SEGURAS,
LA MAS SEGURA ES DUDAR.

THÉODORE,
un peu dédaigneusement.

Ils l'ont prise l'un et l'autre à Rabelais qui avait dit :

PEUT-ÊTRE.

DON PIC DE FANFERLUCHIO,
d'un air fin.

D'ailleurs, nous avons pour ressource la devise de maître Abraham Wolfganck :

QUÆRENDO.

THÉODORE,
d'un ton amer.

Ou celle du Mercure galant :

VIRES ACQUIRIT EUNDO.

DON PIC DE FANFERLUCHIO,
en s'élançant linéairement de toute sa perpendicularité.

Ou celle du président d'Espagnet :

J'ESPÈRE.

BRELOQUE,
en se trémoussant concentriquement de toute sa convexité.

Ou celle de Faret, de Boissat, de Giry, d'Alary, de l'abbé Cottin, et de quarante autres de la même force :

A L'IMMORTALITÉ !

THÉODORE,
avec l'intention marquée d'éloigner la conversation de son premier objet.

Si je prenais une devise je m'en tiendrais à celle de Tabourot :

A TOUS ACCORDS.

DON PIC DE FANFERLUCHIO,
avec le dessein prononcé de transporter la question sur un terrain scientifique.

Je préfère la mienne qui me paraît contenir en abrégé toutes les Encyclopédies, et que j'appellerais volontiers l'*Epitome*, l'*Elenchus*, le *Pinax*, le *Compendium* de la sagesse humaine :

OUI OU NON.

BRELOQUE.

J'aime mieux : NI OUI NI NON. Et je ferais graver celle-là sur mes lambrequins si je n'en avais pas une autre.

THÉODORE.

Comment, Breloque vous avez une devise ?

BRELOQUE.

Eh ! qui en doute, monseigneur ! Vous n'avez donc pas vu mon portrait emblématique dans votre galerie de tableaux ? J'ai le pied droit appuyé sur la nacelle d'un aérostat, et le pied gauche sur la proue d'un bateau plongeur. Je tiens d'une main une grosse touffe de boutons de roses, et de l'autre un pavot sec. Un papillon éblouissant caresse mes oreilles et mes cheveux de ses ailes bigarrées. Une chauve-souris énorme les bas de ses noires membranes, toutes prêtes à se replier autour de son corps velu. A ma dextre est mon écu d'armes, mi-parti, sur azur et sable, d'un phénix d'or et d'un chien noyé. Et au-dessous de tout cela, ma devise en lettres ultrà-capitales :

QU'EST-CE QUE CELA ME FAIT ?

Combustion.

Il est trop vrai.... *infandum jubes renovare dolorem...*

Il est trop vrai que l'*Éloge d'une maîtresse pantoufle* qui aurait été scellé un jour dans le piédestal de ma statue littéraire — Je n'ai pas renoncé aux autres — a disparu dans un incendie partiel et borné, mais dont le résultat fait frémir...

C'est depuis ce temps-là qu'on ne parle plus de la piteuse conflagration de la bibliothèque de Baruch, qui ne composait à la vérité que des prophéties de Jérémie, et que fit ardre un certain Joakin, roi de Juda ;

De la bibliothèque de Cnide qui fut dévouée aux flammes par Hippocrate, en punition de la crédule confiance du peuple dans un médicastre ignorant, assez audacieux pour guérir incongrument et sans licence les malades de ce grand homme ;

De la bibliothèque des Ptolémées avec laquelle Omar fit à l'islamisme un feu de joie de quatre cent mille volumes, et dont les cendres refroidies depuis douze siècles coûtaient encore des larmes à mon vénérable ami M. Boulard ;

De la bibliothèque de Julien que nous appelons l'Apostat, laquelle le pieux Jovien brûla dévotement dans le temple de Trajan, sur les conclusions de sa commission de censure ;

De la bibliothèque de Byzance qui périt sous le règne de Basilicus ou Basiliscus, dans un mouvement populaire. (C'est la que se trouvait ce fameux intestin de dragon sur lequel tous les poèmes d'Homère étaient écrits en lettres d'or, et dont nous ne verrons peut-être jamais le *fac-simile*, à cause de la grande rareté des dragons) ;

D'une seconde bibliothèque Byzantine qui avait été formée par Théodose, et que Léon Isaure, auquel je pardonne plus volontiers d'avoir été hérétique et magicien que d'avoir été barbare, fit brûler impitoyablement par male haine contre le culte des saintes images, au grand dam des bibliothécaires qui brûlèrent avec ;

De la bibliothèque hébraïqne de Crémone, qui renfermait douze mille volumes de beaux commentaires sur les commentaires du Talmud, qui est le commentaire des commentaires du Pentateuque, laquellle flamba en 1553. Quelle perte pour la synagogue !

De la bibliothèque de Londres qui disparut en 1666 dans la catastrophe de cette belle capitale, mais à l'insu du pape et de ses adhérents, quoi qu'en dise l'insolente et calomnieuse colonne de Christophe Wren ;

De la bibliothèque du savant astronome Hevelius, de Dantzich, et de celle du prodigieux antiquaire Olaüs Rudbeck, d'Upsal, dont quelques rares volumes échappés au fléau destructeur exhalent encore une odeur de roussi fort estimée des bibliomanes ;

De la bibliothèque de cet excellent Thomas Bartholin, que je vous supplie d'absoudre en ma faveur de quelques doctes et naïves gaillardises, et qui s'écriait sagement à la nouvelle de son malheur : *Liberi mei salvi sunt, libri valeant*; sentiment plein de grâce et de philosophie qui peu faire excuser un jeu de mots;

De la bibliothèque du sage et modeste Valincour, philosophe vrai, qui avait appris en lisant ses livres à se passer de ses livres, et qui méritait un ami plus sensible que Boileau.

Du magasin de maître Pierre Le Petit, notre modeste Elzevir, et de celui de ce pauvre monsieur Trattner de Vienne, dont j'ai vu les solives brûlantes exhaler en fumée les doctes élucubrations de Scopoli.

Grands dieux ! de quoi dépendent les longues sollicitudes de la patience et du génie dont Buffon ne faisait qu'une même chose ! A quoi tiennent les jouissances expectatives de la postérité qui n'était représentée là par personne; de cette postérité orpheline, *longè orba*, dont une attention prévoyante, mais facile, aurait ménagé les joies futures, soit en réveillant des éclats d'une toux auxiliaire le lecteur fatigué, soit en détournant, par un geste adroit, du foyer de la lumière ces pages que je destinais à l'immortalité !

O Guttemberg.. ou Geinsfleich ! car cela m'est tout à fait égal ; à quoi servait-il que tu inventasses la typographie je ne sais où, et je ne sais quand, et que tu la misses en honneur à Mayence ?

Ou que tu fisses la même chose, industrieux Mentel, dans l'inclyte ville de Strasbourg ?

Ou toi-même, laborieux Coster, génie créateur et prodigieux que n'assoupirent point les maussades vapeurs des marais d'Harlem, qui me donnèrent l'an dernier un *coriza* si obstiné ! —

Ou tout autre que vous qui aurait eu la même idée, fût-ce à la Chine ! —

Qu'importait que Nicolas Jenson dessinât ces caractères admirables que nos architypographes ne surpasseront jamais ? que Laurent François de Alopa lui opposât les merveilleuses capitales qui servirent aux belles éditions de Lascaris ? et que le vieil Alde rivalisât de grâce et d'imagination avec eux dans la taille svelte et grâcieuse de ses brillantes italiques ?

Pourquoi Geoffroy Tory se creusait-il la tête à mesurer la proportion des lettres attiques, antiques ou romaines ? —

Duret, à retrouver la protographie d'Adam,

Les cabalistes, l'hagiographie de Salomon,

Les prêtres égyptiens, l'hiérographie d'Horus,

Les bonzes et les lettrés, l'idéographie de Fo-Hi,

Les voyageurs et les missionnaires, l'anthographie du Mexique et du Pérou ;

Des antiquaires ingénieux, à épeler sous des manuscrits avarement superposés les piquantes énigmes de la palinpsestographie,

Jarry, à perfectionner la calligraphie,

Kircher, à découvrir ou renouveler la polygraphie,

Legangneur, la technographie,

Et de surcroit, la rizographie ;

Vigenère et Colletet, la pseudographie,

Du Carlet, la cryptographie,
Du Vignau, la mimographie,
Ramsay, la tachéographie,
Coulon-Thévenot, la tachygraphie,
Taylor et Bertin, la sténographie,
Schott, Hiller et Addy, la stéganographie,
Uken, la stéganométrographie,
Leibnitz, précédé par Wilkins, qui a été précédé par Dalgarno, qui a été précédé par l'Almanach de Nuremberg, la pangraphie,
Chappe, à la suite de Polybe, la télégraphie,
Le pauvre et modeste Fyot, l'archæographie,
De savants bénédictins, la palæographie,
Firmas, la palingraphie,
Maimieux, la pasigraphie,
Bricaille, la panlexigraphie,
Susse, la mnémographie,
Dublar, la multilinégraphie,
L'Athénée de Marseille, la panteugraphie,
Boinvilliers, d'après Joubert, la cacographie,
Vidal, la notographie,
Sennefelder, la lithographie,
Je ne sais quel anonyme, l'autographie,
D'où a procédé en droite ligne la sotte et disgrâcieuse isographie;
Baïf, Taillemont, Meigret, Pelletier, la Ramée, Rambaud, Richesource, Cordemoy, Adanson, Rétif de la Bretonne, et autres puissants grammairiens de ce calibre, la phonographie,
Et Tohu-Bohu, la néographie?

Je le demande!.....

Inutiles efforts, travaux infructueux!

puisque du seul livre essentiel de notre temps, du seul écrit simplement humain qu'un homme d'un sens droit et d'une saine intelligence eût aujourd'hui quelque intérêt à conserver il ne me reste exactement parlant, que vingt-deux petits fragments brûlés par les bords, que vous ne saisiriez que trop facilement avec l'index et le pouce, et entre lesquels il n'existe pas, comme on vous le disait tout à l'heure, un faible point de contact moral, une légère analogie philosophique, une vague possibilité d'association oratoire ou de parenté grammaticale, dont le commentateur le plus subtil puisse tirer l'induction la plus fugace pour le bonheur éventuel des sociétés modernes!...

Et toutefois, je ne sais quelle crainte de laisser abandonnés aux interprétations malveillantes de la haine et de l'hypocrisie, ces débris de ma pensée écrite, —

Je ne sais quelle conscience irrésistible d'une vague clarté, d'une clarté, d'une raison inaperçue qui les anime encore... —

Je ne sais quel besoin de vous léguer, ô mes amis, sur ces follicules quasi ou *ferè*-sibyllines, l'empreinte éparse et décousue de mes derniers sentiments, —

Le besoin surtout de complaire à mon imprimeur en vous offrant ci-contre le *specimen* d'une fonte qui fera tressaillir l'ombre de Sanlecque et celle de Garamond : —

Tout cela me décide à jeter sous vos yeux, dans

l'ordre où ils tombent sous ma main, ce peu de mots échappés aux flammes et à la critique, *combusti membra poetæ*¹...

Exhibition.

SCIENCE. — PHILOSOPHIE.
VÉRITÉ.
INDÉPENDANCE.
JUSTICE. — AMOUR.
AMITIÉ.
GLOIRE. — BONHEUR.

CONSOLATION.
COMPENSATION. — RÉPARATION. — RÉNUMÉRATION.
MYSTIFICATION.
SPHYNX. — ENDRIAGUE. — DRAGON.
TARASQUE — VOUIVRE. — HARPIE. — COQUECIGRUE·

PANTOUFLE !

Explication.

PANTOUFLE! que signifie ce mot?

Quelle est son acception usuelle?

Où trouve-t-on sa définition logique?

De quelle langue ancienne ou moderne est tirée son étymologie?

Est-il indigène ou exotique?

Est-il autochtone ou de seconde formation?

Est-il radical ou dérivé?

Représente-t-il un fait matériel, ou cache-t-il un emblème?

L'auteur l'emploie-t-il au sens propre ou au sens figuré?

Et si le pudique et pieux censeur auquel ce livre sera nécessairement soumis, avant de s'introduire dans les séminaires et dans les lycées, allait supposer...

Jamais! cette odieuse interprétation est d'une époque étrangère à nos mœurs. Elle ne saurait présenter la moindre apparence de vérité à cette génération grave et modeste qui ne sourit qu'en rougissant aux bouffonneries cyniques de Rabelais, et qui oublie depuis longtemps dans la boue la marotte effrontée de Diderot, de Duclos et de Crébillon.

La pantoufle dont il est question ici est tout simplement celle de mon grâcieux maître Popocambou-le-brèche-dent, 42,663ᵉ autocrate de Tombouctou, sous le règne duquel fut élevée cette fameuse pyramide que Philon de Byzance n'a pas comptée au nombre des merveilles du monde, parce que du temps de Philon de Byzance, on allait fort rarement à Tombouctou. Elle égale dix-huit fois en hauteur la tour de Babylone qui surpassait d'autant la pyramide de Chéops, et elle est bâtie sur la pointe...

Soit préjugé de l'éducation, soit prévention invétérée de l'habitude —

Soit entêtement politique, soit fanatisme religieux —

Soit instinct, soit expérience de ce que valent les choses du monde, — Popocambou, depuis qu'il était parvenu au pouvoir, n'avait rien vu qui lui parût préférable à cette pantoufle.

Il y pensait le jour. Il y pensait la nuit. Il y pensait le soir. Il y pensait le matin.

Il se tournait sur le côté gauche. Il se tournait sur le côté droit. Il se couchait sur le ventre. Il se couchait sur le dos. Il ne rêvait que de cette pantoufle.

Il est vrai que cette pantoufle n'était point à dédaigner. On aurait fait bien du chemin sans rencontrer une pareille pantoufle.

C'était une pantoufle fourrée,

C'était une pantoufle ouatée,

C'était une pantoufle satinée,

C'était une pantoufle raffinée,

C'était une pantoufle perfectionnée,

C'était une pantoufle d'hiver, c'était une pantoufle d'été ;

C'était une pantoufle élégante, une pantoufle svelte, une pantoufle de bonne mine, une pantoufle distinguée ;

C'était une pantoufle bien conditionnée, une pantoufle qui n'était ni trop large ni trop étroite, une pantoufle solide, une pantoufle élastique, une pantoufle moëlleuse, une pantoufle confortable, une pantoufle essentielle ;

C'était une pantoufle qui ne faisait pas le plus petit pli ;

C'était une pantoufle naïve, une pantoufle naturelle, une pantoufle sans manières et sans prétentions, une pantoufle qui ne se donnait ni les airs éventés du brodequin, ni les airs avantageux du cothurne, et que vous auriez reconnue de cinquante pas pour une honnête pantoufle.

Ce n'était pas une pantoufle arriérée, une pantoufle gourmée; une pantoufle à quatorze quartiers, une pantoufle loyoliste, une pantoufle ultramontaine, une pantoufle absolutiste ;

Ce n'était pas une pantoufle raisonneuse, une pantoufle libérale, une pantoufle industrielle, une pantoufle légale, une pantoufle électorale, une pantoufle d'opposition ;

Ce n'était pas une pantoufle antique, une pantoufle systématique, une pantoufle aristotélique, une pantoufle économique, une pantoufle encyclopédique, une pantoufle académique, une pantoufle classique ;

Ce n'était pas une pantoufle gothique, une pantoufle mystique, une pantoufle éclectique, une pantoufle romantique, une pantoufle germanique ; une pantoufle frénétique ;

C'était une excellente petite pantoufle ;

C'était une de ces pantoufles dont on voudrait n'ôter jamais le pied.

C'était la reine des pantoufles !

Annotation.

Son étymologie, dites-vous ?

Je ne me suis pas dissimulé qu'il aurait été notablement utile, dans un ouvrage destiné à devenir classique, de consacrer au moins un chapitre supplémentaire à l'importante matière que Baudouin a si superficiellement effleurée dans son traité *de Pantouflis veterum* ; mais ce travail aurait exigé des recherches si prodigieuses que le volume eût risqué de ne pas paraître avant la bonne édition du Dictionnaire de l'académie, et en fait de nouveautés piquantes on ne saurait trop éviter la concurrence.

Et puis vous seriez effrayés de la pauvreté des notions anciennes et modernes sur la seule valeur étymologique du mot *pantoufle !*

Pan est un monosyllabe grec dont tout le monde

connaît le sens, dit Schrevelius ; ou dont tout le monde est libre de chercher le sens, page 723 de mon Dictionnaire, dit M. Planche.

Sous la seizième lettre de l'alphabet, dit Scapula.

Henri Étienne, qui a tant à se plaindre de Scapula, ne dit pas le contraire.

Pour *toufle*, je donne un demi-pied de mon nez si je sais d'où il vient, dit Turnèbe, qui avait réellement le nez assez long pour se permettre cette saillie.

« Il pourrait venir, répondit don Pic en souriant,
» du syriaque *tophel*, ou de l'allemand stiffel, qui est
» le même que l'italien *stivale*. —
» Mais il est probable que le nom de la pantoufle
» est produit du grec panteïn et du grec pholeos qui
» signifient en composition une chose creuse qui sert
» à marcher. —

(Ce qui est, par parenthèse, une excellente définition des pantoufles.)

» A moins que vous n'aimiez autant qu'il soit fait
» de panteïn et de tophos parce que la pantoufle est
» une chaussure propre à fouler des terres friables et
» légères : et je ne vous conseillerais pas d'en user
» sur les pavés anguleux de Vire, sur les galets pé-
» dicides de Fécamp, et sur le gravier roulant du
» Lido de Venise.

» Je m'arrêterais peut-être même à cette explica-
» tion si je n'éprouvais soudainement la conviction
» profonde que l'élément complétif à la recherche du-
» quel nous venons de nous égarer trop longtemps,
» n'est autre que phellos nom grec du liége dont on

» fait ordinairement la semelle des pantoufles, *quoa*
» *est probandum.* »

— Eh! qui en doute, m'écriai-je, en repoussant du pied un vieux tabouret de paille défoncé qui n'avait pas besoin de ce dernier échec.

Que m'importe, à moi, l'origine et le sens de *pantoufle*, ajoutai-je en m'arrachant brusquement de cette chaise longue que j'ai acquise à l'encan de Matanasius, et en m'élançant vers la porte pour me soustraire au démon qui me crucifiait impitoyablement à sa sotte étymologie.

Je serais vraiment bien fou, dis-je en ramenant les deux battants sur moi, de me faire du mauvais sang pour savoir lequel de tophos ou de phellos est entré élémentairement dans la construction du nom d'une pantoufle!

Et s'il me plaît de m'ennuyer ce soir, pensai-je en traversant le carré, n'est-ce pas jour de Bouffes et séance à l'Athénée? D'ailleurs, repris-je en
    descendant
             les
                  sept
                        rampes
                              de
                                  l'escalier.

— D'ailleurs, la semelle de Popocambou n'était pas de liége. Elle était de cabron.

Que dit monsieur? demanda le portier en ouvrant son vasistas, ou *was ist das* de verre obscurci par la fumée, et en y passant sa tête grotesque illuminée de rubis d'octobre.

— Je dis qu'elle était de cabron.

Observation

—

. . . .
. . . . . . Sur quoi je dois faire observer une fois pour toutes — ces chapitres demandant une explication qui aurait dû les précéder : —

Mais cette observation est inutile pour les lecteurs qui commenceront le livre par la fin.

. . . . Que le mot *pantoufle* est pris dans cet exemple au nombre singulier, parce que ledit nombre représente sa valeur intrinsèque et virtuelle, et non en raison de la figure nommée *métonymie*, au moyen de laquelle on prend la partie pour le tout — ou de la figure nommée *synecdoche*, qui a exactement la même propriété; ce qui me porte à croire qu'il y a au moins une de ces figures de trop.

— Et il en serait autant des pantoufles de Popocambou si ce grand prince avait eu plus d'une pantoufle...

Non qu'il faille conclure de là avec Orus Apollo que Popocambou était monopode comme les gaînes d'Hermès;

Ou avec messieurs de l'Académie celtique, qu'un de ses pieds était nu, plat, membraneux et palmé, comme celui de la reine Pédauque;

Ou, ce qui serait plus vraisemblable, qu'il avait

une jambe de bois comme Agésilas, ou un pied bot comme Don Sébastien.

Le fait est que les lois constitutives de Tombouctou astreignent le souverain de ce pays-là, à se tenir debout sur un pied toutes les fois et pendant tout le temps qu'il vaque à l'exercice d'une de ses fonctions royales — ce qui n'impliquerait pas en conséquence sévère qu'un roi de Tombouctou dût avoir toute sa vie un pied chaussé et l'autre nu. —

Mais le règne de Popocambou fut si fertile en entreprises colossales —

La construction de la grande pyramide détourna tant de bras de l'exploitation des communs états mécaniques —

Les matières premières nécessaires à la confection d'une pantoufle bien établie devinrent si rares —

Les théories économiques si parcimonieuses —

La politique si arithméticienne, et l'arithmétique si populaire —

Les majorités si ombrageuses et si tracassières, principalement en fait de pantoufles, qu'il n'y a pas d'exemple que la commission du budget ait passé plus d'une pantoufle au roi de Tombouctou.

Heureusement, dit le roi, c'est une fort belle pantoufle.

Prétérition.

Si vous préfériez, cependant — et quel auteur peut deviner votre goût du lendemain?

Une scolie grecque... — Une atellane romaine... — Une farce gallique... — Une parade scandinave... — Une bouffonnerie celtique ou gothique... — Un bardit germanique...— Une mascarade italique...— Un saynète ibérique... — Un pismé illyrique... — Une chronique rabbinique... — Une fable talmudesque... — Une histoire bérésithiaque... — Un roman apocalyptique...

Vous n'avez qu'à parler, mesdemoiselles! le sac de Breloque est plus riche dans ce genre que celui de Sammonokhodom. Breloque fait la figue, avec son sac, à l'*Edda* comme au *Koran*, à la *Voluspa* comme au *Védam*, au *Lamaastambam* comme au *Landnamabock*, au *Catéchisme* de Volney comme à l'*Almanach* de Matthieu Laensberg.

Vous me demanderez peut-être où Breloque a trouvé son sac? Il en a hérité de Jean des Vignes.

Damnation.

Dans mon dernier voyage en Afrique, si l'idée que j'en ai conservée est autre chose qu'un songe, il m'est survenu je ne sais quelle aventure étrange dont je veux entreprendre de fixer le souvenir. Vaincu par la chaleur du jour, je m'abandonnais à la lente marche de mon cheval, sur les bords d'un fleuve que je ne nommerai point, parce qu'il n'a jamais eu de nom, quand tout à coup, à travers le rideau d'aloès aux girandoles d'or, de baobabs aux feuilles démesurées, et de roseaux géants qui voilaient ses rivages, m'apparut un petit esquif monté d'un seul homme qui suivait négligemment le cours des eaux, sans s'occuper ni de la rame ni du gouvernail ; et, au même instant, je vis un crocodile énorme qui saisissait la poupe de ses mains écailleuses, et qui battait les ondes de sa queue comme d'un fléau. Je poussai un cri, mais tout avait disparu, la barque, le monstre et le voyageur. Je m'arrêtai, frappé d'épouvante, et contenant difficilement mon cheval dont l'horreur n'était pas moindre que la mienne. Quel fut mon étonnement quand je vis l'onde se rougir de sang, et l'inconnu, indifférent pour ses blessures, aborder paisiblement auprès de moi, en marchant à la surface du fleuve, comme si elle avait été surprise en un moment par une gelée boréale. J'avais à peine eu le temps de le regarder que ses traits s'étaient ineffaçablement gravés dans ma mémoire, car ceux qui l'ont vu ne doivent jamais l'oublier.

Sa taille était droite et élevée, ses mouvements souples mais subits, sa marche brusque et précipitée, non pas comme celle de la crainte, mais comme celle de l'impatience. Les détails de sa figure ne manquaient ni de régularité ni de grâce, et cependant leur ensemble était triste et menaçant. Sa bouche longue, ses lèvres étroites qui laissaient apercevoir en frémissant l'une contre l'autre des dents blanches et serrées, sa barbe épaisse et noire, son teint aduste et bronzé, ses joues creuses, moins basanées que livides, ses yeux profondément enfoncés d'où jaillissaient des regards de feu comme l'éclair du fond d'une nue obscure, le contraste inexplicable des formes les plus puissantes de la vigueur, avec les vestiges infaillibles de l'âge et du temps, faisaient de cette physionomie une énigme que la raison humaine ne peut pas résoudre. Le premier sentiment que cet homme inspirait, après celui de la terreur, était l'idée de cette pérennité que les artistes prêtent à leurs dieux. Comme son aspect physique appartenait à toutes les époques de la vie, l'étrange costume qu'il avait adopté appartenait à tous les pays. Le bandeau rouge qui couvrait son front semblait lui-même le signe d'initiation de quelque ordre monastique. Il portait le turban de l'Orient, la doliman de l'Albanais, le pantalon du Basque, le plaid de l'Écossais, les espardilles de l'Espagnol. Sa ceinture de cuir écru renfermait le cangiar de l'Esclavon, la zagaie du More et le stylet du Vénitien ; mais il était facile de voir aux brillants dont elles étincelaient que ces armes de parade étaient le caprice du luxe et non la précaution d'une prudence inutile.

Comme il avait les yeux tournés vers moi, et qu'il me couvrait d'un regard qui me figeait le sang, je fus tiré de cette espèce de fascination par le hennissement d'un cheval qui n'était pas le mien. Je fis un mouvement, et je vis bondir à mes côtés le coursier de cet homme. C'était un de ces petits chevaux de Sibérie dont le poil ressemble à une laine crépue, et qui, au premier abord, offrent quelque chose de fantastique, comme les animaux imaginaires qui nous étonnent dans les rêves. Il bondissait avec une légèreté incroyable, mais qui annonçait plutôt de l'épouvante que de la joie. Ses yeux ardents et remplis d'une sorte d'intelligence humaine, témoignaient qu'il était amené en ce lieu par la puissance d'une volonté étrangère, et que toute son agilité surnaturelle ne pouvait le soustraire à l'appel de son cavalier. Il y avait d'ailleurs en lui quelque chose d'aussi mystérieux que dans l'incompréhensible inconnu. Son mors paraissait d'un or pur, et se terminait à des bossettes de rubis. Le filet qui assujettissait sa tête avait la flexibilité de la soie et le brillant du métal. Ses crins tressés de fil d'argent tombaient à longs flots, et balançaient des nœuds de cristaux et de pierreries, liés par des rubans couleur de feu ; son harnais était tout entier de ce cuir poli et parfumé que les Levantins tannent avec de l'encens, et son pied frappait le sable d'un fer d'or aux clous de diamant. Le voyageur tomba d'un élan sur la housse de pourpre, et il allait s'éloigner pour jamais, quand il sembla retenu par une de mes pensées, car je doute que j'aie eu la force de l'exprimer d'une voix intelligible.

Il resta donc immobile devant moi sur son cheval immobile, et tout restait immobile autour de nous, jusqu'à la vapeur enflammée qui nous tenait lieu d'atmosphère, jusqu'au nuage de sable rouge qui voilait sur notre tête le soleil à son zénith, jusqu'au soleil même dont le disque, arrêté dans l'espace ainsi qu'au temps de Joshua, béait sur ce lac de feu comme une bouche sanglante. On aurait cru la nature entière surprise de mort, si l'on n'avait entendu se traîner au loin en sourds miaulements et en râlements lamentables, la longue plainte du chacal, qui crie comme une femme qu'on égorge.

— « Vous voulez me connaître, dit-il, en pénétrant
» au fond de mon âme d'un regard acéré ; et je con-
» sens à satisfaire votre curiosité, car je sais, à vous
» voir, que nous suivons la même route... »

Et pendant qu'il prononçait ces paroles, il avait saisi le bridon de mon cheval, et il m'emportait dans la course du sien avec une rapidité dont aucun des souvenirs de notre vie terrestre ne peut donner l'idée, mais qui avait cela d'étrange que je n'en éprouvais pas même le mouvement, et que je me demandai un instant si ce n'était pas le désert, le fleuve et le ciel, qui fuyaient.

» — Vous le voulez, continua-t-il ! je vous racon-
» terai une histoire, telle qu'il n'en a jamais été ra-
» conté de pareille... une histoire que je ne raconterais,
» ni pour le présent que je déteste, ni pour l'avenir
» que j'abhorre ; ni pour la gloire dont le nom ne
» tombe de ma bouche qu'avec dégoût, ni pour la
» fortune que je ravirais si aisément aux prétendus
» heureux de la terre, si l'arrêt de ma condamnation
» ne m'avait pas comblé de trésors comme de dou-
» leurs... ni pour l'amour, la seule de ces illusions
» stupides qui laisse un regret après des siècles. Je
» ne vous la raconterais pas pour m'affranchir du
» plus grand forfait qui ait pesé sur la tête de l'homme,
» car ce crime est resté tout mon orgueil et toute ma
» joie. Je vous la raconterai pour obéir, infortuné
» que je suis, à la volonté de cet éternel tyran du
» cœur humain qu'on appelle l'enfer dans l'autre
» monde, et dans celui-ci la conscience. — Vous le
» voulez, continua-t-il, mais la révélation seule de
» mon nom vous laissera-t-elle la force ou la volonté
» de m'entendre ? Homme mortel ! — et combien je
» vous envie ce privilége ! — homme indiscret et
» curieux, liez-vous d'une main ferme aux crins de
» mon cheval ! Je suis ce vagabond, rebut éternel du
» monde, qui doit, plus infortuné que jamais, en
» devenir le maître. Je suis le JUIF-ERRANT. Je serai
» l'ANTECHRIST ! »

A cette horrible révélation, je sentis une sueur glacée ruisseler de mes cheveux, et, l'œil fixé sur le maudit, j'attendis chacune de ses paroles avec la terreur qui saisit le patient sous le fer lourd et froid du bourreau ; mais je m'y accoutumai peu à peu comme un fiévreux au retour de son accès, comme la victime épuisée aux périodes de la torture.

Ce ne sont pas ces prestiges de l'âme que je puis essayer de faire partager au reste des hommes, car il n'y a rien qui soit capable de les rendre dans cette expression incertaine de nos idées qu'un souffle entraîne dans l'air, que la marche d'un petit insecte efface sur le sable, que la trace d'une plume détruit sur le papier. Un songe seul peut les communiquer à la pensée solitaire dans toute leur grandeur, et il ne faut rien moins pour les traduire qu'une faculté dont la Providence est avare.

— Quoi donc? dit Victorine.

— Le génie du légendaire de saint Gengulphe, ou de l'historien de Fortunatus. —

— Alors, reprit-elle, j'aimerais mieux l'autre !

Commémoration.

« Je vous ai dit, monsieur, que ma vie n'avait pas
» manqué de quelque douceur, car le ciel a placé une
» douce compensation à l'infortune dans la pitié des
» bonnes âmes. »

— Je reconnais cette voix, dit-elle, en laissant retomber grâcieusement sa tête contre mon épaule. — Ce doit être celle de Gervais. —

— Une autre fois, ma douce amie, je n'écrirai que pour toi seule; mais un ouvrage solidement scientifique, et nourri d'une saine et utile instruction, comme l'*Histoire du roi de Bohême et de ses sept châteaux*, peut seul me conduire à la société d'émulation de Castelnaudary.

— Et quelle âme, cependant, fut jamais plus inaccessible que la mienne aux vains prestiges de l'ambition et de la gloire?

» Je jouissais de cette heureuse ignorance des maux,
» continua Gervais, quand la présence d'un nouvel hôte
» au village des Bois vint occuper toutes les conversa-
» tions de la vallée. On ne le connaissait que sous le
» nom de monsieur Robert, mais c'était, suivant l'o-
» pinion générale, un grand seigneur étranger que
» dés pertes irréparables et de profondes douleurs

» avaient décidé à cacher ses dernières années dans
» une solitude ignorée de tous les hommes. Il avait
» perdu bien loin, disait-on, une épouse qui faisait
» presque tout son bonheur, puisqu'il ne lui restait
» de leur union qu'un sujet d'éternel chagrin, une
» fille aveugle-née. On vantait cependant à l'égal des
» vertus de son père l'esprit, la bonté, les grâces d'Eu-
» lalie. Mes yeux n'ont pu juger de sa beauté, mais
» quelle perfection aurait ajouté en moi au charme
» de son souvenir ! je la revois dans mon esprit plus
» charmante que ma mère ! »

— Elle est morte ? m'écriai-je.

— « Morte ? » reprit-il d'un accent où se confon-
daient l'expression de la terreur, et celle de je ne
sais quelle inconcevable joie. « Morte ? qui vous l'a
» dit ? »

— Pardonnez, Gervais, je ne la connais point : je
cherchais à m'expliquer le motif de votre séparation.

— « Elle est vivante ! » dit-il, en souriant amèrement. Et il garda un moment le silence. « Je ne sais
» si je vous ai dit, ajouta-t-il à demi-voix, qu'elle
» s'appelait Eulalie. C'était Eulalie, et voici sa
» place. »

Il s'interrompit encore. « Eulalie ! » répéta Gervais
en déployant sa main sur le rocher comme pour la
chercher à côté de lui.

Puck lui lécha les doigts, et, reculant d'un pas, il
le regarda d'un air attendri. Je n'aurais pas donné Puck
pour un million.

— Remettez-vous, Gervais ! Pardonnez-moi encore une fois d'avoir ébranlé dans votre cœur une fibre si vive et si douloureuse. Je devine presque tout le reste de votre histoire. L'étrange conformité du malheur d'Eulalie et du vôtre, frappa le père de cette jeune fille. L'intérêt que vous inspirez si bien, pauvre Gervais, ne pouvait manquer de se faire sentir sur une âme exercée à ce genre d'impressions. Vous devîntes pour lui un autre enfant ?

— « Un autre enfant, répondit Gervais, et notre
» Eulalie fut pour moi une sœur. Ma bonne mère
» adoptive et moi, nous allâmes loger dans cette
» maison neuve qu'on appelle *le château*. Les maîtres
» d'Eulalie furent les miens. Nous apprîmes ensemble
» ces arts divins de l'harmonie qui ravissent l'âme
» vers une vie céleste. Nous lûmes avec les doigts sur
» des pages imprimées en relief les sublimes pensées
» des philosophes, et les charmantes inventions des
» poètes.

» J'essayais de les imiter, et de peindre comme
» eux ce que je ne voyais pas ; car la nature du
» poète est une seconde création dont les élé-
» ments sont mis en œuvre par son génie, et avec
» mes faibles réminiscences, je parvenais quelquefois
» à me refaire un monde. Eulalie aimait mes vers, et
» que me fallait-il davantage ? Quand elle chantait, on
» aurait cru qu'un ange était descendu de la cime des
» monts terribles pour charmer la vallée. Tous les jours
» de la belle saison, on nous amenait à cette pierre,
» qu'on appelle ici *le rocher des aveugles*, et où le meil-

» leur des pères nous suivait de tous les soins de
» l'amitié. Il y avait alors autour de nous des touffes
» de rhododendron, des tapis de violettes et de mar-
» guerites, et quand notre main avait reconnu une
» de ces dernières fleurs à sa tige courte, à son
» disque velouté, à ses rayons soyeux, nous nous
» amusions à en effeuiller les pétales, en répétant cent
» fois ce jeu qui sert d'interprète aux premiers aveux
» de l'amour : — Si la fleur menteuse se refusait à l'ex-
» pression de mon unique pensée, je savais bien le
» dissimuler à Eulalie par une tromperie innocente.
» Elle en faisait peut-être autant de son côté. Et au-
» jourd'hui, cependant, il ne me reste rien de tout
» cela. »

En parlant ainsi, Gervais était devenu de plus en plus sombre. Son front si pur s'obscurcit d'un nuage de colère ; il garda un morne silence, frappant du pied au hasard, et alla briser une rose des Alpes depuis longtemps desséchée sur sa tige ; je la recueillis sans qu'il s'en aperçut, et je la plaçai sur mon cœur.

Quelque temps s'écoula sans que j'osasse adresser la parole à Gervais, sans qu'il parût s'occuper de poursuivre son récit. Tout-à-coup il passa sa main sur ses yeux, comme pour chasser une vision désagréable, et se retournant de mon côté, avec un rire plein de grâce :

« Ah ! ah !... continua-t-il, prenez pitié, mon-
» sieur, des faiblesses d'un enfant qui n'a pas su com-
» mander jusqu'ici aux troubles involontaires de son
» cœur. Un jour viendra peut-être où la sagesse des-

» cendra dans mon esprit, mais je suis si jeune
» encore... »

— Je crains, mon ami, lui dis-je en pressant sa main, que cette conversation ne vous fatigue. Ne demandez pas à votre mémoire des souvenirs qui la tourmentent. Je ne me pardonnerais jamais d'avoir troublé une de vos heures d'un regret que vous sentez si profondément !

« — Ce n'est pas vous qui me le rappelez, répondit
» Gervais. Il ne m'a pas quitté un instant, et j'aimerais
» mieux que mon âme s'anéantît que de le perdre.
» Tout mon être, monsieur, c'est ma douleur. Ma
» douleur, c'est ma dernière amitié. Nous n'étions
» plus qu'elle et moi. Il a bien fallu nous accoutumer
» à vivre ensemble; et je la trouve plus facile à sup-
» porter, quand un peu de bienveillance en allége,
» en m'écoutant, le poids si tristement solitaire. Ah!
» ah! » reprit-il en riant encore, « les aveugles sont
» causeurs, et on m'entend si rarement ! »

Je n'avais pas quitté la main de Gervais. Il comprit que je l'entendais.

« — D'ailleurs, dit-il, tout n'est pas amertume
» dans mes souvenirs. Quelquefois ils me rendent
» tout-à-fait le passé : je m'imagine que mon malheur
» actuel n'est qu'un songe, et qu'il n'y a de vrai dans
» ma vie que le bonheur que j'ai perdu. Je rêve qu'elle
» est assise à cette place, un peu plus éloignée de moi
» qu'à l'ordinaire, et qu'elle se tait, parce qu'elle est
» plongée dans une méditation à laquelle notre amour
» n'est pas étranger. O! si l'éternité que Dieu réserve

» aux âmes bienveillantes n'est que la prolongation
» infinie du plus doux sentiment qui les ait émues,
» quel bonheur d'être surpris par la mort dans cette
» pensée et de s'endormir ainsi !

» Un jour nous étions assis sur ce rocher, comme
» tous les jours... et nous jouissions, dans une extase
» si douce, de la sérénité de l'air, du parfum de nos
» violettes, du chant de nos oiseaux, et surtout de
» celui de notre fauvette des Alpes, car tous les oi-
» seaux des bois nous étaient connus, et ils volaient
» souvent à notre voix — nous prêtions l'oreille avec
» tant de charme au bruit de la glace détachée par
» la chaleur, qui glisse en sifflant le long des aiguil-
» les, et au balancement des eaux de l'Arveyron qui
» venaient mourir presque à nos pieds, que je ne sais
» quel pressentiment confus de la rapidité et de l'in-
» certitude du bonheur nous remplit en même temps
» d'inquiétude et d'effroi. Nous nous pressâmes vive-
» ment l'un contre l'autre, nous entrelaçâmes nos
» bras comme si on avait voulu nous séparer, et nous
» nous écriâmes ensemble : Toujours ! toujours ! — Je
» sentis qu'Eulalie respirait à peine, et qu'elle avait
» besoin d'être rassurée par toutes les forces que me
» donnaient mon caractère et mon courage d'homme :
» — Toujours, Eulalie, toujours ! — Le monde, qui
» nous croit si malheureux, peut-il juger de la félicité
» que j'ai goûtée dans ta tendresse, que tu as trouvée
» dans la mienne ? Que nous importe le mouvement
» ridicule de cette société turbulente où vont se heur-
» ter tant d'intérêts qui nous seront toujours étran-

» gers, car la nature a fait pour nous mille fois plus
» que n'auraient fait les longs apprentissages de la
» raison ! Nous sommes pour eux des êtres imparfaits,
» et cela est tout simple ; ils ne sont pas encore parve-
» nus à apprendre que la perfection de la vie consistait
» à aimer, à être aimé. Ils osent nous plaindre, parce
» qu'ils ne savent pas que nous les plaignons. Cette
» dangereuse fascination que les passions exercent par le
» regard n'agira du moins jamais sur nous. Le temps
» même a perdu son empire sur deux aveugles qui
» s'aiment. Nous ne changerons jamais l'un pour l'au-
» tre, puisqu'aucune altération ne peut nous rebuter,
» aucune comparaison nous distraire. Le sentiment qui
» nous unit est immuable comme le bruissement de
» notre Arveyron, comme le chant de nos oiseaux fa-
» voris, comme l'enceinte éternelle de ces rochers
» exposés au midi, au pied desquels on nous conduit
» quelquefois dans les jours incertains du mois de mai.
» Ce n'est pas le prestige de la beauté passagère
» d'une femme qui m'a séduit en toi, c'est quelque
» chose qui ne peut ni s'exprimer quand on le
» sent, ni s'oublier quand on l'a senti. C'est une
» beauté qui appartient à toi seule, et que j'écoute
» dans ta voix, que je touche dans tes mains, dans
» tes bras, dans tes cheveux, que je respire dans
» ton souffle, que j'adore dans ton âme ! J'ai bien
» étudié leurs amours dans les livres qu'on nous a lus,
» ou sur lesquels mes doigts ont pu chercher des
» pensées ; et je te proteste que leurs avantages sur
« nous consistent en des choses de peu de valeur. Le

» soleil que j'ai vu autrefois fût-il dans tes yeux, je
» n'effleurerais pas de mes lèvres avec plus de volupté
» ces longs cils qui les ombragent, et sur lesquels ma
» ma bouche a recueilli deux ou trois larmes, quand
» tu étais plus petite, et qu'on se refusait, contre
» l'usage, à satisfaire un de tes caprices. Je ne sais si
» ton cou est aussi blanc que les neiges de la grande
» montagne, mais il ne m'en plairait pas davantage —
» et cependant voilà tout — O ! si je jouissais de la vue,
» je supplierais le Seigneur d'éteindre mes yeux dans
» leur orbite, afin de ne pas voir le reste des femmes ;
» afin de n'avoir de souvenir que toi, et de ne laisser
» de passage vers mon cœur qu'à ces traits que j'aurais
» vu sortir des tiens ! Voir un monde, le parcourir,
» l'embrasser, le conquérir, le posséder d'un rayon du
» regard — étrange merveille ! — Mais pourquoi ?... pour
» étourdir mon âme d'impressions inutiles, pour l'égarer
» hors de toi, loin de toi, dans de frivoles admirations,
» à travers ce qu'ils appellent les miracles de la nature
» et de l'art ! et qu'aurais-je à y chercher, si ce n'est
» une impression qui me rendît quelque chose de toi ?
» Elle est bien meilleure et bien plus complète ici ! In-
» concevable misère des vanités de l'homme ! de ces
» arts dont ils font tant de bruit, de ces prodiges du
» génie qui les éblouissent, nous en connaissons ce
» que le grand nombre apprécie le plus, la musique,
» la poésie. — On convient que nous avons des organes
» pour les goûter, une âme pour les sentir ; et crois-
» tu cependant que jamais les chants divins de Lamar-
» tine aient retenti aussi délicieusement à mon oreille

» que le cri d'appel que tu me jettes de loin, quand
» on t'amène ici la dernière ? Si Rossini ou Weber me
» saisissent d'un prestige plus puissant, c'est que c'est
» toi qui les chantes. Les arts, c'est toi qui les em-
» bellis, et tu embellirais ainsi la création dont ils ne
» sont que l'expression ornée ; mais je puis me passer
» de ces richesses superflues, moi qui possède le tré-
» sor dont elles tireraient le plus de prix ; car, enfin,
» ton cœur est à moi, ou tu n'es pas heureuse ! — Je
» suis heureuse, répondit Eulalie, la plus heureuse des
» filles !

» — O mes enfants, dit M. Robert en unissant
» nos mains tremblantes, j'espère que vous serez tou-
» jours heureux, car ma volonté ne vous séparera ja-
» mais ! — Accoutumé à nous suivre partout des soins
» de cette tendresse attentive que rien ne rassure assez,
» il s'était rapproché de nous sans être entendu, et nous
» avait entendus sans nous écouter. Je ne me croyais
» pas coupable, et j'étais cependant consterné. — Eula-
» lie tremblait. — M. Robert se plaça — là — entre nous
» deux, car nous nous étions un peu éloignés l'un de
» l'autre... — Pourquoi pas, dit M. Robert, en nous
» enveloppant de ses bras, et en nous pressant tous
» les deux avec plus de tendresse encore qu'à l'ordi-
» naire : — Pourquoi pas, en vérité ! — ne suis-je
» pas assez riche pour vous acheter des serviteurs —
» et des amis ? — Vous aurez des enfants qui rempla-
» ceront votre vieux père, car votre infirmité n'est pas
» héréditaire. Embrasse-moi, Gervais ; embrasse-moi
» bien, Eulalie ; remerciez Dieu, et rêvez à demain,

» car le jour qui luira demain sera beau, même pour
» les aveugles !

» Eulalie passa des bras de son père dans les miens.
» Pour la première fois, mes lèvres trouvèrent les
» siennes. Ce bonheur était trop complet pour être
» du bonheur. Je crus que ma poitrine allait se bri-
» ser. Je souhaitai de mourir. Hélas! je ne mourus
» pas!

» Je ne sais, monsieur, comment est le bonheur
» des autres. Le mien manquait de calme et même
» d'espérance. Je ne pus obtenir le sommeil, ou plutôt
» je ne le cherchai point, car il me semblait que je
» n'aurais pas assez d'une éternité pour goûter les
» félicités qui m'étaient promises, et plus je cher-
» chais à en jouir, plus elles échappaient à toutes
» mes pensées sous une foule d'apparences confuses.
» Je regrettais presque ce passé sans ivresse, mais
» sans craintes, où je ne redoutais rien parce que
» je n'avais compté sur rien. J'aurais voulu ressaisir
» ces pures voluptés de l'âme qui se passent de l'avenir
» dans un cœur d'enfant; où l'avenir, du moins, ne
» va pas plus loin que le lendemain. Enfin, j'entendis
» le bruit ordinaire de la maison; je me levai, je m'ha-
» billai sans attendre ma mère, je priai Dieu, et je
» gagnai la croisée qui donne sur l'Arve pour y rafraî-
» chir ma tête brûlante aux vapeurs des brumes
» matinales. Ma porte s'ouvrit. Je reconnus un pas
» d'homme. Ce n'était point M. Robert. Une main sai-
» sit la mienne. Monsieur de Maunoir ! m'écriai-je. Il y
» avait plusieurs années qu'il n'était venu, mais le

» bruit de sa démarche, le contact de sa main, je ne
» sais quoi de franc, d'aisé et de tendre qui ne se juge
» en particulier par aucun sens, mais qui s'éprouve
» par tous, m'était resté de lui dans la mémoire. C'est
» bien lui, dit-il en parlant à quelqu'un d'un son de
» voix un peu altéré, c'est mon pauvre Gervais. Vous
» savez ce que je vous en dis dans le temps! — Après
» cela il imposa ses doigts sur mes paupières et les re-
» tint quelque temps élevées. — Ah! dit-il, la volonté
» de Dieu soit faite! Au moins, te trouves-tu heureux?
» — Bien heureux, lui répondis-je. M. Robert dit que
» j'ai profité de ses bontés. Je sais lire comme un
» voyant, et je suis aimé d'Eulalie. — Elle t'aimera
» davantage si elle te voit un jour, reprit M. de Mau-
» noir... — Si elle me voit, dites-vous? — Je pensai
» à ce séjour éternel où l'œil des aveugles s'ouvre à
» une clarté qui n'a plus de nuit. — Je ne compris
» pas.

» Ma mère m'amena ici suivant l'usage, mais Eulalie
» tarda beaucoup. Je cherchais à m'expliquer pourquoi.
» Mon pauvre Puck allait à sa rencontre, et puis il revenait,
» et puis il retournait toujours; et quand il était bien
» loin, bien loin, il aboyait avec impatience, et quand
» il était près de moi, il pleurait. Enfin, il se mit à
» japer avec des éclats si bruyants, et à sauter sur ce
» banc avec tant de pétulance que je reconnus bien
» qu'elle devait être près de nous, quoique je ne l'en-
» tendisse pas encore; je me penchai vers le côté d'où
» je l'attendais, et mes bras étendus trouvèrent les
» siens. M. Robert n'avait pas cette fois accompagné

» ses domestiques, et j'en sentis sur-le-champ la raison,
» qui devait être celle aussi du retard inaccoutumé
» d'Eulalie : j'avais oublié qu'il y eût des étrangers au
» château.

» Ce qu'il y a de bien étrange, monsieur, c'est que son
» arrivée, si vivement désirée, me remplit de je ne sais
» quelle inquiétude que je ne connaissais point encore.
» Je n'étais plus à mon aise avec Eulalie comme la
» veille. Depuis que nous devions tout l'un à l'autre,
» je n'osais plus rien demander. Il me semblait que son
» père, en me donnant un nouveau droit, m'avait im-
» posé mille privations. Je craignais d'exercer le pou-
» voir d'un mot, les séductions d'une caresse. Je sen-
» tais bien mieux qu'elle était à moi, et je redoutais
» bien plus de la toucher. J'aurais craint de la profaner,
» en écoutant son souffle, en effleurant sa robe, en
» saisissant de ma bouche un de ses cheveux flottants.
» Elle éprouvait peut-être le même sentiment, car
» notre conversation fut quelque temps celle de deux
» personnes qui se sont peu connues. Cela ne pouvait
» pas durer longtemps. Les illusions de la dernière
» journée n'étaient pas encore vieillies. Puck avait soin
» de nous les rappeler en bondissant de l'un à l'autre,
» comme s'il avait souffert de nous voir si éloignés et si
» froids. Je me rapprochai d'Eulalie, et mes lèvres cher-
» chèrent ses yeux, le seul endroit de son visage qu'elles
» eussent touché jusqu'à la veille de ce jour-là. Elles y
» touchèrent un bandeau. — Tu es blessée, Eulalie !...
» — Un peu blessée, répondit-elle, mais bien légère-
» ment, puisque je passe avec toi la journée comme

» d'ordinaire, et qu'il n'y a entre ta bouche et mes
» yeux qu'un ruban vert de plus. —

» — Vert! vert! ô mon Dieu! et qu'est-ce qu'un
» ruban vert?...

» — J'ai vu, me dit-elle.... je vois.... — Et sa main
» tremblait dans la mienne, comme si elle m'avait avoué
» une faute ou raconté un malheur. —

Érudition.

« — Il y a plus de sens que vous ne pensez dans
» la question de Gervais et dans la modeste réticence
» de votre Eulalie, s'écria don Pic. Ces pauvres jeunes
» gens auxquels je commence à m'attacher, et qui ont
» probablement reçu quelques bons principes de phi-
» lologie verbale (particularité que vous avez mal à
» propos omise dans votre récit), ces aimables enfants,
» dis-je, comprennent au même instant que le mot
» *ruban*, venant essentiellement du mot *rubens, gallicè*,
» rouge, rougeâtre ou rougissant, *ruban vert* est une
» de ces effrayantes cacologies, un de ces tropes té-
» méraires qui mettent la grammaire à la torture et
» qui épouvantent la logique; de manière que l'excla-
» mation de Gervais équivaut à celle-ci :

» O! chère Eulalie! comment vous permettez-vous

» cette barbare catachrèse ?... — Et que la réponse
» évasive d'Eulalie signifie implicitement : Je conviens
» avec vous, mon ami, que je me suis permis une
» barbare catachrèse, mais je suis si loin de vouloir la
» justifier que me voilà prête à parler d'autre chose.

— Moi aussi, dit Breloque. —

» — D'ailleurs, si Breloque veut me suivre un mo-
» ment, reprit don Pic, c'est-à-dire le temps néces-
» saire pour ébaucher ma monographie du ruban vert...

— J'aime mieux boire, dit Breloque. —

» — Je considérerai trois choses dans le ruban vert :

Scilicet :
{
MATERIA.
COLOR.
OPUS vel FICTITIO.
}

Primùm, MATERIA.

» *Id est, de animalibus, et præcipue de insectis setige-*
» *nis in genere; item de bombycibus et bombylis; item de*
» *crucis, spectris, larvis, aureliis, chrysalidibus, papi-*
» *lionibus, imaginibus.*

— Et de millionibus diabolibus qui puissent t'emporter in infernibus, dit Breloque. —

Secundùm, COLOR.

» — J'aurai l'optique, la dioptrique, la catoptrique;
» L'aposcopie, la catascopie, la métoposcopie, l'hé-
» lioscopie, la physioscopie, la microscopie, la
» mégascopie, la polyscopie, la périscopie, la kaléï-
» doscopie; le panorama, le diorama, le néorama, le
» géorama, le cosmorama, le pantostéréorama; le
» prisme, la lanterne magique, et la lorgnette d'opéra.

» Nous donnerons en passant un croc en jambe à

» Newton, une nazarde au père Mersenne, et un grand
» coup de pied dans le ventre à Algarotti...

— Je te les rendrais volontiers! dit Breloque. —

Tertium, —

(Breloque mit son bonnet de nuit.)

» — Si nous considérons le ruban vert dans ses rap-
» ports avec l'histoire des arts, de l'industrie, du com-
» merce et de la civilisation, depuis l'origine des idées
» plastiques sur lesquelles ont été moulées toutes les
» formes typiques de la pensée, dans son infatigable
» et persistante création.

— Nous arriverons probablement au déluge, dit Breloque?... —

» — J'y arrivais. Le premier ruban vert dont il ait
» jamais été question, si toutefois Astruc ne s'est pas
» trompé dans ses curieuses *Conjectures sur les maté-*
» *riaux qui a servi ont Moïse pour la composition de la*
» *Genèse...* Écoute, Breloque, le premier de tous les
» rubans verts...

— Je voudrais bien qu'il eût servi à te serrer le cou,
dit Breloque. —

» — ... C'est évidemment celui que la colombe de
» l'arche rapporta dans son bec ; mais le profond Sa-
» muel Bochard pense que cette prétendue colombe
» était un goëland, et il n'est véritablement pas pro-
» bable que Noé, qui ne manquait point de sens quand
» il n'était pas ivre, ait confié une pareille mission à
» un oiseau terrestre, lui qui avait une si belle vo-
» lière d'oiseaux amphibies à son bord. Aussi, indé-
» pendamment de la colombe et du corbeau de la

» Vulgate, Jean Le Pelletier croit y voir un butor.

— Trois butors, ni plus ni moins, Jean Le Pelletier, Bochart, et toi, dit Breloque...—

» — Le ruban que cet oiseau anonyme, pseudonyme,
» ou plutôt polyonyme, offrit au nouveau chef de la
» race humaine, et dont la couleur est devenue depuis
» celle de l'espérance, présentait sans doute aux yeux
» le riant aspect de la verdure qui allait parer la terre
» reconquise. Ce fut un ruban vert, Breloque (c'est-à-
» dire un tissu vert que nous appelons improprement
» ruban par un déplorable abus de la catachrèse), et
» non pas un rameau, comme le prétendent quelques
» damnés talmudistes, infatués des niaiseries de la
» massore, des rêveries du mishnisme, de la routine
» des traditionnaires, et des dix Séphirots de la cabale.

— Ce sont eux qui ont fait tomber mon dernier mélodrame, dit Breloque.

» Il est vrai que Leusden a lu *rameau* contre l'auto-
» rité de Gabriel Sionite qui a lu *ruban*, mais comme
» ils sont morts tous les deux, juifs, apostats, maranes,
» réprouvés, et qui plus est lépreux et insolvables, *sub*
» *judice lis est,* ou bien, *res agitur in lite.*

— Allons nous coucher, dit Breloque. —

» — Nous avons heureusement sur cette question
» l'autorité omnipotentielle, entends-tu, Breloque? de
» notre ami Herbinius qui témoigne que les arbres et
» les rameaux immenses dont les eaux du déluge étaient
» chargées avant leur retraite, ayant pu fournir aisé-
» ment à l'oiseau voyageur cette garantie équivoque...

— Oh! que ces arbres et ces rameaux immense

eussent potentiellement fourni de beaux mâts potenciformes et de belles fourches potencielles pour t'y suspendre archipotencialement par la gorge, dit Breloque. —

» — Et que ces rameaux et ces feuillages qui abon-
» daient partout, et que l'ambassadeur ailé avait tant de
» facilité à recueillir, ne donnant aucun caractère mi-
» raculeux à sa mission, il était moins possible et par
» conséquent plus méritoire de croire qu'il avait rap-
» porté un ruban, dans un temps où l'on ne fabriquait
» pas de rubans et où l'on ne connaissait pas l'usage de
» la soie. Ce raisonnement est peut-être même ce qui
» restera de plus authentique dans le genre systémati-
» que, problématique, emblématique, hypothétique et
» sophistique de la critique et de l'hypercritique ascé-
» tique, mystique, parénétique, éthique, enclitique,
» éclectique, gnostique, dogmatique et scholastique,
» *per omnia sæcula sæculorum.* »

— **AMEN,** dit Breloque. —

Aberration.

— Où diable en étions-nous de la monographie du ruban vert quand je me suis endormi, dit Breloque?

» — Il m'est avis, répondit don Pic, que je vous ai laissés chez la marquise de Chiappapomposa, au moment où saisissant le ruban vert de sa sonnette avec une dignité toute romaine : — elle descendait de la chaste Lucrèce, par les hommes —

« En vérité, je ne vous reconnais pas, Théodore!
» mais finissez donc, finissez, au nom du ciel, ou je
» vais sonner Spinette. »

» Et monseigneur qui n'en savait pas davantage, révérence gardée, s'imagina que la marquise de Chiappapomposa sonnerait.

» Mais quand la marquise de Chiappapomposa aurait sonné, il eût fallu voir vraiment que Spinette s'avisât de venir !

» Vous auriez ravagé tous les postes avancés, dix-huit lieues à la ronde —

» Brûlé la tente et les pavillons, les fascines et les gabions, les ponts-levis et les palissades, la ville et les faubourgs —

» Marché, la torche allumée à la main, à travers les greniers, les arsenaux et les magasins à poudre —

« Le feu aurait commencé à courir de la mine à la contre-mine, de la mèche à l'arquebuse, de la batterie au tonnerre —

» Et la marquise de Chiappapomposa aurait sonné toutes les cloches et toutes les clochettes,

Les sings, les tocsins et les sonnettes,
Les grelots et les crotales,
Les sistres et les tabales,
Les triangles et les atabales,
Les tympans et les tympanons,
Les tympanioles et les tymbales,
Les cymbes! les cymbalons et les cymbales,
Les burbelins, les curbelins et les crembalins,
Les cri-cris et les crin-crins,
Les bombardes et les tarabats,
Les castagnettes et les tambours de basque,
Les tam-tams et les crécelles,

Les beffrois et les carillons,

Le *clarum tintinnabulum* de Catulle, et la *clocqua titubans* de Merlin Coccaïe ;

La *campana* de Vililla qui annonçait d'elle-même, suivant le bon homme Quinonez, l'avènement d'un pape, et celle de Sainte-Marie de Carabaça qui allègrement se trémoussait et cantilénait joyeusement aux vigiles de l'Assomption —

La sonnerie de Saint-Roch et de Saint-Eustache, le Bourdon, Georges d'Amboise et la Samaritaine —

Toutes les cloches enfin de toutes les dimensions qui se trouvèrent clochatoirement rangées selon leur ordre chromatique au dernier concile des cloches, où fût carillonniquement altisonnée la canonisation de Janotus de Bragmardo — que Spinette ne serait pas venue ! »

« Non, mordieu ! elle ne serait pas venue ! »

Transition.

— Foin de la pédanterie et des pédants, continua Breloque. Ce maudit barbacole que voici m'a tellement matagrabolisé le cerveau de ses nomenclatures scientifiques que j'ai presque oublié de parler chrétien.

« — Il n'en faut plus qu'autant pour arriver à tout, répondit don Pic. Veux-tu que je t'ouvre à deux battants la porte des universités ? — Quand le magnifique recteur t'aura successivement décerné *baccam lauri* et *togam doctoris*, comment lui répondras-tu?

— Monseigneur et messieurs, je ne me suis jamais ennuyé comme aujourd'hui, depuis la dernière séance de la société asiatique.

» — C'est cela et ce n'est pas cela. Écoute, Breloque :

» Messieurs, je ne puis me défendre, en vous écoutant, d'une disposition somnolente, accompagnée de spasmes, d'hiatus et de rictus, qui aboutit de plus en plus à chacun de vos discours, au dernier degré de prostration, de torpeur et de céphalalgie.

— Céphalalgie! je suis mort!

« — Non, Breloque, tu t'ennuies.

— Moi aussi, dit Victorine!

Mystification.

— N'est-ce que cela, dit Breloque, et suffit-il pour s'asseoir magistralement *in curiâ et in præsidio*, de commenter *pædagogicè* la thèse de ce grand niais de prince de la Mirandole, *de omnibus rebus scibilibus* ou autres bibus, et d'argumenter *in baroco* dans le patois de l'écolier limousin ? M'y voilà. *Favete linguis* :

« Paracelse nous avait conduits dans l'insigne caupone de son architriclin quotidien, où se réunissent de temps en temps Dioscoride, Archimède, Abélard, Boèce et l'abbé de Latteignant.

» Farinacius observa le premier que l'air ambiant contenait infiniment peu de calorique, et l'absence de ce véhicule lui avait tellement exulcéré le derme, que vous n'auriez su distinguer s'il fallait y voir ambustion ou érythême pernionculoïde, ce qui est une chose effrayante à penser.

» Mais Flavius Josèphe s'était déjà muni de quatre prismes ligneux, longs de trois bonnes palmes d'Italie, taillés grossièrement dans le *patula fagus* du premier vers des Bucoliques, et il s'empressa de les déposer sur un échafaudage assez ingénieux qui se terminait du côté des spectateurs par des masques cynocéphales.

» Budée s'empara ensuite d'un petit parallélogramme

de fer à vives arrêtes, et en frappa brusquement à coups précipités un fragment de silex semi-diaphane, jusqu'à ce que cette percussion eût détaché du métal quelques molécules en état de flagrance ou de flagration scintillaire, qui répentinement comburèrent un *agaricus* desséché qui était tenu par Sulpice Sévère.

» Covarruvias ayant placé cet *agaricus* (j'ai toujours pensé que c'était un *bolitus*, comme l'avance péremptoirement Triptolème dans ses scholies sur les *juvenilia* de saint Babolin), Covarruvias, dis-je, l'ayant placé sous les prismes dont j'ai parlé plus haut, fit jouer adpropecircumextraforaneivagoflabralimodulatoirement au moyen d'une espèce d'outre de peau hircine alternativement comprimée et dilatée entre deux trapèzes ébénins, armés de manipules spatuliformes et tubulairement terminés par un cylindre creux, une si grande quantité d'azote et d'oxigène dans la proportion requise de 79 à 21, qu'il en résulta deux phénomènes :

» Le premier, qui fut expliqué par Apulée, c'est que ce mélange perdit une partie de son oxigène, qui fut absorbé par le carbone au profit de la combustion ;

» Le second, qui fut démontré par Nicolas Bourbon l'ancien (il était de Vandœuvre) c'est que le calorique dégagé devait progressionnellement exciter une dilatation volupteuse du tissu cellulaire de Farinacius ; mais Farinacius ne s'en souciait plus guère. Il avait soufflé dans ses doigts.

» Quant à la partie cibique des épules qui se composait surtout d'esques proprement inhastées et méthodiquement inassées, Ocellus Lucanus m'avoua en secret qu'on aurait eu beaucoup de peine à leur donner un degré de cocture parfaitement isochrone sans une invention qui fait trop d'honneur à l'esprit humain pour que je la passe sous silence. C'est une machine dont les combinaisons sont d'une complication effrayante, qui a de grandes roues et de petites roues, des tenons, des mortaises, des vis, des chevilles, des clés, des clous, des écrous, des crans, des crémaillères, des chaînes, des chaînons, des chaînettes, des cordes, des poids, des leviers, des poulies, des ressorts, des balanciers, des caisses, des consoles, des pieds, des appuis, des contreforts, et qui fait tourner avec une grande précision un axe de fer pointu.

» Ce qu'il y a de surprenant, c'est qu'il n'est point question de cette machine dans Diophante.

» Il n'en est point question dans les commentaires de Bachet et de Méziriac.

» Il n'en est point question dans la description du cabinet de Grollier de Servière.

» Il n'en est point question dans les *Mathematici veteres* qui ont été si magnifiquement imprimés au Louvre.

» Il n'en est pas plus question dans les petits *Manuels* que dans l'*Almanach de Liége*, le plus savant et le plus complet de tous les recueils qu'on a imprimés cette année.

» Il n'en est pas plus question dans Papin et dans Parmentier que dans Pline et dans Apicius.

» Elle a échappé aux investigations industrielles de

M. Charles Dupin, comme aux élucubrations vraiment économiques de cet illustre M. de Rumford qui nous a fait manger au Temple de si mauvaises soupes.

» On conjecture seulement que c'est de dépit de ne l'avoir pas inventée qu'Empédocle se précipita la tête la première dans un cratère de l'Etna, au bord duquel lord Hamilton a retrouvé ses pantoufles. »

Vérification.

— Que je suis bête, observa judicieusement mon libraire, en lançant sa pantoufle contre un vieux buste de Popocambou. C'est un tournebroche !

— L'auteur tire à la page, dit malignement l'imprimeur, en laissant couler d'une main leste une pincée de coquilles sur le talon mobile de son composteur. C'est un tournebroche !

— Bon pour la plaisanterie, dit le pressier, en renversant sa mitre de papier sur l'occiput, et en rabattant fièrement son châssis, sans avoir pointé la feuille ; mais c'est un tournebroche !

— Je ne veux savoir ni A ni B, dit le prote, le carpe et le métacarpe largement imposés sur les deux casses de l'A et du B capitales, si ce n'est pas un tournebroche !

— Ils ont des idées maintenant que c'est vraiment à en perdre la tête, dit la brocheuse, en transposant avec une intrépidité incroyable les deux feuilles les plus ontologiquement enchaînées que j'aie jamais écrites ; mais, dis-donc, Élodie, ça ne te fait-il pas comme à moi l'effet d'un tournebroche ?

— Sauf quelques allusions réservées, dit le censeur, en déposant sa plume au bec imbibé de carmin, il est difficile que M. le procureur du roi voie là autre chose qu'un tournebroche !

— L'idée n'est pas fine et l'expression n'est pas heureuse, dit le journaliste, les deux mains dans les poches de son pantalon, et arpentant de ses deux autres pieds les compartiments de son parquet, mais je ne trouve aucun inconvénient dans l'état actuel des choses à supposer que c'est une espèce de tournebroche.

— Je consens à ne manier jamais ni la brosse ni le

pot à colle, dit l'afficheur, en étalant hardiment son placard à contre-sens, si ce n'est pas un tournebroche.

— Au diable l'ignare ignorantissime qui a manqué sa thèse ! s'écria don Pic consterné, en laissant tomber de tout son poids sa tête encyclopédique sur le dossier éraillé de mon vieux fauteuil noir. Il a oublié *la leccarda, mio Teodoro, id est, vas adipis exceptorium, vulgò dictum* une lèchefrite ! —

Mais le conseil de l'université n'y entendait pas malice, et quoiqu'il ne fût pas plus au fait de la question que vous n'y fûtes oncques après la lecture des *fanfreluches antidotées* de notre maître Alcofribas, une homélie pindarique à Saint-Thomas d'Aquin, ou une leçon de théologie en Sorbonne, il n'y eût si petit docteur qui affirmativement n'opinât du bonnet;—

Et Breloque passa joyeusement *inter eximios*.

Numération.

Il ne manquait plus à Breloque pour être investi des droits, priviléges, immunités et exemption de science qui sont attachés au doctorat que l'*Approbatur* du fameux docteur Abopacataxo, grand logarithmier de l'impénétrable consistoire de Brouillamini.

Le grand logarithmier était assis devant un parallélogramme d'ardoise, sur la tablette duquel on remarquait, d'un côté, un long fragment d'une substance blanche, mate, friable, cassante, crétacée, taillée en cône aigu ; de l'autre, une espèce de madrépore mou, irrégulier, volumineux, léger, poreux, compressible, élastique, dont le nom ne se trouve pas dans Varron parce qu'il était obscène en latin. Il tenait ouvert un rouleau de papier imprimé, chargé de figures astrales, de calculs généthliaques, d'emblêmes sidéraux et de signes constellés, que Breloque prit d'abord pour le grimoire ; mais à la fin, après y avoir regardé plus attentivement, il s'assura que ce n'était que le *Messager boiteux*.

A l'aspect de la thèse de Breloque, le grand logarithmier s'arma de son compas, puis procéda à la mesurer magistralement dans toutes ses dimensions. Ensuite, et après je ne sais quelle invocation sourde, il se mit à tracer et effacer alternativement sur la table magique des lignes horizontales de caractères arabes qu'il nommait l'un après l'autre, comme autant de formules évocatoires, posant ou retenant à voix haute ceux de ces hiéroglyphes diaboliques qui convenaient à son exécrable opération.

Le sorcier suait d'ahan, et Breloque tremblait de tous ses membres.

Après cela le docteur Abopacataxo dessina une

grande croix latine, entre les croisillons de laquelle (ô profanation!) il se hâta de promener obliquement la main, portant, avec la fureur d'un démoniaque, ses symboles sacriléges aux quatre points cardinaux de l'horizon, comme pour échelonner toute l'armée de Satan autour de la thèse de pauvre Breloque!

Les dents de Breloque s'entrechoquaient et claquaient de strideur, comme celles des maudits de l'Evangile.

Ce n'est pas tout. Breloque le vit distinctement recueillir quelques-uns de ces rébus cabalistiques sur la dernière ligne de la table aux talismans, les séparant sortilégialement par formidables et portentifiques mimographismes tironiens, en manière d'Abraxas, ou autre argot amulétaire; tels que

Tirets minoratifs —

Doubles tirets æqualitatifs =

Points superposés copulatifs :

Doubles points superposés comparatifs : :

Croix de saint André multiplicatives ✕

Et terminant le tout par la lettre X, qui est sacrée, profane et abominable, léthale et stygienne, aux yeux de Dieu et des hommes, ainsi qu'il est écrit :

« — Et quand le diable devrait m'emporter, » s'écria le docteur Abopacataxo, « je dégagerai cette damnée d'*inconnue!*

A cette horrible et blasphématoire imprécation, Breloque pensa voir apparaître Proserpine elle-même, et ses cheveux se hérissèrent sur son front!

(Imaginez-vous que je n'avais jamais pu lui faire

comprendre le méchanisme de la plus simple addition, sans en excepter celle de Dioclès de Smyrne.)

« Sage Breloque, » dit enfin le grand logarithmier de l'impénétrable consistoire de Brouillamini, « vous
» pouvez vous tenir pour assuré que votre thèse se
» composant à peu près comme il appert de six pages
» d'impression, au caractère, format et justification de
» l'*Histoire du roi de Bohême et de ses sept châteaux*, et
» ces pages étant formées, plus ou moins, de vingt-
» quatre lignes très-espacées, *ad exiguitatem voluminis*
» *vitandam*, dont chacune contient trente-huit lettres,
» ou il ne s'en manque guère, elle doit renfermer, par
» approximation, sauf erreur, et abstraction faite des

» virgules, des points, des blancs, des moins, des
» espaces, des réticences et des parenthèses, des qua-
» drats et des quadratins, une somme totale de types
» d'imprimerie qu'on peut évaluer à cinq mille quatre
» cent soixante-douze, si Barême n'a failli. Et comme
» la proportion des consonnes aux voyelles dans la
» langue vulgaire dont vous avez fait usage, est com-
» munément de cinquante-cinq sur cent, moyennant
» caution de Court de Gébelin et du président de
» Brosses, ce qui résulte, comme vous savez, de la
» surabondante pararogie des lettres fictives de nos
» pluriels nominaux et verbaux, vous redevez à l'u-
» niversité cinq voyelles pour cent, en échange d'au-
» tant de consonnes valables, bien conditionnées, et
» livrées sans avarie et sans déchet, les consonnes et
» les voyelles étant actuellement au pair dans les hautes
» études, ce qui ne s'est pas vu, et ne se verra peut-
» être pas de cinquante générations scholastiques. »

— Oh! oh! que voilà qui est beau! s'écria Breloque:
mais ma thèse?

— « Vous auriez éprouvé un autre genre d'inconvé-
» nient en italien, où la proportion des voyelles aux
» consonnes est au contraire des soixante-deux cen-
» tièmes, ou, si vous l'aimez mieux, de soixante-deux
» sur cent... »

— Cela m'est parfaitement égal, dit Breloque, en se
grattant *velocissimè* l'oreille dextre, ce qui est chez lui
le signe d'une impatience immodérée; mais ma thèse,
ma thèse!...

« — Eh! quel parti auriez-vous pris, » continua le

docteur, sans s'apercevoir qu'il avait été interrompu ;
« qu'auriez-vous dit, sage Breloque, si vous aviez eu
» affaire à la langue islandoise ou à la langue chéroquoise,
» dans lesquelles la masse relative des consonnes est
» exactement comme celle d'un régiment au corps
» des officiers et sous-officiers ? Il n'y a qu'une voyelle
» par escouade. »

— Brrrrrrrrrrrrrrrrrrrrr, fit Breloque, avec autant
d'intrépidité que s'il y avait eu derrière lui un régiment de consonnes — mais le poète lauréat les avait toutes embauchées. —

— Brrrrrrrrrrrrrrrrrrrr, fit Breloque ! Me parlerez-vous de ma thèse ?

« — Vous pouvez vous tenir pour assuré, sage Bre-
» loque, que votre thèse se composant à peu près,
» comme il appert... »

— Eh ! je le sais du reste, murmura Breloque, pâle de colère — Mais, ma thèse, ma thèse ! continua-t-il d'une voix météorique. Ai-je fait thèse doctorale pour solution numérale ? ne voyez-vous en ma thèse quintessenciale autre combinaison que celle d'articulations consonnantes et vocaliformes, autre conséquence que chiffres ?

« — Nulle, répondit le grand logarithmier : Science,
» Morale, Philosophie, Religion, Littérature, Politique,
» je m'en soucie comme d'un zéro tout seul. Nombre
» est partout, tout est par nombre, par nombre,
» est tout. C'était le sentiment de Pythagoras, grand
» logarithmier des Crotoniates. Mon affaire est de
» numérer sans plus, et numérant, je numère numériquement, barémiquement philosophiant, philo-

» sophiquement barémisant, logarithmisant pindari-
» quement, pindarisant logarithmiquement, buvant
» d'autant, et le tout joyeusement. »

— Par la vertu de Dieu, si je brisais les trente-deux
dents qui garnissent tes deux mandibules d'un coup
de la main que voici, dit Breloque, en lui montrant le
poing fermé, me dirais-tu combien il y a de doigts
là-dedans?

« — Cinq, répondit le grand logarithmier, sans se
» déconcerter, lesquels sont composés de quatorze
» phalanges. »

— Tu en as menti, reprit Breloque, en relevant l'index et en le lui enfonçant dans l'œil. J'ai perdu la
dernière phalange de celui-là au siège de Kœnigsgratz,
qui est, afin que tu le saches, le plus fort des sept
châteaux du roi de Bohême! —

Hélas! nous aurons bien de la peine à y arriver
de cette campagne!

Interlocution.

« Tu as vu, m'écriai-je !... tu verras !... infortuné
» que je suis !... » —
Mais ce n'est pas le docteur Abopacataxo qui dit cela. Le docteur Abopacataxo est retourné à ses chiffres, et le pauvre Gervais à son histoire. Le voici qui parle à mes côtés, comme à l'instant où don Pic de Fanferluchio l'a si sottement interrompu. —
« Tu verras !... le miroir, qui n'était pour toi
» qu'une surface froide et polie, te montrera ta vi-
» vante image. Sa conversation, muette mais animée,
» te répétera tous les jours que tu es belle, et quand tu
» reviendras au malheureux aveugle, il ne t'inspirera
» plus qu'un sentiment. Tu le plaindras d'être aveugle,
» parce que tu concevras que le plus grand des
» malheurs et de ne pas te voir. Que dis-je ! tu ne re-
» viendras pas ! pourquoi reviendrais-tu ? quelle est
» la belle jeune fille qui aimerait un pauvre aveugle !...
» Ah ! malheur sur moi ! je suis aveugle ! —
» En disant cela je tombai sur la terre, mais elle
» me suivit en me pressant de ses mains, en liant ses
» doigts dans mes cheveux, en effleurant mon cou de
» ses lèvres, en gémissant comme un enfant. — Non,
» jamais, jamais, je n'aimerai que Gervais. — Tu te
» félicitais hier d'être aveugle pour que notre amour

17.

» ne s'altérât jamais ! je serai aveugle s'il le faut pour
» ne point laisser de souci à ton cœur. Veux-tu
» que j'arrache cet appareil ?.... Veux-tu que je
» brise mes yeux ?... —

» Horrible souvenir j'y avais pensé !...

» Arrête, lui dis-je, en saisissant violemmunt le
» rocher pour user sur lui l'excès de force qui me
» tourmentait. — Nous parlons un langage insensé
» parce que nous sommes malades ; toi, de ton bon-
» heur, et moi, de mon désespoir. — Écoute : —

» Je repris ma place, elle la sienne. Comme mon
» cœur battait !

» Écoute, continuai-je — il est fort bien que tu
» voies, parce que maintenant tu es parfaite. — Il est
» indifférent que je ne voie pas et que je meure —
» abandonné — parce que c'est le destin que Dieu
» m'a fait ! — mais jure-moi de ne jamais me voir, de
» ne jamais chercher à me voir ! Si tu me vois, tu seras
» forcée malgré toi à me comparer aux autres, à ceux
» qui ont leur esprit et leur âme dans leurs yeux, à
» ceux qui parlent du regard, et qui font rêver les
» femmes avec un des traits qui jaillissent de leur
» prunelle, ou un des mouvements qui soulèvent
» leurs sourcils. Je ne veux pas que tu puisses me
» comparer ! je veux rester pour toi dans le vague de
» la pensée d'une petite fille aveugle, comme un rêve,
» comme un mystère. Je veux que tu me jures de ne
» revenir ici qu'avec ce bandeau vert — d'y revenir
» toutes les semaines — ou au moins tous les mois,
» tous les ans une fois !... d'y revenir une fois encore !

« Ah ! jure-moi d'y revenir une fois encore, et de ne
» pas me voir !...

» — Je jure de t'aimer toujours, dit Eulalie en
» pleurant. —

» Tous mes sens avaient défailli. J'étais retombé à
» ses pieds. M. Robert me releva, me fit quelques ca-
» resses, et me remit dans les mains de ma mère.
» Eulalie n'était plus là.

» Elle revint le lendemain, le surlendemain, plu-
» sieurs jours de suite ; et mes lèvres n'avaient pas
» cessé de trouver ce bandeau vert qui entretenait mon
» illusion. Je m'imaginais que je serais le même pour
» elle tant qu'elle ne m'aurait pas vu. Je croyais appré-
» cier dans mes réminiscences les impressions d'un
» sens dont j'ai à peine joui, et il me semblait qu'elles
» ne suffiraient pas à la distraire du prestige délicieux
» dans lequel nous avions passé notre enfance. Je me
» disais avec une satisfaction insensée : elle est restée
» aveugle pour moi, mon Eulalie ! elle ne me verra
» point ! elle m'aimera toujours !...

» Et je couvrais son ruban vert de baisers, car je
» n'aimais plus ses yeux.

» Il arriva un jour, après bien des jours, et si cela
» était à recommencer je les compterais — il arriva,
» je ne sais comment vous le dire, que sa main s'était
» unie à la mienne avec une étreinte plus vive, que
» nos doigts entrelacés s'humectèrent d'une sueur plus
» tiède, que son cœur palpitait ici, à remuer mon
» sarreau, et que ma bouche, à force d'errer, retrouva
» de longs cils de soie sous son bandeau vert.

» — Grand Dieu! m'écriai-je, est-ce une erreur de
» de ma mémoire? Non, non, je me souviens que,
» lorsque j'étais tout enfant, j'ai vu flotter des lumières
» sur les cils de mes yeux, qu'ils portaient des rayons
» des feux arrondis, des taches errantes, des couleurs,
» et que c'était par-là que le jour se glissait avec mille
» étincelles aiguës pour venir m'éveiller dans mon ber-
» ceau... Hélas! si tu allais me voir!

» — Je t'ai vu. me dit-elle en riant, et à quoi m'au-
» rait servi de voir si je ne t'avais pas vu? Orgueil-
» leux! qui prescris des limites à la curiosité d'une
» femme dont les yeux viennent de s'ouvrir au jour!

» — Cela n'est pas possible, Eulalie... — Vous
» m'aviez juré!...

» — Je n'ai rien juré, mon ami, et quand tu m'as
» demandé ce serment je t'avais déjà vu. Du plus
» loin que l'esplanade permit à Julie de te découvrir...
» le vois-tu, lui disais-je? — Oui, mademoiselle; il a
» l'air bien triste. — Je compris cela; je venais si tard!

» — Reste, le ruban n'y était plus. On m'avait dit
» que cela m'exposerait à perdre la vue pour toujours,
» mais après t'avoir vu je n'avais plus besoin de voir.
» Je ne remis mon bandeau vert qu'en m'asseyant au-
» près de toi.

» — Tu m'avais vu. et tu continuas à venir. Cela
» est bien. Qui avais-tu vu d'abord? — M. de Mau-
» noir, mon père, Julie — et puis ce monde immense,
» les arbres, les montagnes, le ciel, le soleil, la créa-
» tion dont j'étais le centre, et qui semblait de toutes
» parts prête à se précipiter sur moi au fond de

» je ne sais quel abîme où je me croyais plongée.

» — Et depuis que tu m'a vu ?

» — Gabriel Payot, le vieux Balmat, le bon Terraz,
» Cachat le géant, Marguerite...

». — Et personne de plus ?...

» — Personne.

» — Comme l'air est frais ce soir !... abaisse ton
» bandeau : tu pourrais redevenir aveugle.

« — Qu'importe ! je te le répète, je n'ai gagné à
» voir que de te voir, et à te voir que de t'aimer par
» un sens de plus. Tu étais dans mon âme comme tu
» es dans mes yeux. J'ai seulement un nouveau motif
» de n'exister que pour toi. Cette faculté qu'ils m'ont
» donnée, c'est un nouvel anneau qui m'attache à ton
» cœur, et c'est pour cela qu'elle m'est chère ! Oh ! je
» voudrais avoir autant de sens que les belles nuits ont
» d'étoiles pour les occuper tous de notre amour ! je
» pense que c'est par là que les anges sont heureux
» entre toutes les créatures. —

» C'étaient ses propres paroles, car je ne puis les ou-
» oublier. La conquête de la lumière avait encore exalté
» cette vive imagination, et son cœur s'était animé de
» tous les feux que ses yeux venaient de puiser dans le
» soleil.

» Mes jours avaient retrouvé quelque charme. On
» s'accoutume si facilement à l'espérance ! l'homme est
» si faible pour résister à la séduction d'une erreur
» qui le flatte ! Notre existence avait pris d'ailleurs un
» nouveau caractère, je ne sais quelle variété mobile et
» agitée qu'Eulalie me forçait à préférer au calme pro-

» fond dans lequel nous avions vécu jusque-là. Ce banc
» de rocher sur lequel vous êtes assis n'était plus pour
» nous qu'un rendez-vous et qu'une station, où nous
» venions nous délasser en doux entretiens du doux
» exercice de la promenade. Le reste du temps se pas-
» sait à parcourir la vallée, où Eulalie seule me servait
» de guide, enchantant mon oreille des impressions
» qu'elle recueillait à l'aspect de tous ces merveilleux
» tableaux que la vue découvre à la pensée. Il me sem-
» blait quelquefois que son imagination, comme une
» fée puissante, commençait à dégager mon âme des
» ténèbres du corps, et à la ravir, éclairée de mille lu-
» mières, dans les espaces du ciel, en lui prodiguant
» des images gracieuses comme des parfums, des cou-
» leurs vives et pénétrantes comme les sons d'un ins-
» trument; mais bientôt mes organes se refusaient à
» cette perception trompeuse, et je retombais triste-
» ment dans la morne contemplation d'une nuit éter-
» nelle. Ce funeste retour sur moi-même échappait ra-
» rement à la sollicitude de sa tendresse, et alors elle
» n'épargnait rien pour m'en distraire. Quelquefois,
» c'étaient des chants qui me ramenaient par la pensée
» au temps où nous étions aveugles tous deux, et où
» elle charmait ainsi notre solitude; plus souvent, la
» lecture qui était devenue pour nous une acquisi-
» tion nouvelle et singulière, quoique nous en eus-
» sions possédé le secret sous d'autres formes et
» par d'autres procédés; la bibliothèque des aveugles
» est extrêmement bornée, et il faut que les sen-
» sations de la vue soient bien plus vives et bien

» plus rapides que celles du tact, car depuis qu'Eulalie
» avait appris à lire autrement qu'avec ses doigts, les
» idées qui se développaient sous ses yeux me parve-
» naient subites et fécondes, comme celles d'une con-
» versation animée. Mon attention entraînée dans l'es-
» sor de sa parole perdait son action sur moi-même,
» et je croyais vivre dans une nouvelle vie que je n'avais
» encore ni devinée ni comprise ; dans une vie d'ima-
» gination et de sentiment, où je ne sais quels êtres
» d'invention, moins étrangers que moi à moi, venaient
» surprendre et duper toutes les facultés de mon cœur.
» Quelle vaste région de pensées magnifiques et de
» méditations touchantes s'ouvre à l'être favorisé qui
» a reçu du ciel des organes pour lire, et une intelli-
» gence pour comprendre ! Tantôt c'était un passage de
» la Bible, comme le discours du Seigneur à Job, qui
» me confondait d'admiration et de respect ; ou
» comme l'histoire de Joseph et de ses frères, qui
» plongeait mon cœur dans une tendre émotion de pi-
» tié ; tantôt c'étaient les miracles de l'épopée, avec la
» naïveté presque divine d'Homère, ou avec la
» religieuse solennité de Milton. Nous lisions aussi
» des romans, parmi lesquels un instinct bien va-
» gue, bien confus, que je n'ai jamais cherché à
» m'expliquer, me faisait affectionner *Werther.* Eulalie
» préféra d'abord ceux dont le sujet s'appropriait
» à notre situation. Une passion vivement exprimée,
» une séparation douloureusement sentie, les pures
» joies d'une chaste union, la simplicité d'un ménage
» rustique, à l'abri de la curiosité intéressée et de la

» fausse affection des hommes, voilà ce qui troublait sa
» voix, ce qui mouillait ses paupières ; et quoiqu'on
» parlât moins souvent dès lors de notre mariage quand
» l'ordre de la lecture du soir amenait quelque chose
» de pareil, elle m'embrassait encore devant son père.

» Au bout de quelque temps, je crus remarquer qu'il
» s'était fait un peu de changement dans le goût de
» ses lectures. Elle se plaisait d'avantage à la peinture des
» scènes du monde ; elle insistait sans s'en apercevoir
» sur la vaine description d'une fête ; elle aimait à re-
» venir sur les détails de la toilette d'une femme ou de
» l'appareil d'un spectacle! Je ne supposai pas d'abord
» qu'elle eût entièrement oublié que j'étais aveugle, et
» ces distractions froissaient mon cœur sans le rompre.
» J'attribuais ce léger caprice au mouvement extraordi-
» naire qui se faisait sentir dans le *château*, depuis que
» M. de Maunoir en avait renouvelé l'aspect par un des
» miracles de son art. M. Robert, plus heureux, sans
» doute! plus disposé à jouir des faveurs de la fortune
» et des grâces de la vie, du moment où sa fille lui
» avait été redonnée avec toute la perfection de son or-
» ganisation et tout l'éclat de sa beauté, aimait à réunir
» ces nombreux voyageurs que la courte saison d'été
» ramène tous les ans dans nos montagnes. Le *château*,
» on peut encore vous le dire, était devenu en effet un
» de ces manoirs hospitaliers d'un autre âge, dont le
» maître ne croyait jamais avoir fait assez pour embellir
» le séjour de ses hôtes. Eulalie brillait dans ce cercle
» toujours nouveau, toujours composé de riches étran-
» gers, de savants illustres, de voyageuses coquettes et

» spirituelles ; elle brillait parmi toutes les femmes, et
» de cet attrait de la parole, qui est, pour nous infor-
» tunés, la physionomie de l'âme, et de mille autres
» attraits que je ne lui connaissais pas. Quel incroyable
» mélange d'orgueil et de douleur soulevait ma poi-
» trine jusqu'à la faire éclater, quand on vantait près
» de moi le feu de ses regards, ou quand un jeune
» homme, niaisement cruel, nous complimentait sur la
» couleur de ses cheveux !...

» Ceux qui étaient venus pour voir la vallée y pro-
» longeaient volontiers leur séjour pour voir Eulalie.
» Je comprenais cela. Je n'avais pas à regretter son
» affection, qui semblait ne pouvoir s'altérer jamais, et
» cependant j'éprouvais qu'elle vivait de plus en plus
» hors de moi, de nous, de cette intimité de malheur
» qu'on ose pas réclamer, et qui coûte le bonheur
» quand on la perd. Je souhaitais l'hiver plus impa-
» tiemment que je n'avais jamais souhaité le souffle
» tiède et les petites ondées du printemps. L'hiver dé-
» siré arriva, et M. Robert m'apprit, non sans quelques
» précautions, non sans m'assurer qu'on se séparait de
» moi pour quelques jours tout au plus, et qu'on ne
» mettrait à m'appeler que le temps nécessaire pour
» se faire à Genève un établissement commode; il
» m'apprit qu'il partait avec elle, qu'ils allaient passer
» l'hiver à Genève, — l'hiver si vite passé!... l'hiver
» passé si près!...

» Vous entendez bien : — *si vite!*... un hiver des
» Alpes! — *si près!*... à Genève, à l'extrémité des mon-
» tagnes maudites! — une route que le chamois n'ose-

» rait tenter en hiver ; — et j'étais aveugle!

» Je restai muet de stupeur. Les bras d'Eulalie s'en-
» lacèrent autour de mon cou. Je les trouvai presque
» froids presque lourds. Elle m'adressa quelques paroles,
» tendres et émues, si ma mémoire ne me trompe pas,
» mais ce bruit passa comme un rêve. Je ne revins
» complètement à moi qu'au bout de quelques
» heures. Ma mère me dit : Ils sont partis, Gervais,
» mais nous resterons au *château!* —

» Damnation! m'écriai-je, notre cabane a donc dis-
» paru sous une autre avalanche! — Non, Gervais, la
» cabane est là, et les bienfaits de M. Robert m'ont
» permis de l'embellir. — Eh bien! lui répondis-je en
» me jetant tout en pleurs dans ses bras, jouissez des
» bienfaits de M. Robert! je n'ai pas le droit de les re-
» fuser pour vous... mais, au nom du ciel, allons-
» nous-en!

» J'avais eu le temps de réfléchir à notre position. Je
» savais qu'elle n'épouserait pas un aveugle, et je me
» serais refusé à l'épouser moi-même depuis qu'elle
» avait cessé d'être aveugle sans cesser d'être riche.
» C'était le malheur qui nous rendait égaux ; et,
» du moment où cette sympathie s'était rompue,
» je perdais tous les droits que le malheur m'a
» donnés. Qui pourrait remplir l'intervalle immense
» que Dieu a jeté entre la merveille de la création, un
» ange ou une femme, et le dernier de ses rebuts, un
» orphelin aveugle? Mais, que le ciel me pardonne ce
» jugement s'il est téméraire! je croyais qu'elle ne
» m'abandonnerait pas tout-à-fait, et qu'elle me réser-

» verait, près d'elle, le bonheur d'entendre, dans un
» endroit où elle passerait quelquefois, ou flotter sa
» robe de bal, ou crier le satin de ses souliers, ou tom-
» ber de sa bouche ces mots plus doux au moins qu'un
» éternel adieu : *Bonsoir, Gervais!*

» Depuis ce temps-là, je n'ai plus rien à raconter,
» presque plus rien.

» Au mois d'octobre elle m'envoya un ruban, à ca-
» ractères imprimés en relief, et qui portait : CE RUBAN
» EST LE RUBAN VERT QUE J'AVAIS SUR MES YEUX. — Je
» ne l'ai pas quitté. Le voilà.

» Au mois de novembre le temps était encore assez
» beau. Un des gens de la maison m'apporta quelques
» présents de son père. Je ne m'en suis pas informé.

» Au mois de décembre les neiges recommencèrent.
» Dieu! que cet hiver fut long! Janvier, février, mars,
» avril, des siècles de désastres et de tempêtes! et au
» mois de mai les avalanches qui tombaient partout,
» excepté sur moi!

» Quand deux ou trois rayons du soleil eurent
» adouci l'air et égayé la contrée, je me fis con-
» duire sur la route des Bossons, à la rencontre des
» muletiers; mais ils ne venaient pas encore. Je sup-
» posai que l'Arve se débordait, qu'une autre mon-
» tagne menaçait la vallée de Servoz, que le Nant-Noir
» n'avait jamais été si large et si terrible, que le pont
» de Saint-Martin s'était rompu, que tous les rochers
» de Maglan couvraient les bosquets de leurs ruines
» suspendues depuis tant de siècles, que l'enceinte for-
» midable de Cluse se fermait enfin à jamais, car j'avais

» entendu parler de ces périls par les voyageurs et par
» les poètes. Cependant il arriva un muletier, il en
» arriva deux. Quand le troisième fut venu, je n'atten-
» dis plus rien. Je pensai que toute ma destinée était
» accomplie. Huit jours après on me lut une lettre
» d'Eulalie. Elle avait passé l'hiver à Genève. Elle
» allait passer l'été à Milan !

» Ma mère tremblait pour moi. Je ris. Je m'y étais
» attendu, et c'est une grande satisfaction que de sa-
» voir jusqu'à quel point on peut porter la douleur.

» Maintenant, monsieur, vous connaissez toute ma
» vie. C'est cela. Je me suis cru aimé d'une femme, et
» j'ai été aimé d'un chien. Pauvre Puck ! »

Puck s'élança sur l'aveugle. — « Ce n'est pas toi, lui
» dit-il, mais je t'aime puisque tu m'aimes. »

— Cher enfant, m'écriai-je, il en viendra une aussi qui ne sera pas elle, et que tu aimeras parce que tu en seras aimé !

« — Vous connaissez une jeune fille aveugle et incu-
» rable ? » reprit Gervais.

— Pourquoi pas une femme qui te verra et qui t'aimera ?

« — Vous a-t-on dit qu'Eulalie reviendrait ? »

— J'espère qu'elle reviendra ; mais tu aimes Puck parce qu'il t'aime. Tu aimeras une femme qui te dira qu'elle t'aime.

« — C'est bien autre chose. Puck ne m'as pas trahi.
» Puck ne m'aurait pas quitté. Puck est mort. »

— Écoute Gervais, il faut que je m'en aille. J'irai à Milan — je la verrai — je lui parlerai, je le jure — et puis, je reviendrai — mais j'ai aussi des douleurs à distraire, des blessures à cicatriser — tu ne le croirais pas, et cependant, cela est vrai! pour échanger contre ton cœur qui souffre, mon cœur avec toutes ses angoisses, je voudrais pouvoir te donner mes yeux!...

Gervais chercha ma main et la pressa fortement. Les sympathies du malheur sont si rapides!

— Au moins, continuai-je, il ne te manque rien de ce qui contribue à l'aisance. Les soins de ton protecteur ont fait fructifier ton petit bien. Les bons Chamouniers regardent ta prospérité comme leur plus douce richesse. Ta beauté te fera une maîtresse ; ton cœur te fera un ami !

« — Et un chien !... dit Gervais.

Ah! je ne donnerais pas le mien pour ta vallée et pour tes montagnes, s'il ne t'avait pas aimé! — Je te donne mon chien...

« Votre chien! s'écria-t-il, votre chien!... — Non, non!... monsieur, cela ne se donne pas! » —

Voyez comme Puck m'avait entendu! il vint me combler de douces caresses, mêlées d'amour, et de regret, et de joie. C'était la tendresse la plus vive, mais une tendresse d'adieu ; et quand d'un signe qu'il attendait je lui montrai l'aveugle, il s'élança fièrement sur ses genoux, et une patte appuyée sur le bras de Gervais, me regarda de l'air assuré d'un affranchi.

— Adieu, Gervais! — Je ne nommai pas Puck : il m'aurait suivi. Quand je fus au détour de l'esplanade je l'aperçus, honteux, sur la lisière de la forêt. Je m'approchai doucement, il recula d'un seul pas, et puis étendit sur ses deux pattes une tête humiliée. Je passai ma main sur les ondes flottantes de sa longue soie, et, avec un serrement de cœur, mais d'une voix sans colère, je lui dis : Va...

Il partit comme un trait, se retourna encore une fois pour me regarder, et rejoignit Gervais.

Du moins il ne sera plus seul.

Insurrection.

Je l'avais promis à Gervais. Huit jours après j'étais à Milan.

Donc Pic de Fanferluchio alla seul à la bibliothèque Ambrosienne. Breloque et moi nous aurions donné toutes les éditions de ce fameux Lavagnia, revues par ce docte Coninus Montbritius, pour une représentation des faits héroïques et des tragiques aventures de Polichinelle — et quelque chose me criait :

« Voilà l'heure, voilà le moment. Entrez, messieurs;
» entrez, mesdames! il y a bonne et nombreuse com-
» pagnie, et l'on ne paie qu'en sortant. C'est ici qu'on
» montre le seul et véritable Polichinelle. Il est présent,
» il est vivant! Vous allez voir comme il remue les
» yeux; vous allez voir comme il montre les dents,

» vous allez voir comme il fait la grimace en mangeant
» son macaroni tout brûlant!... »

   O POLICHINELLE!!! m'écriai-je!

O Polichinelle, Fétiche original et capricieux des
     enfants!

O Polichinelle, Grotesque Achille du peuple!

O Polichinelle, Modeste et puissant Roscius des
     carrefours!

O Polichinelle, Inappréciable Falstaff des âges infor-
     tunés qui n'ont pas connu Shakspear!

   O POLICHINELLE!!! dis-je!

O Polichinelle, Simulacre animé de l'homme naturel,
     abandonné à ses instincts naïfs et
     ingénieux!

O Polichinelle, Type éternel du vrai dont les siècles
     paresseux ont tardé trop longtemps
     à saisir le galbe difforme, mais spi-
     rituel et plaisant!

O Polichinelle, Dont le thème orignal enchanta sou-
     vent les loisirs de Bayle, et ranima
     plus d'une fois la paresse assoupie
     de La Fontaine!

   O POLICHINELLE!!! je le repète!

O Polichinelle, Inépuisable orateur, philosophe im-
     perturbable, intrépide et vigoureux
     logicien!

O Polichinelle, Grand moraliste pratique, infaillible
     théologastre, politique habile et sur!

O Polichinelle, Seul arbitre légitime (il faut bien en
     convenir une fois à la face des na-

tions), seul juge compétent et irré-
cusable des Codes et des Institutes,
des Digestes et des Pandectes, des
Nouvelles et des Authentiques, des
Constitutions et des Chartes, des
Extravagantes et des Canons !

O Polichinelle, Toi dont la tête de bois renferme essentiellement dans sa masse com-
pacte et inorganique tout le savoir
et tout le bon sens des modernes !

O POLICHINELLE ! ! ! enfin !

J'en étais là de cette magnifique invocation (je ne la donnerais pas pour celle de Lucrèce, surtout dans la traduction que vous savez), quand une longue rumeur, sombre et houleuse comme le *stridor procellæ* de Properce, ou la *tempestas sonora* de Virgile, vint s'éteindre en *zmorzando* à mon oreille, après avoir parcouru tous les degrés du chromatisme effrayant des ouragans, de la place du Dôme au *Pozzo* :

Vivent Polichinelle et Brioché ! criaient les uns ; malédiction sur Girolamo !

Vivent Polichinelle et Girolamo ! criaient les autres ; malédiction sur Brioché ! Malédiction éternelle sur toi, profane et stupide vulgaire ! Puisque vous êtes d'accord sur Polichinelle, vous, Girolamistes entreprenants, et vous, Briochistes obstinés, qu'importe quelle main le fera jouer, et dans quelle bouche sera placée la *pratique* aigre et criarde qui lui prêtera une voix !

Quant à moi, revenu un peu tard des préventions insensées des partis, j'ai jeté l'ancre de mes résolutions sur une pensée invariable. Je ne ferai plus de vœux que pour Polichinelle

Dissertation.

Tout le monde sait, ou tout le monde devrait savoir, que le théâtre des marionnettes, qui fait aujourd'hui nos délices, fut institué par l'immortel Brioché, précepteur de Croque-Mitaine, et que, depuis la mort de ce grand homme (je parle de Brioché, car la gloire de Croque-Mitaine ne m'a jamais ébloui), on n'a rien changé aux profils de son *proscenium*, aux décorations de sa *cella*, aux costumes de ses *comparsi*, à la conduite de son *scenarium*, à la triple unité de son poème. La moindre infraction à cette espèce de latrie que les professeurs professent immémorialement pour Brioché, était admonestée par les Universités, tarée par les Parlements, inquinée par les Capitulaires, témérée par les Édits, fulminée par les Bulles ; non que Brioché fût un personnage très-orthodoxe, ni qu'il eût donné de grandes garanties de son savoir-faire dans la science de l'éducation, s'il faut s'en rapporter à Plutarque et à Quinte-Curce ; mais parce qu'il y avait quelque chose de réellement effrayant dans son encyclisme intellectuel.

En politique, on lui doit ces dés pipés qui produisent à volonté toutes les chances possibles dans la science ardue des gouvernements, moyennant que les rois s'en servent avec dextérité, et que les peuples n'y regardent guère. —

En morale, il a enseigné aux sages inoccupés l'art de passer innocemment le temps en faisant crever des baguenaudes entre leurs doigts. —

En statique il était parvenu (chose difficile à croire, et qui ne s'est jamais renouvelée dès lors) à peser infailliblement l'ombre d'une happelourde. —

En optique, il avait déterminé, à quelque différence près, qui devient tout-à-fait insensible dans l'usage commun, la portée moyenne du rayon visuel d'un colimaçon borgne. —

Il était le seul homme de son temps qui fendît isocoliquement un cheveu en quatre, et qui jouât péripatétiquement des gobelets stagyriens. —

Mais il mourut de regret de n'avoir pu expliquer la nuance inconstante et versicolore des eaux de Robec qui passent à Rouen, parce qu'il s'était obstiné à suivre leur cours, au lieu de le remonter jusqu'à la porte du teinturier.

Les successeurs de Brioché étaient donc en possession consacrée de faire parler Polichinelle, quand Girolamo parut.

Il est vrai de dire que Girolamo n'inventa rien, car on n'a jamais rien inventé depuis qu'on a inventé Polichinelle.

Mais le théâtre de Brioché était si ridiculement étroit (Polichinelle le franchissait d'une enjambée !) —

Les planches de Brioché étaient revêtues de lambeaux si usés, à peine rajeunis de siècle en siècle, comme le vaisseau ravisseur d'Énée, par des lambeaux si disparates, et d'une si hurlante assimilation. —

Les marionnettes de Brioché étaient si fatiguées,
>   Si tronquées,
>   Si pratiquées,
>   Si critiquées,
>   Si attaquées,
>   Si antiquées,
>   Si gothiquées,
>   Si mastiquées,
>   Si impliquées,
>   Si compliquées,
>   Si déloquées,
>   Si déplaquées,
>   Si disloquées.
>   Si interloquées.
>   Si embreucoquées,
>   Si imbriquées,

Si intriquées,
Si étriquées,
Si détriquées,
Si défriquées,
Si défroquées,
Si détraquées,
Si patraquées,
Si pelues,
Si trépelues,
Si velues,
Si farfelues,
Si pollues,
Si solues,
Si dissolues,
Si moulues,
Si vermoulues ! —

L'histoire de Polichinelle était si monotone —

Le jeu du bâton de Polichinelle était si connu —

La grande machine du diable qui emporte tous les personnages, quand on n'en a plus besoin, était si passée de mode —

Brioché d'ailleurs était si bien mort, et Girolamo si puissamment vivant !...

. . . .

Mais j'ai promis de ne rien décider entre Girolamo et Brioché.

Ce qu'il y a de certain, c'est que le théâtre de Girolamo est tout neuf;

C'est que le devis en est neuf;

C'est qu'il est construit à neuf;

C'est qu'on l'a peint à neuf,
Badigeonné à neuf,
Vernissé à neuf,
Décoré à neuf,
Tapissé à neuf,
Ciré à neuf,
Frotté à neuf,
Machiné à neuf.
C'est qu'il est très-profond, très-large, très-élévé;

C'est qu'il réunit toutes les conditions que vous voudriez trouver réunies dans votre propriété, si par hasard vous en aviez une;

C'est que Polichinelle n'est jamais exposé à s'y précipiter dans le trou du souffleur, ou à s'y casser la tête contre le manteau d'Arlequin. — Polichinelle y paraît de la tête aux pieds, c'est-à-dire deux fois plus grand que dans la loge parallélogrammatique de Brioché.

(Et notez bien *parrallélogrammatique*, adjectif pittoresque qui en dit plus qu'il n'est long :

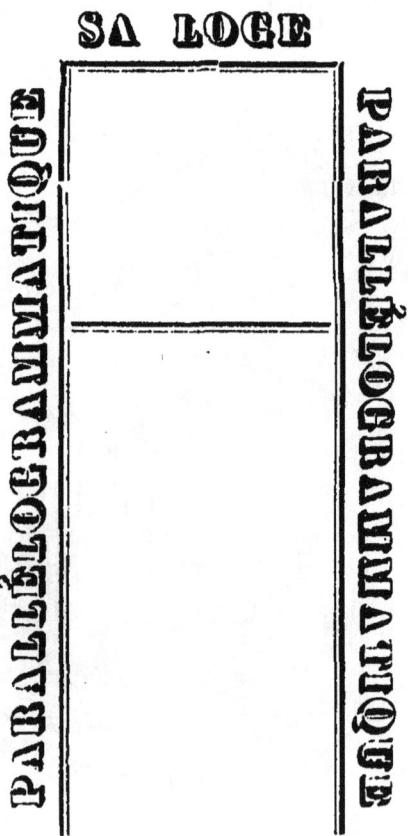

J'ai seulement regret de devoir la construction de cette figure géométrique au classique Despréaux.)

Sans Girolamo, on ne saurait pas que Polichinelle a des sabots ; et les sabots de Polichinelle sont un des caractères les plus spéciaux, les plus intimes, les plus complets de la physionomie originale de Polichinelle —

Le Polichinelle de Brioché est tout au plus un buste —

Le Polichinelle de Girolamo est presque un homme —

L'abbé d'Aubignac opine, à la vérité, que tout serait perdu en littérature si l'envergure du compas qui embrasse les deux points extrêmes du diamètre de la loge de Polichinelle s'agrandissait d'une ligne :

Mais le docteur Schlegel lui répond, avec son assurance ordinaire, que la grandeur de la loge de Polichinelle ne fait pas la moindre chose à la question, et qu'il ne voit aucun inconvénient à le faire danser dans la grande salle du palais, moyennant que la corde soit assez longue.

L'académie des *Èterni* de Zéronienté, sur le rapport de sa commission des *Sempiterni*, trancha brusquement la difficulté. Elle fit couper les deux oreilles à Schlegel et les deux jambes à Polichinelle.

Ce jour-là, Girolamo afficha RELACHE.

Méditation

Par Popocambou (c'était le juron de Confucius), par Popocambou, m'écriai-je, en laissant tomber le *Punch* de Cruyshanck sur mon *somno*,

Mes lunettes dans leur étui,

Mon éteignoir mécanique sur ma bougie,

Mes paupières sur mes yeux,

Mon *gourra* sur ma tête,

Ma tête sur ma main,

Ma main sur mon oreiller,

Et la balle studieuse d'Aristote dans une coupe insonore où elle ne retentissait plus. —

Par Popocambou, répétai-je d'une voix forte, et je ne crains pas cependant qu'elle ait réveillé personne de l'étage babélique où mon hôtesse m'a logé —

Par Po... po... cam... bou..... Il me semble qu'on aurait jugé plus sainement cette question à l'institut de Tombouctou.

Navigation

—

Tombouctou, qu'aultrement nommez Tombut, ou Tumbut, ou Tumbuctu, est je ne sçay quelle ville, sise en je ne sçay quel païs, sous je ne sçay quel degré de je ne sçay quelle latitude ; ains, si en croyez ces vieilles cy, au perpendiculare antipode de la capitale de Sapience, qui est *Sens-Commun* ; et en recepvrez notoire et quidditative certaineté, perforaminant d'icelle nostre capsule tellurienne, ne plus ne moins que le practiquez, vous esbattant ocieusement à transfiler unions indicques et menues semences perlières ; ce que faisant dextrement et sans circumbilivagination, vous ne faillirez oncques, beuveurs, de yssir en Tumbuctie.

Des Tumbuctiens, rien ne vous sera présentement narré en ceste mirifique et seigneuriale histoire que ne treuviez ja grabelé aux livres de navigaige. Toutesfois n'en croyez mie ce fol ravasseur de Claude Ptolémée géographe, car il ne desgoise de Tumbuctu que goffes, bourdes, truphéries, gaberies lucianicques, et phantasies abhorrentes à nature, telles que hommes cacomorphes et siléniens à la queue de six empans.

Mercy de Dieu, que n'en avez-vous de tant supellative amplitude, vous aultres paillards de plat païs, d'autant que c'est chouse moult belle à veoir et à grand prouffict de mesnaige, comme il se peut apertement cognoistre ès moutons de Tartarie. Mais je vous affie par Golfarin, qui fut nepveu de Carmentran (par ma part de paradis, je n'oseroys : je ne suis tant hypercritiquement oultrecuidé!), que pour transgredir jusqu'à icelle joyeuse et caudipotente nation, il convient que marchiez encores on ponent dudict Tumbuctu le port de treize sarbacanes et la longueur de ce bastonnet.

Tumbuctiens sont gens à priser entre tout humains, frisques, guallants, coquarts; bien advenants en leur maintien, bien advantagez en nez ; idoines à tous jeux plaisants, bons rencontres et honnestes devis; aguts affineurs et desnicheurs de cailles chapperonnées, et voulentiers aymants mieulx cent messes dictes qu'un voyrre de vin bu : au demourant, féaulx subjects, beaux payeurs d'impôts, et furent aussy bons christians que le fustes oncques; mais les béats petits pères encucullionnez de l'ultime concile, vous les fulminarent et vous les excommuniarent comme serpes, pource qu'ils s'estoyent mescomptez, en barbottant leurs oraisons et menus suffraiges, au nombre des poils de la cabre de monseigneur saint Pacosme. Que Dieu en soit loué partout! Matière de bréviaire.

Apparition.

Je ne sais si vous avez remarqué comment s'accomplit le mystérieux phénomène des songes. Artémidore et Apomazar ne s'en sont jamais douté.

Au moment où ces paroles insignifiantes, *l'institut de Tombouctou*, s'assourdissaient lentement avec la dernière de mes idées, dans le silence toujours croissant du sommeil, je ne sais quel organe vibratile et sonore en prolongeait encore le retentissement à travers les échos presque muets de mon intelligence assoupie, et quelles touches inconnues les faisaient rebondir à mon oreille, comme les notes confuses d'une voix éloignée.

Qu'est-ce qu'un institut ? . . . . , .
Cela existe-t-il ? . . . . . . , ...
Quelqu'un en a-t-il parlé ? . . . .
Y a-t-il un autre institut que celui de Tombouctou ?
Que fait-on d'un institut à Tombouctou ? . . .
Les habitants de Tombouctou sont-ils sauvages ? .
Quelles sont les circonstances urgentes et les nécessités invincibles qui les ont réduits à inventer l'institut ?
. . . . L'institut de Tombouctou ? . . . . .

Là finit à peu près la première opération de l'esprit dans l'homme qui s'endort, vous voyez qu'elle est encore assez conforme à l'ordre de la dialectique;

mais le dernier acte de réflexion de la pensée raisonnante est à peine terminé, que la perception qui lui échappe tombe dans le domaine d'un autre sens, qui est ordinairement celui de la vue. Votre conversation avec vous-même est achevée, mais elle n'a fait que changer de forme. L'objet de la discussion est devenu actif et sujet. Le juge de la discussion est devenu passif et témoin. La méditation trompée a fait place à un spectacle. Un tableau animé se développe aux yeux de votre imagination. Vous voyez se presser sur des banquettes, ou se carrer sur des fauteuils, des figures ennuyées qui contemplent des figures ennuyeuses, que dominent de quelques pieds d'autres figures effrayantes d'importance et désolantes de nullité. Deux idées jumelles surgissent tout à coup de votre cerveau : — l'INSTITUT et TOMBOUCTOU.

Voilà les localités connues, les personnages établis, les costumes déterminés comme dans un drame allemand ; mais je ne sais comment vous faire comprendre l'organisation de l'institut de Tombouctou, si je ne vous raconte son histoire ;

Et nous n'irons pas la chercher bien loin, car je la tiens.

Exploration.

—

« Il y avait une fois un roi qui aimait son peuple... »
« — Cela commence comme un conte de fée, dit
» Jalamir. »
« C'en est un aussi, répondit le druide. »
Mais je ne sais pas pourquoi je volerais ce magnifique début à Rousseau.
Aimeriez-vous mieux Tacite?
« Il y avait longtemps que Tombouctou était gou-
» verné par des rois... »
Ou voulez-vous que nous entrions en matière avec Suétone?
« Popocambou-le-Chevelu atteignait à peine à sa
» seizième année... »
Ce qu'il y a de certain, c'est que de tous les souverains de l'univers (il n'est question ici ni de César, ni de Galba, ni de Charles-le-Chauve), le plus riche-

ment fourni en cheveux qui ait jamais existé, c'est Popocambou-le-Chevelu.

Et ce favorable hasard lui avait inspiré sympathiquement un goût si prononcé pour les amples chevelures, et pour les perruques académiques, scientifiques, philosophiques, sophistiques, doctorales, médicales, théologales, judiciaires et universitaires, qu'il s'était formé une collection de perruques, unique chez toutes les nations, et qui manque essentiellement à notre musée royal.

A part cette innocente manie.....

(Celle de Denys, tyran de Syracuse, dit Breloque, était de maîtriser des vers, et de les débiter inhumainement à tout venant; celle de Néron, de baller et mimer sur les tréteaux avec les mimes et baladins; celle de Commodus Hercules, de boxer dans l'arène avec les gladiateurs; celle de Henri V d'Angleterre, de hausser le temps à grand renfort de brocs dans les tavernes de la Cité, avec les roule-bontemps et joyeux compagnons; celle de Henri VIII, de controverser dans les écoles avec les prédicants, et il faisait rage d'arguer;)...

A part ce goût passionné, mais inoffensif, Popocambou-le-Chevelu était une espèce de sage; et c'est, au dire de Marc-Aurèle, le plus grand éloge qu'on puisse faire d'un homme, surtout quand cet homme est roi, et qu'il est roi de Tombouctou.

Popocambou, las des flatteurs, le pire des ennuis de la royauté; las même de ses délices et de ses gloires, s'était renfermé dans son musée favori comme dans un férail. Il y vivait en philosophe contemplatif, au milieu de ses perruques; il se réjouissait dans ses perruques comme Salomon dans ses œuvres, il méditait sur ses perruques, il consultait ses perruques, et il les quittait quelquefois avec ce sentiment de douce satisfaction que procure une vérité acquise, et qu'il avait bien rarement emporté de son conseil d'état.

Pendant ce temps là, le gouvernement marchait, et le peuple n'avait jamais été aussi heureux de subir l'influence des perruques que depuis qu'il n'y avait plus de têtes dedans,

Comme la pensée, la parole et la presse étaient libres à Tombouctou, Popocambou-le-Chevelu, qui ne voyait plus personne, mais qui lisait tout, comprit qu'il n'était pas loin d'arriver à la forme la plus parfaite de gouvernement possible.

« — Et cependant, dit-il, si je mets un sot sous
» cette perruque savante!

» Un homme cruel et insidieux sous cette perruque
» judiciaire...

» Un homme artificieux et avide sous cette perruque
» administrative...

» Un homme lâche ou irrésolu sous cette perruque
» martiale...

» Un hypocrite pervers sous cette perruque chaste
» et modeste qui appelle la confiance et le res-
» pect..

» Ah! mon Dieu! s'écria Popocambou, en rabattant
» ses longs cheveux sur ses yeux, qu'il est difficile de
» gouverner! » —

Et, après un moment de réflexion, il inventa les têtes à perruque.

Procréation.

Tombouctou possédait alors un de ces grands hommes que les peuples n'apprécient ordinairement que lorsqu'ils les ont perdus. C'était un mécanicien philosophe, et peut-être nécromant, qu'on appelait Mistigri, soit qu'il eût reçu du hasard ce nom patronymique, qui est, à la vérité, un nom comme un autre, soit qu'il lui eût été donné par allusion à quelque ressemblance fortuite avec le valet de trefle.

Ce puissant génie, longtemps flatté par les deux factions religieuses qui se partageaient l'empire et qui recherchaient à l'envi son appui, avait fini par être repoussé de toutes deux, parce qu'il s'était refusé à se prononcer dans la dangereuse question qui les divisait. Il aima mieux se condamner à l'exil que de décider si le hanneton sacré qui a fondé les îles de la mer, comme personne n'en doute, était mâle ou femelle.

Popocambou-le-Chevelu, que son excellente éducation et la direction solennelle qu'avaient pris depuis peu ses études royales, élevaient, comme je l'ai dit, fort au-dessus du vulgaire, était tout à fait de votre avis et du mien sur cette scabreuse controverse. Il savait à merveille que le grand hanneton est hermaphrodite, mais il ne le disait pas.

Popocambou-le-Chevelu avait donc royalement abandonné Mistigri à ses ennemis, en se réservant de se souvenir de lui quand il en aurait un besoin urgent. —

Dans l'occasion dont nous parlons, il lui fit une énorme commande de têtes à perruque.

L'affaire des têtes à perruque ramena Mistigri à la cour. Précédé par la renommée de ses têtes à perruque, il y entra comme si jamais il n'en était sorti. La question du sexe du grand hanneton s'agita bien dans quelques gazettes récalcitrantes et arriérées sur le siècle; mais les hommes positifs, qui sont toujours en majorité dans les affaires, s'arrêtèrent aux têtes à perruque, et Mistigri fut fait ministre d'état.

« Voilà qui est étonnant, dit le roi... — Mais c'est
» que je les reconnais ! On croirait qu'ils ont posé. »

(Mistigri sourit.)

« Enfin j'aurai donc, reprit Popocambou-le-Chevelu,
» des ministres à perpétuité, un conseil inamovible,
» et, si faire se peut, une académie immortelle. En
» vérité il ne leur manque que la parole ! »

— Mes têtes à perruque parleront quand votre majesté l'ordonnera, répondit Mistigri, en s'inclinant avec une dignité respectueuse.

« Quand je l'ordonnerai ! s'écria le roi, je voudrais

» en entendre une tout à l'heure, dût-il m'en coûter
» la plus belle de mes perruques ! »

— Votre majesté, reprit Mistigri, n'a qu'à soulever la perruque de celle de ces têtes qu'il lui plaira le plus d'ouïr, et qu'à frapper de son doigt une des protubérances qu'elle y remarquera, et qui sont plus ou moins prononcées suivant le degré d'intelligence mécanique que j'ai trouvé à propos de donner à mes têtes à perruque. —

Popocambou-le-Chevelu n'avait pas attendu la fin de la phrase. — « Mais il n'y a pas la moindre protubé-
» rance, mon cher Mistigri. Je ne donnerais pas un
» copeck pour échanger contre cette tête de bois celle de
» mon grand séraskier. Elle est lisse comme un
» œuf ! »

— Il est vrai, dit Mistigri, mais la sagesse de votre majesté en trouvera facilement l'emploi. Vous en ferez un grand seigneur assidu au petit lever, un dignitaire de naissance, un conseiller de faveur, un académicien de fortune, un ministre de transition, un journaliste officiel. — Passez. —

« — En voici un dont la tête est chargée de petites
» protubérances à l'infini ? »

— Esprit superficiel qui touche à tout et qui n'est propre à rien ; ce que les sots appellent un homme universel.

« — Que signifie cette protubérance unique ? »

— Esprit tranchant et absolu qui a concentré toutes ses facultés sur une idée, à défaut d'en pouvoir réunir deux ; ce que les niais appellent un philosophe.

« Comment nommes-tu dans celui-ci cette protubé-
» rance insolente ? »

— L'orgueil. C'est un dévot.

« — Et cette autre si remarquable dans celui-là ? »

— La cupidité. C'est un philanthrope,

« — Et cette bosse monstrueuse ? »

— L'ambition. C'est un indépendant.

« — Il me prend envie de faire parler une de mes
» têtes à perruque, dit Popocambou, en imprimant
» fortement le pouce sur une protubérance usée à force
» d'avoir servi. »

SIRE, C'EST UN GRAND ET BEAU JOUR POUR NOUS, dit
la tête à perruque...

— Ah ! divin Popocambou ! s'écria Mistigri, lâchez le

ressort. Je connais cette tête là. Elle dit toujours la même chose, et elle ne sait ce qu'elle dit.

On ne se fait pas d'idée de la joie de Popocambou-le-Chevelu à cette séance d'épreuve. Il pouvait enfin concilier sa tendre estime pour les perruques avec son ancien amour pour la société, et retrouver, quand il le voudrait, la conversation docile et le cérémonial obséquieux de son palais parmi ses courtisans de bois.

« — Homme sublime! dit-il à Mistigri avec une pro-
» fonde expansion, comment pourrai-je récompenser
» ton génie? »

— En me demandant la vérité quand vous en aurez besoin, répondit Mistigri.

« — Et me dirais-tu si le hanneton sacré n'est pas
» hermaphrodite? s'écria Popocambou. »

— Je n'ai jamais ni vu ni tenu ni connu le hanneton sacré, repartit Mistigri.

« — Eh bien, reprit Popocambou, palpe sans crainte
» ma tête royale, et dis-moi avec sécurité ce que si-
» gnifient mes protubérances dominantes. »

Mistigri exposa son astrolabe, déroula ses livres sibyllins, interrogea ses cartes et ses tarots, convoqua Etcilla, Decremps et Spurzheim; Apollonius de Thiane, Cabanis et Simon le magicien; Agrippa, Pinetti et Lavater; Comte, Gall et Cagliostro. Il jeta ses dés fatidiques. Il lança ses talares et ses osselets. Il fit pirouetter le toton, il fit bruire le rhombus; et, la main appliquée sur les vastes protubérances frontales du bon roi de Tombouctou :

— Elles signifient, dit Mistigri, que la première princesse qui fut honorée des bonnes grâces de votre majesté aimait beaucoup la danse.

« — Hélas! soupira Popocambou-le-Chevelu... »

(On sait que j'ai toujours cherché à placer dans mes écrits les plus sérieux quelque trait de sentiment.)

« Hélas! continua-t-il en sanglotant, elle ne pouvait
» pas danser! sa pantoufle était trop étroite. »

Distinction.

« — Vous êtes donc décidément sorcier? reprit Popocambou-le-Chevelu. »

— Non, sire, répondit Mistigri ; je suis cranologue.

« — Alors, dit le roi, c'est bien différent. »

Rénumération.

Cependant le bon Popocambou, jaloux de récompenser magnifiquement Mistigri, car il fut naturellement plus généreux et plus reconnaissant qu'on n'incline à l'être d'ordinaire en ce gentil métier d'autocrate, lui octroya le droit de blazonner son écu d'armes d'une tête à perruque, ce qui était tenu et réservé dans les constitutions héraldiques de Tombouctou pour faveur hyperbolique et royale :

Et, en outre, la chasse libre, exclusive et privilégiale dans toute l'étendue de son empire, de toute espèce de volatiles farfallesques et culiciformes, portant bouches, dents, pinces, crochets, mâchoirs, mandibules, pompes, trompes, suçoirs, rostres, proboscides, aiguillons, langues, ligules, palpes, lèvres, spires, ou autres instruments instus-susceptifs, lesquelles bestioles sont vulgairement désignées sous le nom de papillons de jour ou de nuit, de mouches urbaines, rurales, paludivagues ou silvatiques, savoir :

    Sphynx,
    Phalènes,
    Noctues,
    Noctuelles,
    Bombyces,
    Pyrales,

Zygènes,
Alucites,
Sésies,
Hépiales,
Teignes,

Ptérophores, qui ont les ailes mignardement empennées, comme ailes d'oiseaux, et découpées en menus rameaux, à la façon de l'éventail de nos bachelettes ;

Libellules,
Demoiselles,
Ascalaphes,
Hémérobes,
Myrmiléons,

Éphémères : vous en avez pu voir au fleuve Hypanis ;

Semblides,
Phryganes,
Perles,
Panorpes,
Tenthredons,

Ichneumons à queues bifides et trifides, qui sont vampires de chenilles, larves, nymphes, chrysalides et aurélies ;

Évanies,
Typhies,
Scolies,
Guêpes,
Chrysides,
Leucospes,
Andrènes,

Avettes, ou abeilles mellifl ues,
> Frelons,
> Crabrons,
> Bourdons,
> Cynipes,
> Diplolèpes
> Urocères,
> Dolères,
> Cryptes.
> Allantes,
> Némates,
> Ptérones,
> Céphaléies,
> Orysses,
> Trachètes,
> Sirèces,
> Trémaces,
> Aulaques,
> Fènes,
> Stéphanes,
> Anomalons,
> Bracons,
> Antéons,
> Céraphrons,
> Pompiles,
> Céropales,
> Sphèces:
> Misques,
> Ampulèces,
> Psènes,

Stigmes,
Apies,
Larres,
Dimorphes,
Plésies,
Taques,
Sapygues,
Myrmoses,
Bembèces,
Stizes,
Thynnes,
Masarides,
Simbléphiles,
Mellins,
Arpactes,
Alysons,
Nyssons,
Phylantes,
Cercères,
Gonies,
Miscophes,
Dinètes,
Cémones,
Hélores,
Oxibèles,
Prosopes,
Nomades,
Pasites,
Épéoles,
Cératines,

Bélytes,
Lasies
Crocises,
Trigones,
Trachuses

Xylocope. de vos jours vous ne trouvâtes plus rudes besogneurs dans les vieilles souches ;

Doriles,
Labides,
Figites,
Chélones.
Cleptes,
Omales,
Codres,
Cinètes,
Chalcides,
Psiles,
Myrmes,
Fourmis ailées,
Termes,
Termites,
Mutilles,
Brêmes,
Attes,
Maniques,
Tipules,
Bibions,
Rhagions,
Syrphes
Asiles,

Conopes,.
Stratyomes,

Stomoxes, qui piquent outrageusement en temps d'orage; — Maringouins, — Cousins : ce fut un d'iceux qui fanfarait tempêtueusement dans la chambre à coucher de mon oncle Tobie : quand celui-ci, ouvrant la fenêtre : « Va, pauvre bête, lui dit-il bénignement, » le monde est assez grand pour nous deux.

Moustiques : je n'en vis jamais tant que de Tarascon au pont du Gard, mais Mistigri n'y avait pas passé;

Céroplates,
Cténophores,

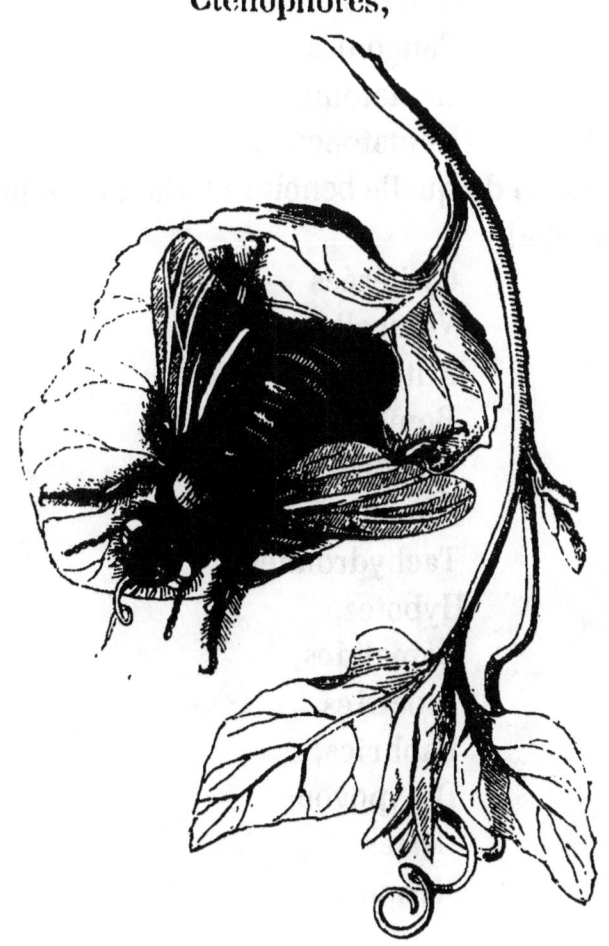

Chironomes,
Hirtées,
Scatopses,
Lertes,
Mydes,
Siques,
Sciarres,
Herméties,
Xylophages,
Athérices,
Némotèles,
Pangonies,
Heptatomes,
Heptatopotes,

Chrysopes : ô de quelle benoite et riante couleur ils ont la prunelle !

Cythérées
Volucelles,
Anthraces,
Bombyles,
Ploades,
Empides,
Tachydromies,
Hybotes,
Damalides,
Dioctries,
Laphries,
Dasypogons,
Céries,
Myopes,

Mulions,
Milésies,
Mérodons,
Bacques,
Diopses,
Loxocères,

Scatophages : fi, les vilains !
Psarcs,
Lauxanies,
Oscines,
Thérèves,
Rhingies,
Oestres,

Tabans : de cette race était le moucheron qui poignit si véhémentement le lion d'Ésope ;
Éristales,
Achiades,
Scaeves,
Sargues,
Vappons,
Calobates,
Néries,
Dolichopes,
Daques,
Tachines,
Ocyptères,
Téphrites,
Distyes,
Acrocères,
Hénopes,

Scenopins,

Trineures,

Hippobosques, et autres innumérables animalcules innommés que vous pouvez voir danser par un beau soir d'automne, chantant, sifflant, grisolant, murmurant, susurrant, sonnant, tonnants barytonant, bourdonnant et fredonnant, dans un rayon du soleil.

Mais la noblesse du pays, grièvement irée et dépiteuse qu'un simple clerc pût giboyer à cœur joie dans la plus belle part de ses apanages, profita d'un nouveau règne qui survint peu à près, et des licences du joyeux avénement, pour harper monseigneur du grand-veneur, et le faire hisser bien et beau à l'angle de la plate-forme de la grande pyramide qui regarde du côté de Villers-Cotterets, où l'infortuné Mistigri fut par lesdites mouches misérablement dévoré. Et ceci arriva, si les chroniques ne m'affolent, un certain jour d'une certaine hebdomade d'une certaine lune d'un certain mois d'un certain an d'une certaine olympiade d'un certain lustre d'une certaine indiction d'un certain siècle d'une certaine hégire ou d'une certaine ère qui avait cours bien longtemps avant le premier usage des montres de bois. Aussi ne saurais-je vous dire l'heure.

Mais c'est à cela que se réduisent, quoiqu'en aient gribouillé ces damnés menteurs d'Hellènes dans leurs paperasses poétiques, la création des hommes par les Titans et la punition de Prométhée. Entendez toujours par là, je vous prie, l'invention des têtes à perruques organiques, et la déplorable fin de Mistigri livré aux mouches.

Et voilà comment les plus grandes difficultés se simplifient quand on porte un peu de philiosophie dans l'histoire.

Précaution.

Et je dois ajouter que dans cet état — je veux dire l'état de l'homme qui dort —

(Ne serait-ce pas vous ?)

— Il ne reste guère des idées acquises qu'un petit nombre d'aspects saillants et caractéristiques qui suffisent pour les nommer, mais dont la véritable expression s'évanouit bientôt sous une foule de formes capricieuses. Ces légères superficies de l'être réel, égarées dans le vague au souffle de l'imagination, se croisent, se mêlent, se confondent, variant de couleur et d'éclat suivant le jeu bizarre du prisme éblouissant des songes. Le sommeil, aveugle tyran de la pensée, s'amuse à tromper nos impressions les plus familières, et à les déconcerter, comme un charlatan habile, par des impressions opposées. A peine ses doigts ont fait vibrer une corde harmonieuse et fantastique, et le voilà déjà qui brode sur les notes majestueuses une grossière bacchanale ou un vaudeville grivois. A peine la décoration changeante qui lui obéit a-t-elle offert à vos regards la chaire vénérable du savant, qu'elle laisse apparaître les tréteaux grotesques de Mondor et de Gratelard ; car il est de la nature de cette âme irrationnelle qui veille en nous quand nous dormons, de ne pas laisser échapper une perception sublime sans la tarer de quelque empreinte de ridicule ; et c'est ce qui a fait dire à un sage que les rêves étaient la parodie de la vie.

Allez, allez, mon cher Breloque, la véritable science est trop indulgente pour s'offenser des atteintes de votre marotte étourdie. Elle sait que les découvertes qui reculent ses limites ont quelquefois un côté plaisant, et elle pardonne au sommeil, parce que le sommeil, est bouffon.

Installation

Depuis la mort de Popocambou-le-Chevelu, ses perruques avaient été longtemps oubliées au garde-meuble. On ne les montrait plus que dans quelques occasions extraordinaires, comme les nippes de Charles-le-Téméraire au grand jubilé de Berne, et le ressort des protubérances s'était rouillé irréparablement dans les meilleures têtes, Il est pénible d'avouer que les trois quarts de l'institut de Tombouctou ne servaient qu'à faire tapisserie; mais on y revenait toujours; parce qu'il y avait réellement quelque chose de merveilleux dans l'industrie du mécanicien, et que Tombouctou est d'ailleurs de toutes les villes du monde celle où l'on a le plus de temps à perdre.

Mistigri avait été si heureux dans l'expression de ses figures, qu'il n'en était pas une qui ne parût s'occuper d'un objet ou s'adonner à une étude, comme si elle eût été organisée à la manière des créatures raisonnables, et c'est ce qu'on n'avait jamais vu qu'à l'intitut de Tombouctou.

Il y en avait qui criblaient très méthodiquement les mots de la langue dans un grand sas académique.

Il y en a avait qui les belutaient sophistiquement, et qui en tiraient un grand profit en vendant la recoupe à je ne sais quels malotrus fainéants pour en faire quelques lippées.

Il y en avait qui épluchaient des pronoms, qui triaient des conjonctions, qui vannaient des particules, et qui écossaient des adverbes.

Il y en avait qui faisaient passes deux ou trois idées des grands écrivains à travers une filière classique; et qui les dévidaient proprement sur une bobine sans fin.

Il y en avait qui les étendaient sur un laminoir ou qui les écrasaient sous un cylindre, jusqu'au moment où elles parvenaient au plus parfait degré de platitude possible.

J'en vis un qui concassait grammaticalement des étymologies latines dans un beau mortier despautérien.
— Dieu! quelle riche opération!

J'en vis un autre qui était parvenu à faire un rubis spinelle plus gros de moitié que le bloc d'ambre carabé d'où fut tirée la statue colossale de Popocambou, sans employer autre ingrédient que de la granie de pimprenelle soigneusement élaborée; mais je l'ai retrouvé depuis vendant des rosaires pour vivre, et criant *coronc, coronc,* au parvis Saint-Antoine de Padoue.

Le plus habile de tous vint me proposer une magnifique entreprise; celle d'un pont suspendu qui devait aboutir de Tombouctou à la rue Folie-Méricourt, sous l'entresol de Victorine, et celle d'un *tunnel* non moins ingénieux, qui débouchait à travers quelques milliards de millimètres au juste milieu de la chambre à coucher de Fanny; mais il ne put jamais élever ses premières assises à plus de deux pieds anglais au-desus du terrain, à cause des grands vents de tramontane qui couraient dans ce pays-là.

On ouvrit les portes à un savant vénérable, bien connu par la patience méritoire avec laquelle il essayait depuis cinquante ans de peser la matière et l'esprit, dans deux bassins de toile d'araignée qui n'avait pas résisté une seule fois à l'expérience. Il entra fièrement avec ses balances vides, mais il ne perdit guère à l'évènement. — Il n'avait pas laissé tomber une idée en route.

Je remarquai parmi eux une douzaine de jeunes gens de bon air qui mêlaient assez industrieusement des feuillets de papier où étaient figurés des rois, des dames et des valets, et qui les distribuaient fort élégamment en cinq paquets, comme au jeu de brelan. — On m'assura qu'ils croyaient faire des tragédies.

La séance s'ouvrit, suivant l'usage, par un morceau d'apparat qui avait été demandé à la tête la plus oratoirement organisée de l'institut de Tombouctou. On commença par disposer devant l'orateur je ne sais combien de fioles industrieusement préparées par le grand abstracteur de quintessences verbales et grammaticales, et sur lesquelles on lisait : *verbes, adverbes, conjonctions, particules, substantifs, adjectifs*. Celle-ci était la plus remplie, et, pour le dire en passant, celle qui avait la meilleure mine. Il mêla tout cela délicatement dans un verre de mesure, et saupoudra ensuite sa mixtion d'une immense quantité de voyelles, de tropes et de points d'exclamation. Puis frappant sa tête de bois d'une main de bois, et la renversant en arrière de manière à décrire sur le pied de la machine un angle obtus de cent trente-cinq degrés, il s'ingurgita la potion sonore, et s'en gargarisa éloquemment pendant une bonne heure d'horloge, suivant la formule, aux applaudissements réitérés de l'auditoire. Il est vrai de dire que c'était le borborygme le plus harmonieux qu'il fût possible d'imaginer, et que vous y auriez pris grand plaisir, à cela près que le fils de l'enchanteresse Craca, qui entendait le langage des animaux comme le sien propre, n'y saisirait pas, dans toute la succession des siècles, la plus minime portioncule de sens, ce qui fit que plusieurs dames de l'assemblée se pâmèrent par trop forte contention d'esprit.

Quelqu'un m'assura que la plupart de ces têtes ne vivaient que de se gargariser ainsi en public trois ou quatre fois l'an. Aussi puis-je vous jurer, sur la pantoufle de Popocambou, qu'elles étaient étiques, anhémiques et chlorotiques, ni plus ni moins que les malades guéris du docteur Sanguisorba.

Dentition.

On tira ensuite un rideau derrière lequel étaient assis à deux tables thériacales et orviétanesques deux personnages dont l'attitude me rappela les marchands de catholicon que nous vîmes en 1593 aux états de la ligue.

La table du premier était couverte de hauts, grands, gros, longs, larges et profonds bocaux où flottaient, dans une liqueur limpide, une multitude d'animaux que je n'avais jamais rencontrés qu'au pays de tapisserie, tels que —

Lycisques léporigènes,
Écureuils cornifères,
Connils emplumés,
Hérissons inermes,
Limaces lépidoptères,
Anguilles quadrumanes,
Lamproies inoculées,
Sauterelles de main, de selle et de brancard,
Hannetons de juillet caparaçonnés à la moresque,
Tortues acrobates,
Huîtres vertébrées, et autres rares merveilles.

« Messieurs, dit le jeune professeur, ...
» . . . .
» . . . .
» . . . .
» . . . .
» . . . .

» Ce que je viens de vous rappeler de nos théories
» académiques, reprit-il après un moment de repos,
» me dispensera d'insister sur les motifs qui m'ont dé-
» terminé dans la classification des *Anomalates*, ou
» animaux à mâchoires improprement appelées mons-
» trueuses. Vous savez qu'après avoir reconnu l'action

» sublime de la nature dans ces créations extra-nor-
» males, qui ne lui font pas moins d'honneur que

» celle des mâchoires les plus régulières, nous avions
» divisé nos *Anomalates* en trois grandes familles, savoir :

» 1° Les Polyodontes, ou mâchoires à rangs de dents
» multiples. Cette magnifique mâchoire que j'ai l'hon-
» neur de vous soumettre est la mâchoire d'Hercule
» l'ancien, qu'il ne faut pas confondre avec cette foule
» d'Hercules de nouvelle fabrique que vous trouvez dans
» les Mythographes. Celui-ci est bien reconnaissable à
» ses trois rangs de dents qui sont fort curieusement
» décrits dans Appolodore. Cette particularité ne s'est
» renouvelée depuis que dans un bon homme de Clè-
» ves dont les mandibules nous ont été obligeamment
» communiquées par le savant Mentzelius.

» 2° Les Monodontes, ou mâchoires à une seule
» dent. Ce genre nous fournit deux *specimen* bien re-
» marquables. Voilà, messieurs, dans ma main droite,
» la mâchoire de Pyrrhus, roi d'Épire, et, dans ma
» main gauche, celle de Prusias, fils du roi de Bithy-
» nie, qui naquirent *monodontes*, de la mâchoire su-
» perne, comme il est écrit en Plutarque. La mâchoire
» de Pyrrhus est d'autant plus intéressante qu'elle a
» été retrouvée sous un tesson de poterie qui provient
» apparemment de la cruche de grès avec laquelle il
» fut tué par une vieille femme, le jour de la prise
» d'Argos.

» 3.° Les Anisodontes, ou mâchoires défectueuses
» par excès ou par défaut, qui n'ont pas pu se ranger
» dans ces deux premières divisions, et notamment les
» brèche-dents. »

(J'écoutais de toutes mes oreilles !)

« Ce qu'il y a de plus extraordinaire dans ce genre,
» et peut-être dans tout ce que nous savons et dans
» tout ce que nous pouvons conjecturer sur les mâ-
» choires passées, présentes et futures, c'est la mâ-
» choire de Popocambou-le-Brêche-dent. »

(Je respirai).

« Popocambou-te-Brèche-dent, dont il est question
» ici, est, comme vous le savez tous, messieurs, le
» trois millième roi de l'illustre dynastie des Popocam-
» bides, selon le calcul d'un de nos plus illustres chro-
» nologistes, à moins qu'il ne soit que le treizième,
» comme le pense un autre ; mais le choix est assez
» indifférent, puisque ces deux savants ont partagé le
» prix d'histoire cette année. »

(Attention profonde est soutenue. — Quelques voix de l'amphithéâtre : *Ecoutez ! écoutez !*)

« La mâchoire de Popocambou-le-Brêche-dent, » continua-t-il, en ouvrant respectueusement un reliquaire d'or, marqueté d'argent comme les colliers de la Sulamite, dont il exhiba je ne sais quoi de mandibuliforme, qui n'a plus de nom dans aucune langue, pour parler comme Tertullien, « la mâchoire de Popo-
» cambou-le-Brêche-dent, messieurs, c'est cela. »

(Les applaudissements éclatèrent.)

« Tout le monde peut y remarquer l'absence d'une des
» hautes dents incisives, et comme cette particularité
» se rencontre souvent dans des mâchoires vulgaires,
» à la suite de certaines maladies ou de certaines per-
» cussions, je vous prie d'observer qu'elle n'est point
» accidentelle dans Popocambou-le-Brêche-dent. Elle

» résulte de la conformation des os maxilaires de
» ce grand prince, c'est-à-dire du défaut d'alvéole à
» cette partie de son auguste mâchoire, où vous cher-
» cheriez inutilement jusqu'à la verrucosité dentiforme
» des quadrupèdes ovipares et jusqu'à la strie denti-
» vaque des oiseaux. »

(Mouvement.)

« S'il y eut jamais quelque chose de doux et d'ho-
» norable dans nos recherches, messieurs, » dit l'orateur, en finissant, avec l'expression d'une satisfaction modeste, « c'est surtout d'avoir pu constater que
» le monarque adoré dont Tombouctou conserve si pré-
» cieusement le souvenir, appartenait, par sa mâchoire,
» au troisième genre de notre classe des *anomalates*. »

(Ici l'enthousiasme parvint au dernier degré.)

. . . .

Et je me retournai dans mon lit.

Exhumation.

Je m'étais tourné précisément du coté de la seconde table, qui était occupée par un vieux petit antiquaire, sec, pâle, racorni, fruste, frotté, fourré, rouillé, rogné, usé, limé, dépatiné, qu'on avait trouvé, entre deux amphores, dans une crypte anté-diluvienne, en fouillant les fondations de la grande pyramide, et qui devait à son éternité momiesque le privilége de figurer à perpétuité comme fondé de pouvoir pour toutes les momies qui peuvent se rencontrer sur le globe depuis les étroits étuis des Guanches jusqu'aux profondes caves des Egyptiens. Son bureau était flanqué de quatre fières momies, dressées, le point sur la hanche, le nez au vent, l'œil émérillonné, la jambe tendue et alerte, momies princières et royales —

Il y avait devant lui une autre momie, si gracieuse, si fluette et si mignonne !

> Tant de candeur brillait sur son front ingénu !
> Tant d'amours se jouaient sur son sein demi-nu !

— Que ce bras voluptueux devait embrasser avec doucœur le corps d'un amant ! — Qu'il devait fléchir avec abandon sur le bras d'un amant, ce corps souple et délicat ! —

Je ne sais quelle puissance invincible m'entraînait vers cette momie ! j'y volais, si le respect ne m'avait arrêté.

« Messieurs, dit l'antiquaire, la jeune personne que
» vous voyez est la grand'mère de Popocambou. »

Opération.

—

» Doux et touchant modèle de toutes les vertus, » continua l'antiquaire en s'adressant à la momie —

« Faut-il que vous ayez été ravie, dans la fleur de
» votre printemps, à une grande nation dont vous étiez
» l'ornement et l'espérance !....

» Funeste et incompréhensible destinée, qui ne mon-
» tre à la terre les plus rares perfections que pour lui
» apprendre que rien n'est durable ici-bas, et que ces

» types divins de la plus parfaite organisation humaine
» sont ceux qui s'effacent le plus vite !....

» Qu'il nous soit permis du moins, chaste et glo-
» rieuse tige de nos maîtres, de verser des larmes in-
» tarissables sur votre sort, et de semer tous les ans de
» nouvelles fleurs sur votre tombeau ! Fille et aïeule
» des rois, que la terre vous soit légère !.....

Après cette allocution pathétique, il s'arma d'un bistouri fraîchement émoulu, l'introduisit profondément dans la gorge de la reine-mère, entre les deux clavicules, et l'ouvrit longitudinalement jusqu'à l'ombilic.

Le but de cette opération, qui nous glaça d'une sainte horreur, Breloque et moi, était de vérifier si le sujet de la démonstration était, en effet, comme on l'avait supposé, cette jeune et belle princesse, l'Isis, l'Astarté, la Vénus de Tombouctou, l'*Alma Popocamba* de je ne sais quel guiriot ouolof — et personne n'ignore qu'une vieille loi du pays oblige les gens de qualité à porter leur extrait mortuaire dans l'estomac, pour la commodité des recherches scientifiques.

« C'est elle, » dit l'antiquaire, en présentant du bout des doigts à l'assemblée expectante un mignon rouleau de vélin,

    Noué d'une faveur blanche,
      Doré sur tranche,
        Et tant net,
        Tant frisque, et
        Tant coquet —
        Et tant blanc,
        Tant galant,

Tant gentil,
Tant subtil,
Tant joli,
Tant poli,
Tant rosé,
Tant frisé,
Tant sadin,
Tant badin,
Tant chéri,
Tant fleuri,
Tant uni,
Tant bruni,
Tant peigné,
Tant soigné,
Tant lié,
Tant plié,
Tant lissé,
Tant plissé,
Tant brodé,
Tant bordé,
Tant gardé,
Tant fardé,
Tant riant,
Tant friand,
Tant brillant,
Tant vaillant,
Tant plaisant,
Tant luisant,
Tant gaillard,
Tant mignard,

Tant vermeil
Au soleil,
Tant paré,
Tant ciré,
Tant ambré,
Tant moiré,
Tant bien ouvré,
Tant honoré,
Tant décoré,
Tant coloré,
Tant diapré,
Tant chamarré,
Tant bigarré,
Tant illustré,
Tant figuré,
Tant miniaturé,
Tant peintureluré,
Que vous auriez juré,
Qu'il l'avait tiré
De sa manche.

« C'est elle ! » répéta-t-il extatiquement, avec je ne sais quel mélange indescriptible d'étonnement joyeux et de joie étonnée.

Mais il faudrait avoir vu, pour en juger, une pintade qui a retourné dans sa mangeoire un bracelet de rubis, ou une de nos poules qui vient de trouver un couteau à manche de nacre.

» Vous pouvez vous en assurer, continua-t-il, en
» débrouillant avec moi le rébus que voici, et pour
» l'explication duquel la société royale des dénicheurs

» patentés d'hiéroglyphes vous donnera une grosse
» prime payable à votre choix sur un zodiaque ou
» sur un obélisque, sur un sphynx ou sur une pyra-
» mide, marchandise en hausse. »

(Ah ! comme j'y regardais !)

Mais je veux que le diable m'emporte si j'y vis autre chose que

Onocrotales de Syrie,

Fleurs de lotus mystifrisées

Oisons bridés,

Cigognes statipèdes,

Escarbots globifères,

Camardes tettonnières à la croupe de lionne,

Magots accroupis au visage de chien, et autres balivernes isiaques et osiriaques, lesquelles notre antiquaire déchiffrait aussi couramment que vous auriez fait votre benoit *pater* écrit en lettres moulées.

Malheureusement ce fut à si basse voix —

Et notez que j'avais juré d'oublier mon cornet acoustique toutes les fois que j'assisterais à une lecture !

L'assimilation des idées de l'orateur était d'ailleurs si compacte,

Leur filiation si brusque,

Leur consanguinité si intime,

Leur concaténation si serrée,

Leur collusion si adhérente,

Leur isologie si indestructible,

Leur concision si laconienne, que quiconque en aurait perdu...

Je ne dis pas une période !

Mais une phrase —

Je ne dis pas une phrase !

Mais une incise —

Je ne dis pas une incise !

Mais une fraction pleine, significative et complexe, comme le substantif et l'attribut, ou comme le pronom et le verbe —

Je ne dis pas une fraction de sens !

Mais un mot —

Je ne dis pas un de ces mots essentiels qui se tiennent debout !

Mais une simple racine verbale —

Je ne dis pas une racine verbale !

Mais une syllabe aussi nulle qu'on puisse la supposer —

Je ne dis pas une syllabe !

Mais une lettre caractéristique —

Je ne dis pas une lettre caractéristique !

Mais une lettre euphonique,

Une lettre étymologique,

Une lettre mimologique,

Une lettre phraséologique,

Une lettre battologique,

Une lettre anagogique,

Une lettre diagogique,

Une lettre paragogique —

Je ne dis aucune de ces lettres parasites !

Mais une cédille,

Une tilde,

Un tréma,

Une clôture de parenthèse,
Une apostrophe,
Un accent,
Une virgule,
Un soupir,
Un esprit,
Un séphir,
Un point-voyelle —

Quiconque, dis-je, aurait perdu dans cette lecture la plus infiniment petite division de la pensée humaine qu'il soit possible de soumettre

A Bacon,
A Leibnitz,
Et à moi,

n'en saurait pas plus long sur la grand'mère de Popocambou que le bon Mistigri n'en sut jamais sur le sexe équivoque du grand hanneton. —

Et voyez donc un peu à quoi sert la science ! — Pauvre Mistigri ! —

Je conviendrai que, tourmenté d'une inquiétude curieuse, du besoin studieux de stimuler cet organe intelligent qui contient l'âme, et qui dort toutefois comme le corps quand il est fatigué, je recourus à mon tabac d'Espagne. —

Mais j'étais préoccupé par une attention si puissante —

Les ressorts de mon intelligence étaient tendus avec une vigueur si insolite —

Mes facultés, absorbées par la contemplation de cette momie et par le développement de son histoire mystique, étaient si incapables d'ubiquisme —

Mon moi intellectuel et mon moi matériel avaient fait un divorce si abrupt et si complet —

Et il en résultait naturellement que la spontanéité de mes mouvements physiques était si mal réglée par les opérations de mon esprit —

Qu'il arriva enfin ce qui vous est probablement arrivé quelquefois en pareille occasion : —

Après avoir fait glisser dix fois sous mes doigts ces ais légers de cytise poli dont on ajuste avec tant de goût les charnières imperceptibles dans le village maudit où les Anglais prirent Wallace.....

(Cet épisode me mènerait fort loin, et je le crois d'ailleurs souverainement inutile.)

Ce qu'il y a de certain, c'est que j'ouvris ma boîte à l'envers, et que la poudre caustique se répandit dans ce savant atmosphère avec une effrayante soudaineté. — Quelques milliers de têtes à perruque, surprises par sa vapeur étourdissante, pirouettèrent sur leurs pivots ; et les quatre grandes momies de la table des démonstrations, éternuèrent si hautement que tout le monde se réveilla.

Position

Et je me trouvai au milieu de ma chambre, une jambe chaussée et l'autre nue.

Distraction.

Mais cela n'avança pas beaucoup ma toilette. Mon bas de soie était à l'envers, et j'avais mis mon pied gauche dans ma pantoufle droite.

Réception.

Vous m'accuserez peut-être d'avoir perdu beaucoup de temps avant de m'acquitter de la commission de Gervais ; car depuis que je suis à Milan, nous avons eu relâche au théâtre de Girolamo, un voyage à Tombouctou, une espèce d'excursion en Égypte, et une séance de l'institut. C'est bien long. Heureusement, je puis vous répondre en toute sûreté de conscience, et ma montre de Breguet à la main, que je suis arrivé à Milan au soleil couchant, que je n'ai pas dormi plus de vingt-sept minutes, et que me voilà prêt pour la soirée de la marquise de Chiappapomposa, l'idole de ces jours d'enfant où une coquette effrayait l'amour en lui montrant le cordon d'une sonnette.

Au moment où j'entrais dans le salon, mes regards tombèrent sur le cordon de la sonnette. — Je rougis. — Il y avait dix-huit ans que je ne m'étais trouvé à Milan. Je m'approchai de la marquise avec un sentiment de componction qui tenait encore plus de la honte que du regret, et je n'élevai les yeux jusqu'à elle qu'en tremblant — je la reconnus à peine.

— Pas si bête, dit Breloque. —

O jeune lecteur, qui que tu sois... (mais quel âge avez vous, s'il vous plaît ? Mettons vingt-trois ans à la Saint-Sylvestre; c'est à prendre ou à laisser, et je crois vous traiter en ami.)...

O jeune lecteur, si tu es condamné à vieillir !... si ton front riant doit se voiler un jour de cheveux empruntés — et je compatis à ton malheur, fussent-ils ajustés avec plus d'art que la perruque galante d'un académicien de Tombouctou — si quelque souvenir du jeune âge trouve encore place alors dans ton cerveau refroidi... rêve, rêve souvent à ta première maîtresse — il n'y a point de passe-temps plus doux — Mais garde-toi bien de la revoir.

Tout le monde sait ce que c'est qu'une soirée de Milan. De l'embarras quand on entre, de la curiosité quand on est entré, de la timidité quand on est connu, de la gêne quand on ne l'est pas ; des jeunes filles qui s'épient avec inquiétude ; des jeunes hommes qui se toisent avec intrépidité ; des femmes quelque peu mûres toute panachées, toute pavanées, tout enluminées, qui viennent faire assaut entr'elles de mensonges officieux, et chacune de son côté, de médisances clandestines ; des importants fatigués de leur vie de représentation, et qui se croient obligés cependant à en étaler tous les soirs dans un cercle nouveau le magnifique ennui; le poète à la mode. enfin, débitant, le sourcil élevé en signe d'inspiration, des vers flasques et froids que l'inspiration a trahis, les écoutant sans rivaux, et fier de les entendre résonner sous les voûtes du palais, à la faveur d'un écho qn'ils ne trouveront ni dans le public ni dans la postérité.

Mais ce qui surtout ne manque jamais dans un cercle, ce que vous trouverez infailliblement à Inverness comme à Raguse, à Cadix comme à Tobolsk, à Odessa comme au Caire; ce que vous trouveriez peut-être aujourd'hui à Tombouctou, c'est un brillant et hardi jeune homme, à la cravate fashionable, aux cheveux en coup de vent, au claque rond doublé de satin cerise, au gilet mandarin de Valencia, aux bas gris de perle brodés de coins à jour, au lorgnon scrutateur, à l'impertubable assurance, à la voix haute, que vous avez rencontré une fois chez Tortoni, ou près de qui vous avez bâillé un soir à Favart, et qui, sans s'informer si vous voyagez ou non sous le bon plaisir de M. de Metternich, vous jette d'un bout de salon à l'autre un salut familier...

« Mais c'est lui, c'est Théodore, le prince le plus ai-
» mable de la confédération... Eh! cher ami, que je
» t'embrasse!... »

— Maugrebleu de toi, dit Breloque ! —

« Quel heureux événement, » continue-t-il en vous liant d'un bras familier, en appuyant sa main sur votre épaule, et en vous faisant cavalièrement pirouetter devant toute l'assemblée, pour qu'il ne reste de doute à personne sur l'intimité de cette amitié soudaine et inévitable!

« Mais, reprend-il à plus basse voix, c'est que tu es ici
» nouveau venu! c'est que tu as besoin de *Cicerone,* et
» comme je suis depuis cinq jours à Milan, tu ne
» pouvais pas tomber mieux pour te mettre au fait
» de la chronique galante du pays... »

— Et il n'avait pas cessé de parler; mais pendant que ses phrases venaient mourir à mon oreille, comme le bourdonnement confus d'un insecte importun, mes yeux s'étaient arrêtés sur une jeune femme de la plus rare beauté et de la parure la plus éclatante, qui était là, seule, rêveuse, mélancolique, appuyée contre un des attiques de la colonnade. —

« Ah! je comprends, me dit-il; c'est par là que
» tu veux commencer : mais cela n'est réellement
» pas mal! je reconnais ce goût exercé qui te distin-
» guait parmi tous les amateurs; c'est une affaire à
» essayer. Dans sa position, on est au premier venu, et
» un homme qui arrive avec tes avantages!... J'y avais
» pensé, mais j'ai été pris plus haut. »

— En vérité, repartis-je, en le mesurant. C'est possible! —

« Allons! Le cœur est est occupé! Tu n'as d'atten-
» tions que pour elle! Conviens qu'il serait fâcheux
» que ces beaux yeux noirs ne se fussent jamais ou-

» verts à la lumière ?.. » — Que voulez-vous dire!

« Ce que je veux te dire? C'est qu'elle est née aveugle.
» C'est la fille d'un riche négociant d'Anvers qui n'avait
» eu que cet enfant d'une femme qu'il perdit jeune. Il
» paraît qu'il eut à la même époque je ne sais quel vio-
» lent chagrin. »

— Vous croyez? —

» Il le faut bien, puisqu'il quitta sa maison qui était,
» dit-on, plus florissante que jamais, et s'éloigna d'An-
» vers en laissant de magnifiques présents à ses em-
» ployés et des pensions à ses domestiques. »

— Et puis, que devint-il? repris-je avec l'impatience d'une curiosité qui s'accroissait par degrés? —

« Oh! C'est un roman... qui t'ennuierait... »

— Breloque aurait dit volontiers : Vous ne m'ennuyez plus. Je dis : Vous ne m'ennuyez pas. »

« Eh bien, que sais-je, moi? Ce bon homme alla où
» nous allons tous une fois, pour dire que nous y
» sommes allés; dans cette froide vallée de Chamouny
» dont je n'ai jamais compris les tristes merveilles, et,
» chose étonnante, il s'y fixa pendant quelques années.
» N'as-tu pas entendu parler de lui?... Un nom bour-
» geois... M. Robert... C'est cela. »

— Comment vous appelez-vous?

« Étourdi, tu l'as oublié! je m'appelle de Rober-
» ville. »

C'est comme moi, dit Breloque à mon oreille. Je m'appelle de Breloqueville, descendant de l'obscure famille des Breloque.

— Enfin? repris-je.. —

« Enfin, continua-t-il, un oculiste rendit la vue à
» cette petite fille. Son père la conduisit à Genève... et
» à Genève elle devint amoureuse d'un aventurier qui
» l'enleva, parce que son père le refusa pour gendre. »

— Son père avait jugé ce misérable. —

« Il l'avait d'autant mieux jugé qu'à peine arrivé à
» Milan l'aventurier disparut avec tout l'or et tous les
» diamants qu'il était parvenu à soustraire. On assure
» que ce galant homme était déjà marié à Naples, et
» qu'il avait encouru une condamnation capitale à
» Padoue. La justice le réclamait. »

— Et M. Robert ? —

» M. Robert mourut de chagrin, mais cet événement
ne fit pas grande impression. C'était une espèce de visionnaire, un homme à idées bizarres, qui, entr'autres
extravagances, avait conçu pour sa fille l'établissement
le plus ridicule. Croirais-tu qu'il voulait la marier à
un aveugle ? »

— La malheureuse ! —

« Pas si malheureuse, mon cher ! Peu considérée à
» la vérité ; c'est la conséquence nécessaire d'une faute
» chez ces pauvres créatures : mais la considération,
» cela ne sert qu'aux pauvres. »

— Est-il vrai ! —

« Comme je te le dis. Regarde plutôt ! Ah ! mon ami !
» On a bien des priviléges avec deux cent mille francs
» de rentes, et des yeux comme ceux-là ! »

— Des yeux ! des yeux ! malédiction sur ses yeux !
ce sont eux qui l'ont donnée à l'Enfer ! —

Rétribution.

Il y a dans mon cœur un levain horrible de cruauté.

Je voudrais que ceux qui ont fait souffrir les autres souffrissent une fois tout ce qu'ils ont fait souffrir...

Je voudrais que cette impression fût déchirante, et profonde, et atroce, et irrésistible; je voudrais qu'elle saisît l'âme comme un fer ardent; je voudrais qu'elle pénétrât dans la moëlle des os comme un plomb fondu; je voudrais qu'elle enveloppât tous les organes de la vie comme la robe dévorante du Centaure.

Je voudrais cependant qu'elle durât peu, et qu'elle finît avec un rêve.

J'avais fixé sur Eulalie un de ces regards arrêtés qui font mal aux femmes quand ils ne les flattent pas — Je ne sais plus où je l'avais appris. — Elle se releva du socle qu'elle embrassait si tristement, et se tint devant moi, immobile et presque effrayée.

Je m'approchai lentement : — Et Gervais! lui dis-je... —

« Qui ? »

— Gervais ! —

« Ah! Gervais! » reprit-elle, en appuyant sa main sur ses yeux.

Cette scène avait quelque chose d'étrange qui étonnerait l'âme la plus assurée. J'apparaissais-là comme un intermédiaire inconnu; la pénitence, ou le remords.

— Gervais! repris-je avec véhémence en la saisissant par le bras, qu'en as-tu fait ? —

Elle tomba. Je ne sais-pas si elle était morte,

Équitation.

Tant que cette espèce mulièbre existera, tant qu'elle dansera, tant qu'elle tournera, tant qu'elle se trémoussera, tant qu'elle s'évertuera, tant qu'elle sautillera, tant qu'elle frétillera, vous les verrez toutes finir par male envie de vénusté, ou par rage de vanité, dit Breloque. — C'est ce qui a perdu Patricia, Patricia elle-même, une jument de si riche encolûre et de si beau pelage, une jument de race, une jument de château,

une jument titrée, une très-noble jument; la jument des fous en titre d'office et du Prince des sots.

Oh! que c'était, ma foi. une grande, belle, énergique et vigoureuse jument. C'est qu'elle avait gagné sa litière dans les batailles! C'est que vous n'auriez pas lu un livret de ce temps-là où il ne fût question de Patricia!

Hic, Fredegarius;

Illic, Gregorius Turonensis ;

Qui Ariosto ;

Quà, Tasso ;

Ci, Mézeray;

Ça, Daniel ;

And, Shakspeare *himself*.

Et Dieu sait, dit M. de Voltaire, si elle fit merveille à Fontenoy!...

— Tu as connu Patricia, Breloque? —

Je le crois bien! j'ai failli la monter...

Et pourquoi ne l'aurais-je pas montée?

Triboulet la montait.

Caillette la montait.

Brusquet la montait.

Thoni la montait.

Sibilot la montait.

Angoulevent la montait.

Molinet la montait.

Taupin la montait.

Patz la montait.

Jouan la montait.

Drumoinet la montait.

Mistanguet la montait.

Tabarin la montait.

M. Guillaume la montait

Bluet d'Arbères, comte de Permission, la montait.

Polyte la montait, Polyte, le plus sage des fous, qui en a tant remontré à l'abbé de Bourgueil.

Pape-Thenu la montait, qui eut l'honneur d'être de son vivant bouffon de l'empereur Charles-le-Quint.

Maretz la montait; Maretz, qui se flattait d'avoir fait sourire ce triste Louis XIII, et qui a disputé un moment la faveur royale au brillant Cinq-Mars, et au petit Barradas.

Langeli la montait; le malheureux Langeli que Boileau a si injustement ravalé au niveau d'Alexandre.

Eh! que je l'eusse bien montée si je l'avais voulu !

Quand je la vis, quoique un peu décrépite, elle sentait encore sa jument de bon lieu. Elle hennissait encore d'impatience et de courage, elle sollicitait la mêlée, elle appelait les combattants. Elle *sorbait* du pied la terre, elle *frendait* son mords des dents, *ut dicitur ubiquaque*. Ce fut une fière jument.

Mais Patricia finit de vieillir. — Et Patricia, je dois le dire, ne s'était jamais fait remarquer par son esprit. L'habitude de la cour acheva de la perdre, et depuis qu'il lui fut permis de remplacer par des talons de maroquin ses fers brûlants et poudreux, elle devint ce que vous l'avez vue, bégueule, bigote, précieuse, pecque, pimbêche et pimpesonée, comme une bête de jument.

Elle se mit à employer son temps en passes, en pétarades, en mascarades et en fanfares;

A courir le cirque pour faire valoir ses grâces ;

A faire dorer ses gourmettes, à faire tinter ses sonnettes, à faire admirer ses courbettes ;

A poursuivre, à l'opposé du soleil, la sotte bête! l'ombre de ses grands plumets.

Elle courait, elle trottait, elle galopait, elle volait, elle frivolait, elle caracolait, et c'est bonheur si elle n'a pas cassé le cou à Triboulet.

Voilà qu'un jour, Malotru, le palefrenier de céans, vint nous dire, en tournant de ses larges mains son grand, gros, gris, gras, vilain bonnet : « Sauf votre respect, messieurs, ce n'est plus guère la peine de trier la paille de Patricia sur le volet, de cribler son avoine au tamis de soie, de ne la brosser qu'à belles étrilles de vermeil, et de dépenser dix fois plus d'argent à la broderie de sa housse qu'il n'en faudrait pour entretenir toutes les écuries de nos gens d'armes.

Patricia butte.
Patricia est borgne.
Patricia est boiteuse.
Patricia est fourbue,
Patricia est poussive.
Patricia est brèche-dent comme Popocambou.
Patricia ne sert plus à rien.

Patricia a fait son temps.

Patricia a vécu. »

— Tu as vu mourir Patricia, Breloque? —

Peu s'en faut. — « Qu'il est pénible, me dit-elle, en détournant d'un geste languissant ses courtines de velours usé, qu'il est cruel de se voir abandonnée du monde et de Triboulet, quand on descend du cheval de Job et de la jument de Gargantua, ou de quelques illustres personnes de la même espèce! Vous verrez cela dans ma généalogie! »

Madame, lui répondis-je, en baisant respectueusement son sabot, tout finit dans ce monde transitoire. Triboulet, dont vous me faites l'honneur de parler, est allé depuis longtemps, lui-même, rejoindre ses aïeux, qui s'étaient cru immortels; et la loge du prince des sots (le dernier s'appelait Nicolas Joubert) est fermée depuis plus de deux cents ans à l'hôtel de Bourgogne, malgré l'arrêt du Parlement, qui lui en confirma la possession le 19 février 1608, sur le plaidoyer de maistre Julian Peleus, à ce que m'a dit don Pic de Fanferluchio.

« Que m'importe? répondit-elle avec impatience; je n'en suis pas moins, en vertu d'ordonnances et de lettres-patentes, la jeune, belle et fringante jument du Prince des sots. — »

Si jeune, si belle, si fringante, que vous en auriez donné cent comme elle pour l'ânesse de la laitière!

Et voilà ce qui en est de la vanité des femmes et des juments!

Imposition.

—

Ce que j'avais à cœur de savoir — car j'étais bien persuadé que la jument de Triboulet devait mourir ni plus ni moins que celle du neveu de Charlemagne —

Ce que j'avais à cœur de savoir — mais ce n'est pas en dire assez !

Ce qui m'obsédait jour et nuit, ce qui dévorait dans ma vie des semaines, des mois et des années, ce qui a transformé en cruelles souffrances les joyeux oublis de ma florissante jeunesse —

Et que diable avais-je à démêler, je vous le demande, avec la jument de Triboulet ?

C'était l'invincible besoin, c'était la volonté déterminée de vérifier si ce malencontreux écuyer parviendrait à ressusciter sa jument ou à monter sur une autre. —

« Il est vrai, » dit Breloque, » plus ému qu'il n'appartient à son caractère, « il est vrai, monseigneur, que
» lorsque vous avez monté longtemps une bonne
» jument,

» Vous êtes fait à son pas ;
» Vous êtes fait à son entre-pas ;
» Vous êtes fait à son amble ;
» Vous êtes fait à son aubin ;
» Vous êtes fait à son trot ;

» Vous êtes fait à son galop.

» Vous l'allongez, vous la soutenez, vous la retenez,
» vous l'enlevez sur place ;

» Vous la faites tourner, piaffer, danser, sauter,
» cabrioler, pirouetter, virevolter, avec un baiser gym-
» nastique ou un popisme cavaleresque.

« Mais que voulez-vous qu'on fasse d'une jument
» morte ? »

— Crois-tu, dis-je, en interrompant Breloque, avec
» un attendrissement concentré, qu'il ait jamais pu re-
» trouver une pareille jument ? —

« Il en a trouvé plusieurs, répondit Breloque. Je le
» vis dernièrement chevauchant une grande jument,
» venue d'Angletere, qui est cousine de la jument
» de John Bull, qui est cousin de Triboulet. C'était,
» ma foi, une jument leste et preste, vivace et témé-
» raire, large de croupe, tranchante de garot, forte
» d'encolure, souple de hanches, solide de paturon,
» bonne à monter et à descendre comme le Bucéphal
» du roi François, et dont tout le monde s'accommo-
» derait, bien qu'elle soit un peu rétive à son cavalier,
» mais que nous ne monterons ni vous ni moi. »

— Et pourquoi ne monterais-je pas la jument ba-
nale de ce fou aux têtes innombrables que tu appelles
le Prince des sots ? —

« Si votre altesse le trouvait bon, oserais-je lui de-
» mander d'abord combien elle paie de contribution
» personnelle, foncière, mobiliaire, directe et indirecte
» sur toute l'étendue de sa principauté ? »

— La juste somme à laquelle l'infâme Judas Iscariote, de patibulaire mémoire, osa taxer la vie de l'homme-Dieu — trente deniers de métal de cloche, sauf mon instance en dégrèvement. — Mais qu'est-ce que cela fait à l'affaire ? —

« Cela y fait tout, et c'est précisément l'enclouure.
» Toute cette chevance ne sufffirait pas à escompter
» votre patente de gentilhomme, ou votre licence de
» prince, si elles n'étaient déjà entérinées à Tombouc-
» tou, car la noblesse est hors de prix, et aussi les ju-
» ments. Nul n'enjambera plus une cavale céans (foin
» des maquignons!), s'il ne paie au moins au trésor
» cinquante belles piéces d'or de bon aloi, pesantes,
» luisantes, sonnantes et trébuchantes, et on ne mon-
» terait pas cette année une jument politique à meil-
» leur marché, quand on sortirait tout frais émoulu
» de l'Hippodrome. Tant vaut l'impôt, tant vaut
» l'écuyer. »

Je suffoquais d'indignation !

— Eh quoi ! m'écriai-je, il serait dit que j'ai passé les jours d'une robuste adolescence à trotter à la plate-longe, à presser à cru les flancs des cavales récalcitrantes de l'Andalousie, à surmener des juments barbaresques qui n'avaient jamais senti le frein, à mettre à *quia* les professeurs les plus huppés d'équitation et d'hippiatrique, et qu'on me défierait impunément de monter comme un autre la jument de Triboulet ! —

« Il est trop vrai, » reprit Breloque d'un ton résolu :
« Vous réuniriez en vous seul

   • Grison,
   » Fiaschi,

» Vargas,
» La Broue,
» Malateste,
» Pluvinel,
» Tapia de Salcedo,
» Menou,
» Cavendish,
» Imbotti,
» Winter,
» Ridinger,
» Eisenberg,
» Ruzé,
» Laguérinière,
» Saunier,
» Garsault,
» Solleyzel,
» Drumond de Melfort,
» Dupaty de Clam,
» Montfaucon de Rogles,
» Mottin de la Blame,
» Astley,
» Pembroke,
» Thiroux,
» Mazuchelli,
» Gambado,
» Vitet,
» Amoureux,
» Bourgelat,
» Robinet,
» Cabero,

» Lafosse,
» Flandrin,
» Huzard,
» Chabert,
» Et Franconi....

» Je dis plus! vous feriez le saut du ruban et celui
» du cerceau avec le Rossinante de don Quichotte ou
» le Criquet de don Japhet d'Arménie, que vous ne se-
» riez jamais reçu au manége où elle manœuvre qua-
» drupédalement, la monture financière du Prince des
» sots, si vous ne parvenez, par quelque riche héritage
» que vous n'attendez guère, ou par quelque rare in-
» dustrie que je ne vous connais pas, à exiber un jour
» à la porte le bordereau d'une bonne contribution éli-
» gibilifiante. »

— J'aimerais mieux, Breloque, je le jure par le plus beau des coursiers du soleil, qui s'appelait Phlégon! — j'aimerais mieux monter toute ma vie un vieux cheval rompu, fourbu, courbu, courbatu, féru, crochu, bleymu, gras-fondu,

Entretaillé, encloué, couronné, bouté, épointé, court-jointé, arqué, brassiqué,

Cornard, panard, pansard, pinsard,

Siffleur, cagneux, rampin, fortrait, poussif et variqueux,

Tout rongé de fics, de soies, de mules, de formes, de peignes, de clous, de râpes, de fusées, d'ancœurs, de suros, de javarts, d'osselets, de molettes, de malandres, de solandres, de cerises, de crevasses, de capelets, de crapaudines, de furoncles, d'anthraces, de phlegmons, de jardons, de charbons, de bubons, de vessigons et d'éparvins, que cette jument capricieuse et intéressée !...—

« Hélas, monseigneur, elle ne vaut guère mieux de » l'heure qu'il est! » repartit Breloque en poussant un long soupir, et en essuyant ses yeux de la manche de son pourpoint : — « Hélas ! monseigneur, continua-t- » il, si vous saviez comme ses palefreniers l'ont tra- » vaillée !....

» Comme ils l'ont chamaillée !...
» Comme ils l'ont tiraillée !...
» Comme ils l'ont éraillée !...
» Comme ils l'ont bataillée !...
» Comme ils l'ont bretaillée ?...
» Comme ils l'ont ferraillée !...
» Comme ils l'ont harpaillée !...
» Comme ils l'ont tenaillée !...
» Comme ils l'ont fouaillée !...
» Comme ils l'ont dépenaillée !...
» Comme ils l'ont encanaillée !...
» Comme ils l'ont appareillée !...
» Comme ils l'ont habillée !...
» Comme ils l'ont étrillée !...
» Comme ils l'ont toupillée !...
» Comme ils l'ont écouvillée !...
» Comme ils l'ont gaspillée !...
» Comme ils l'ont grapillée !...
» Comme ils l'ont mordillée !...
» Comme ils l'ont pointillée !...
» Comme ils l'ont tortillée !...

» Comme ils l'ont houspillée !...
» Comme ils l'ont déguenillée !...
» Comme ils l'ont dépouillée !...
» Comme ils l'ont embrouillée !...
» Comme ils l'ont barbouillée !...
» Comme ils l'ont charbouillée !...
» Comme ils l'ont tribouillée !...
» Comme ils l'ont souillée, fouillée, et farfouillée !...
» Comme ils l'ont croquevillée !...
» Comme ils l'ont pretintaillée !...
» Comme ils l'ont fretinfretaillée !... »

— En vérité, Breloque ?... —

« A n'y pas reconnaître figure de jument depuis le
» toupet jusqu'à la sole !... »

— La pauvre bête !!! —

Dotation.

« Eh! mon Dieu, dit Breloque, avec un pareil bordereau de contribution, sur quoi vous proposez-vous, monseigneur, de constituer notre dotation? Sur quoi fonderez-vous ce noble majorat Théodorien, qui est, pour le dire entre nous, et sans que cela nous passe, la plus solide espérance des aristocraties futures? »

— Sur quoi ? Breloque ! — As-tu vu l'araignée errante au bout de son fil et chassée par les airs ? Demande-lui où elle va l'attacher ? A un arbre que les vents ont planté ; au coin d'une muraille ruinée par le temps, que de malheureux bergers avaient bâtie pour se mettre à l'abri de l'orage ; au revers d'une fosse creusée pour le premier venu ! N'est-ce rien pour un être organique et sensitif que la destination de l'araignée ! n'est-ce rien pour un être mort qu'une fosse de six pieds ? Aux géants près, que l'on t'a montrés à la foire, presque tous les hommes y seraient à l'aise. Ah ! Breloque, si toutes les créatures qui ont rampé sur ce *monceau* ou sur ce *morceau* de boue (car cette variante du *Télémaque* est encore en question)... si quelque Gracchus des morts venait réclamer en leur nom une part proportionnelle de la superficie de la terre, une répartition agraire du cimetière commun, pour y dormir éternellement, la fosse d'une fourmi, cher Breloque, deviendrait à plus haut prix, sur le tarif des enterrements, que ne le sont aujourd'hui les funérailles d'un Empereur !

Et tu veux qu'un prince déchu, trop heureux cent fois d'avoir une fosse pour espérance.... —

Il est douteux, du moins, au point où en sont les choses, que la Sainte-Alliance ait le loisir de s'occuper de ma principauté, quoique ma principauté soit, en conscience, tout aussi réelle, tout aussi essentielle, tout aussi substantielle, tout aussi plénipotentielle, que bon nombre des principautés que la Sainte-Alliance a reconnues de huit ou dix lunes en çà —

Et d'ailleurs les rois de la terre sont si chiches, depuis quelque temps, de leurs apanages terriens, que je ne vois pas, à vrai dire, un coin de la carte politique de l'Europe où l'on puisse me donner désormais pour indemnité de ma principauté perdue, ce qu'il faudrait d'espace à un pauvre petit garçon de Barcelonnette, ou de la vallée d'Argelès, pour faire danser sur une tablette de sapin émincé Pierre de Provence et la belle Maguelonne :

Pierre avec sa toque espagnole relevée d'un bouton de verre, son juste-au-corps de panne rouge rapée, galonné d'or faux, et ses bottines de basane d'une couleur équivoque, battues d'un gland flottant ;

Magdeleine avec son petit chapeau de feutre noir, la plume de coq à l'oreille, la camisole de vieux satin verd, et la jupe de futaine...

— Je n'ai donc plus qu'à disposer de ce qui me reste, et je te fais, Breloque, mon exécuteur testamentaire. —

« Oh ! s'écria Breloque, que de joyaux ! »

Donation.

— Mais, si je procède, Breloque, à l'inventaire de mon garde-meuble, ne va pas supposer, dans ta confiance étourdie, que c'est pour lutter une fois de magnificence avec Jacques Cœur de Bourges, ou le riche Ango de Dieppe, ou les Fourques d'Augsbourg, ou Nicolas Flamel, de la paroisse Saint-Jacques-la-Boucherie, ou cet honnête lunatique qui a ramassé tant de milliards en diamants de Cayenne. L'imbécile orgueil de la fortune ne m'a jamais séduit.

Je veux seulement laisser à ceux que j'ai aimés un gage plus durable, hélas! que cette existence qui m'échappe, de la tendresse inextinguible qui enflammait mon cœur, avant que la mort en eût fait une froide cendre :

A Victorine, la seule mèche de cheveux qu'ait épargné mon désespoir, dans les tribulations que sa coquetterie et ses caprices m'ont fait souffrir. Oh! que la moindre des perruques de ce bon prince trichiomane me viendrait maintenant à propos!

A Dioclès de Smyrne, une moyenne proportionnelle très-exacte entre le jugement d'un idéologue et l'imagination d'un commentateur —

A Henri Dodwell, une belle carte de mes lods, fiefs et alleus, pour être jointe à la prochaine édition des *Petits géographes* —

Au docteur Abopacataxo, le fond de ma bouteille à l'encre —

A la marquise de Chiappapomposa, une sonnette fêlée qui n'a point de battant —

A Patricia, un mors de bride usé au milieu, et incomplet de ses deux bossettes, contre lequel j'ai eu la sottise d'échanger, sur le quai de la Ferraille, le tuyau d'une vieille pipe que j'avais fumée à Wagram —

Au sublime Mistigri, un petit bon homme Godenot en bois de sureau, long de deux pouces trois lignes, avec son habit de papier vert, pour en faire une espèce d'académicien —

A Popocambou, la meilleure de mes deux pantoufles : mais qui diable lui en donnera la semelle ?

Tu distribueras le reste à ton escient, mon cher Breloque : *scilicet*, ou *si licet*, ou *sic licet :*

(Quelle vive extase n'auraient pas procuré ces belles variantes à mon vieil et grand ami, Joseph Scaliger !)

La rose sèche que je détachai de sa tige, en la frappant du pied, dans un mouvement de sensiblerie romantique, auprès du *Rocher des aveugles* ; —

Item, quelques plumes de la dernière mue de ce fameux Lori rouge et vert qui savait quatre pages, et une demi-douzaine de rubriques. S'il n'était pas mort intempestivement pour sa gloire et pour la mienne, il y a longtemps qu'il éclipserait toutes les renommées du barreau ; —

Item, la brochette dont je m'étais servi pour élever le merle surprenant de Jeannette, qui disait : *Je vous aime*, comme Jeannette, et qui l'oublia moins promptement qu'elle ; —

Item, trois graines du réséda que Lubin avait donné à Lubine, et qu'elle arrosait de ses larmes, notre douce Lubine, en regardant de sa mansarde la rue Saint-Martin-bleu-d'yeux, s'il revenait pas de Flandre, l'ami qui était mort à Walcheren !... —

Item, le fétu qui devait arrondir le nid de mon hirondelle, mais elle ne se souciait plus de son nid. L'orage qui cassa notre dernière vitre, Breloque, avait tué ses petits!... —

Item, un pepin de la poire que mordit ma chère Thérèse, un moment avant d'expirer, en me disant : Théodore... j'ai encore soif —

Item, l'épingle dont se piqua Justine pour écrire de son sang qu'elle m'aimerait toujours ; (sa blessure d'épingle n'était pas fermée qu'elle m'avait trompé trois fois). —

Item, un denier de fabrique rogné qu'elle m'avait laissé pour gage de fiançailles... —

Item, la pellicule d'oignon d'un mirliton percé sur lequel je préludais à seize ans :

  Sitôt que notre cœur aime...

Et que j'ai usé depuis longtemps à jouer :

  Félicité passée..., etc.

Item, ceci, Breloque, mérite attention! le crayon numérivome du grand logarithmier, et tous ses ouvrages par dessus le marché! —

Item, enfin. . . . .

— *Item*, dit Breloque d'un air sournois, il reviendra quelque chose de tant de trésors à votre fidèle intendant. —

J'y venais, Breloque. Je te donne, écoute bien ! je te donne d'abord ma bibliothèque.

— Bon! dit Breloque, un mince bouquin qui n'a ni commencement, ni fin, ni milieu, et que les rats ont mangé par les bords! —

Je ne me rappelle guère ce qu'il contient.

— Des pages sans suite, dans lesquelles on découvre à peine, sous de larges moisissures, quelques phrases hétéroclites : — *Philosopher, c'est apprendre à mourir.* — *De la terre sur la tête, et en voilà pour jamais.* — *Où allez-vous, gens de la noce ?* — Attendez, attendez, monseigneur ! Qu'est-ce là ? *Que les andouilles ne sont point à mespriser entre humains !* — Vertudieu ! la belle parole ! —

Assez, Breloque. Tu as là dedans toutes les vérités essentielles à la conduite morale de la vie. Ne cherche point à pénétrer plus avant dans les secrets de notre infirme et misérable nature. Ce n'est cependant pas à ce don que se bornent mes bienfaits.

— A la bonne heure ! dit Breloque. —

Je te donne, Breloque, tous mes droits, immunités et priviléges, sur la principauté de *Nihil-no-not-nigth*.

— Merci !! dit Breloque. —

Plus, le produit net de la seconde édition de notre *Histoire du roi de Bohême et de ses sept châteaux.*

— Merci !!! dit Breloque. —

Plus, Breloque, mes quatre brevets de l'ordre du Lis, de l'ordre du Saint-Sépulchre, de l'ordre du Phœnix, et de l'ordre de l'Éperon d'or.

— Merci !!!! dit Breloque. —

— Et puis !!!!! ajouta Breloque interdit. —

— Et puis !!!!!! répéta-t-il d'un ton rechigné. —

— Car enfin !!!!!!! grommela-t-il entre ses dents. —

— Et en récapitulant tout cela sur ses doigts !!!!!!!! —

Et puis, quelque chose de plus précieux encore.

— Ah ! ah ! dit Breloque, respirant. —

Je te donne ma voiture, Breloque, ma jolie voiture de voyage, celle qui nous a ramenés de Tombouctou, et qui nous conduira peut-être un jour en Bohême.

— Oserais-je demander à monseigneur où l'on remise sa voiture? reprit Breloque en ricanant. —

Partout, Breloque, et voilà ce qui en fait la commodité. Avec la sonde d'un puits artésien, je la ferai descendre aux entrailles de la terre. Connais-tu, Breloque, les couches des six créations? As-tu découvert dans les carrières de Montmartre le squelette végétal d'une juncacée qui était plus haute que le Pic de Ténériffe? As-tu rêvé quelquefois ces sauriens aux ailes immenses qui auraient avalé d'une seule inspiration des armées d'éléphants et d'hippopotames? Que dirais-tu d'un insecte dont le poids eût effondré sur sa base immortelle la pyramide inverse de Tombouctou? Ce n'est rien que cela. Ma voiture peut te conduire dans des abîmes où ne plongera jamais le seau hasardeux du mineur, et où nous laisserons bien loin derrière nous les futiles hypothèses des Vulcanistes et des Neptuniens. Je te suspendrai, Breloque, à ce point central du diamètre de la terre, où la puissance isosthène de l'atmosphère ambiante s'équilibre si absolument avec celle de la gravitation que le corps le plus lourd et le plus impondérable dont tu puisses te faire idée, un discours d'inauguration, une épître de circonstance, une leçon de métaphysique, y resterait, chose difficile à croire, éternellement immobile entre ses pôles éternels.

— Je ne veux pas y aller, dit Breloque. —

As-tu vu, quelquefois, sur le ruisseau de notre village, une valve de noix sèche qui fuit comme une pirogue, emportée par le courant ; tantôt pirouettant sur un petit flot qui tourbillonne, tantôt échouée sur un rescif, entre deux pieds de flambe ou deux feuilles de nymphœa ; délaissée comme une vieille carcasse de vaisseau à la suite d'une sécheresse, remise à flot par une averse, et voguant sans mât, sans rames et sans pavillon, au gré de la pluie et du vent ? C'est la voiture nautique avec laquelle je parcours les immenses replis de la ceinture du globe ! Je descends le long cours des fleuves, à travers des rivages qu'enrichit une pompeuse végétation, je vois les villes répéter leurs panoramas magnifiques dans le cristal immense que je laboure de ma quille assurée. J'arrive aux mers, sur mon tillac humecté par l'écume d'argent d'une marée favorable, ou par les gouttes d'eau qui tombent en perles des ailes frémissantes du cormoran. Bientôt les oiseaux disparaissent. A peine je vois encore quelque poisson volant refermer ses nageoires membraneuses, desséchées par un rayon de soleil, et tombant de haut dans la mer ; ou bondir quelque bonite égarée. L'Océan m'est ouvert avec ses îles et ses mondes... Veux-tu, Breloque, te diriger vers le passage nord de l'Amérique, ou bien irons-nous troubler, sur les rives enchantées d'O-Tahiti, le sommeil d'une jeune reine ?...

— Diable, dit Breloque ! —

Si cependant tu l'aimais mieux, vois-tu la bise emporter l'aile d'un papillon mort — ou bien le duvet impalpable qu'elle a chassé d'un nid nouvellement abandonné — ou bien la foliole tournoyante de la graine de tilleul — ou bien l'aigrette argentée d'une flosculeuse qui monte en se balançant comme un aérostat, et s'enfuit, pour aller jeter au revers de la montagne ses légères ancres de soie — ou mieux encore, ces flocons d'un blanc neigeux qu'une vierge des planètes a laissé tomber de sa chevelure, et que la plus légère émanation de ton souffle renvoie au ciel d'où ils sont descendus...? Voilà ma voiture aérienne, celle avec laquelle je visite les Soleils...

Et si tu voulais voyager dans la gouttière la plus voisine...?

— Ma foi non! dit Breloque... —

J'aurais à ton service l'équipage invisible du rotifère, et nous visiterions avec lui un microcosme incomparablement plus vaste que l'univers qui a été donné à la science par le télescope d'Herschell.

— Va pour votre voiture, dit Breloque en sautant. Toujours va qui roule, et au bout du fossé la culbute; mais si le docteur Abopacataxo était ici, il vous démontrerait, par raison arithmétique, monseigneur, que tout votre capital ne vaut pas *six-blancs*. —

C'est cependant, mon cher Breloque, tout ce qui reste dans ce vieux bahut de sapin que notre hôtesse nous a prêté.

Supputation.

Si je vais tout d'un trait en Bohême, dis-je le matin à mon réveil — le calcul n'est pas difficile !

Mes aventures à l'amphithéâtre de Vérone demandent au moins un volume ;

Mes promenades sentimentales et romanesques sur le lac de Côme, un volume ;

L'escapade que Breloque fit faire à cette fringante nonnette de la Torre dei Çonfizzi, un volume, à moins que je ne le garde pour mes confessions ; mais le public est si pressé !

Je ne puis pas en conscience méditer en moins d'un volume sur les ruines de Venise. Je connais un libraire qui en ferait six.

En n'employant que trente-deux volumes à la description consciencieuse de tout le pays, depuis les basses lagunes jusqu'à la contrescarpe de Konigsgratz — quand je ne partirais que de Trévise et du marché aux poissons, — il me faudrait bien ric-à-ric trente-six volumes préliminaires.

Je dois déclarer que celui-ci n'est pas compris dans le compte.

Or, si je donne une minute par jour à la sensation,

Une minute par jour à la perception,

Une minute par jour à l'appréhension,
Une minute par jour à la compréhension,
Une minute par jour à la réflexion,
Une minute par jour à la discussion,
Une minute par jour à l'intuition,
Une minute par jour à la méditation,
Une minute par jour à l'invention,
Une minute par jour à la disposition,
Une minute par jour à la distribution,
Une minute par jour à l'exécution,

Et quatorze cent vingt-huit minutes à la distraction et au sommeil (c'est réellement la moindre mesure de délassement et de repos qu'on puisse dispenser à une vie occupée de labeurs si vastes et si sérieux); —

Cela fait quatorze cent quarante minutes dont je me départirais quotidiennement en faveur de l'*Histoire du roi de Bohême et de ses sept châteaux*.

Mais la composition du premier volume m'ayant coûté trente ans, trois semaines et quelques heures, — nous ne compterons que trente ans pour éviter le calcul des fractions, — je ne pourrais guère fournir ma dernière livraison avant le mois de mars de l'an vingt-neuf cent neuf.

Et d'ici à l'an vingt-neuf cent neuf? — Ma foi! je reverrai Gervais auparavant. — De Milan à Chamouni, vous n'avez qu'une promenade, surtout en traversant la mer de glace par le pays d'Aoste, comme lady Very-Mad, et miss Frolicsome. — Et vous êtes à peu près sûr au moins de ne trouver ni les argoulets du fisc, ni les argousins de l'alliance.

Désolation.

C'était l'heure — c'était la place — et c'était le rocher. Seulement, Gervais n'y était pas.

Le soleil y donnait en plein, et toutes les pâquerettes étaient fleuries, et toutes les violettes parfumaient l'air. Il n'y avait pas jusqu'à la rose des Alpes qui n'eût repoussé.

Mais, Gervais n'y était pas.

Je m'approchai de son banc. Il y avait oublié son long bâton de cytise recourbé, noué d'un ruban vert avec des caractères imprimés en relief. Cette circonstance m'inquiéta.

J'appelai Gervais. — Une voix répéta : Gervais. Je crus que c'était l'écho.

Je me tournai de ce côté, et je vis venir Marguerite qui menait un chien en lesse. Ils s'arrêtèrent. Je reconnus Puck, et Puck me reconnut à peine. Il était tourmenté d'une autre idée, d'une idée indéfinissable. Il avait le nez en l'air, les oreilles soulevées, les pattes immobiles, mais tendues, pour se préparer à la course.

— Hélas, monsieur, me dit Marguerite, auriez-vous vu Gervais ? —

Gervais ? répondis-je. Où est-il ?

Puck se tourna de mon côté comme pour me regarder, parce qu'il m'avait entendu. Il s'approcha de moi de toute la longueur de sa lesse. Je le flattai de la main, et il la lécha — et puis, il reprit sa station.

— Monsieur, me dit-elle, je vous remets bien maintenant. C'est vous qui lui avez donné cet épagneul qu'il aime tant, pour le consoler de la perte de son barbet qu'il avait tant aimé. Le pauvre animal n'a pas été huit jours dans la vallée qu'il a été frappé d'une goutte sereine comme son maître. Il est aveugle. —

Je relevai les soies du front de Puck. Il était aveugle. — Puck détourna la tête, lécha encore ma main, et puis hurla.

— C'est pour cela, continua dame Marguerite, que Gervais ne l'avait pas amené hier. —

Hier, Marguerite! il n'est pas rentré depuis hier!

— Ah! Monsieur! c'est une chose incompréhensible, et qui étonne tout le monde. — Imaginez-vous que nous eûmes dimanche un grand orage, et qu'il arriva chez nous un seigneur, je jurerais que c'était un mylord anglais, qui descendait du Buet avec un chapeau de paille tout enrubané, et un bâton à glacier, embecqué de corne de chamois, mais mouillé, mouillé, mouillé!...

Qu'importe cela!

— Pendant que j'étais allé chercher des fagots pour le sécher, M. de Robertville resta seul avec Gervais.

M. de Robertville!...

— C'est son nom; — et je ne sais ce qu'il lui dit. Mais, hier, Gervais était si triste! Cependant il paraissait plus pressé que jamais de venir à l'esplanade, si pressé que j'eus à peine le temps de jeter sa mante bleue sur ses épaules, parce qu'il avait beaucoup plu

la veille, comme je vous ai dit, et que le temps était froid et humide. « Mère, me dit-il quand nous sor-
» tîmes, je vous prie de retenir Puck et d'en avoir
» soin. Sa pétulance m'incommode un peu, et vous
» savez que si la lesse m'échappait, nous ne pourrions
» pas nous retrouver l'un l'autre. » Je l'amenai ici, et quand je vins le rechercher, je ne le trouvai pas. —

Gervais, m'écriai-je! mon bon Gervais!

— O Gervais! mon fils Gervais! mon petit Gervais! disait cette pauvre femme. —

Et Puck! Il mordait sa lesse, et il sursautait autour de nous.

Si vous lâchiez Puck, lui dis-je, il retrouverait peut-être Gervais?

Je ne sais si j'avais réfléchi à ce moyen; mais la lesse était coupée.

J'eus à peine le temps de m'en apercevoir. Puck prit son élan, fit quatre bonds, et j'entendis un bruit comme celui d'un corps qui tombe, dans le gouffre de l'Arveyron.

Puck! Puck!...

Quand je fus là, le petit chien avait disparu, et je ne vis surnager qu'une mante bleue sur le gouffre qui tourbillonnait.

Humiliation.

Depuis que don Pic de Fanferluchio s'était avisé que toutes les questions de critique verbale que pouvait soulever ma narration se réduisaient à la fameuse catachrèse, du ruban vert, il avait reposé sa tête sur le dossier, et il dormait d'un sommeil un peu agité, parce qu'il rêvait à trois étymologies, sur lesquelles son opinion n'est pas encore fixée, celle de *Baccara,* celle de *Farandole,* et celle de *Calembredaine.*

Je cherchai donc des yeux Breloque qui formait à lui seul tout mon auditoire (Victorine était au bain, ou ailleurs); et je remarquai avec plaisir qu'il ne dormait probablement pas. Il était debout :

J'allais l'interroger sur l'impression qu'avait produite en lui l'histoire des amours de Gervais et d'Eulalie;

mais je le surpris dans une de ces attitudes caractéristiques qui épargneraient les frais d'une question au bailli interrogant de l'*Ingénu*. Son bras droit était tourné en quart de cercle à la hauteur de sa tête, sa main tendue et largement déployée ; sa bouche se relevait convulsivement dans le sens opposé, c'est-à-dire de droite à gauche, comme pour étouffer un bâillement sous une grimace ; et son épaule sinistre, qui est naturellement assez difforme, se rapprochait spontanément de son oreille, de manière à exprimer presque aussi distinctement que la parole une idée que vous traduiriez ainsi en langue vulgaire :

QUELLE PITIÉ !

Je ne sais si vous vous connaissez en symptômes physiognomoniques : mais quand vous verrez un homme dans la même position, vous pourrez parier hardiment qu'il s'ennuie à la mort. Je serai volontiers de moitié dans votre enjeu.

J'ai dit que la phrase que je préparais était une espèce d'interrogation, et vous savez qu'il y a des interrogations affirmatives qui témoignent une imperturbable conscience de soi-même, et auxquelles on ne pourrait répondre négativement sans offense, « Grand » Dieu, ai-je de l'esprit, mon cher Breloque ? ne » trouves-tu pas cette histoire admirablement racontée ? »

C'est dans ce monde-là que j'avais jeté ma question. Quand j'aperçus Breloque, je lançai mon moule dans le jardin d'un excellent poète toulousain de ma connaissance, qui s'en est souvent servi depuis.

Le second des moules entre lesquels j'avais à choisir, était ce moule dubitatif où l'on feint de jeter une pensée incertaine, pour se faire répondre ce que l'on désire : « Entre nous, cela est-il bon ou mauvais ? » Dites-moi, mon cher Breloque, si vous êtes un peu » content de cette histoire ? »

Mais ces concessions répugnaient à ma dignité. — Les dispositions de Breloque étaient d'ailleurs si manifestes, et le moule de la question ironique sied si bien au dépit d'un auteur blessé !

« Il paraît que M. Breloque n'est pas extrêmement » satisfait ? » dis-je d'un ton amer.

Breloque releva d'un coup de tête son béret basque surmonté d'une plume de cigogne (c'était ce jour-là son costume de cérémonie), écarquilla les jambes, rapprocha les bras du corps, ouvrit les deux mains sur un plan exactement horizontal, et de la voix d'un chanteur de place qui entonna les vers suivants :

> — Des deux amants d'Aigueperse,
> Apprenez le cas piteux.
> Ils sont nés par grand' détresse
> Aveugles de leurs deux yeux... —

Je vous comprends, Breloque ; vous voulez dire que le sujet n'est pas neuf, et je voudrais qu'il le fût moins encore. Les productions de l'esprit ne vivent que par la forme. Oseriez-vous comparer une mauvaise chanson de village...

— Pourquoi pas, dit Breloque, une mauvaise chanson de village qui dit ce qu'elle doit dire, vaut bien un roman maniéré. —

Maniéré !

— C'est le mot. De l'affectation pour de la grâce, du sentimental pour du tendre, de la déclamation pour de l'éloquence, du commun pour du naïf. —

Breloque !...

— Je vous dis la vérité, Monseigneur. Je ne suis pas le fou de votre altesse pour rien. Si vous n'êtes pas content, réveillez don Pic, et parlez-lui de catachrèses. —

Je ne vous ai jamais vu de cette humeur !... Quoi, mon joli chien lui-même ?...

— Cet épagneul à longues oreilles ? Il a le poil *flou*, comme s'il descendait tout verni et tout glacé d'un tableau de Watteau. Ah ! qu'il est loin du chien de Brisquet ! —

Et qu'est-ce, au nom de Dieu, que le chien de Brisquet ?

— Le chien de Brisquet ? dit Breloque, hélas, ce n'est qu'un chien ; mais c'est un chien, un véritable chien, dont l'histoire ne contient ni descriptions inutiles, ni discours aux périodes sonores, ni combinaisons dramatiques, ni artifices de mots. Son histoire, c'est tout bonnement l'histoire du chien de Brisquet. —

Et cette histoire ?..

— La voici, dit Breloque : —

Opposition.

Histoire du chien de Brisquet.

Monseigneur,

En notre forêt de Lions, vers le hameau de la Goupillière, tout près d'un grand puits-fontaine qui appartient à la chapelle Saint-Mathurin, il y avait un bon homme, bûcheron de son état, qui s'appelait Brisquet, ou autrement le fendeur à la bonne hâche, et qui vivait pauvrement du produit de ses fagots, avec sa femme qui s'appelait Brisquette. Le bon Dieu leur avait donné deux jolis petits enfants, un garçon de sept ans qui était brun, et qui s'appelait Biscotin, et une blondine de six ans qui s'appelait Biscoline. Outre cela, ils avaient un chien bâtard à poil frisé, noir par tout le corps si ce n'est au museau qu'il avait couleur de feu, et c'était bien le meilleur chien du pays, pour son attachement à ses maîtres.

On l'appelait *la Bichonne*, parce que c'était peut-être une chienne.

Vous vous souvenez du temps où il vînt tant de loups dans la forêt de Lions. C'était dans l'année des grandes neiges, que les pauvres gens eurent si grand'peine à vivre. Ce fut une terrible désolation dans le pays.

Brisquet, qui allait toujours à sa besogne, et qui ne craignait pas les loups, à cause de sa bonne hâche, dit un matin à Brisquette : « Femme, je vous prie de ne » laisser courir ni Biscotin ni Biscotine, tant que M. le » grand-louvetier ne sera pas venu. Il y aurait du dan- » ger pour eux. Ils ont assez de quoi marcher entre la » butte et l'étang, depuis que j'ai planté des piquets » le long de l'étang pour les préserver d'accident. Je » vous prie aussi, Brisquette, de ne pas laisser sortir » la Bichonne qui ne demande qu'à trotter. »

Brisquet disait tous les matins la même chose à Brisquette. Un soir il n'arriva pas à l'heure ordinaire. Brisquette venait sur le pas de la porte, rentrait, ressortait et disait en se croisant les mains : « Mon Dieu, qu'il est attardé!... »

Et puis elle sortait encore, en criant : « Eh! Brisquet! »

Et la Bichonne lui sautait jusqu'aux épaules, comme pour lui dire : — N'irai-je pas?

« Paix! lui dit Brisquette. — Écoute, Biscotine, va » jusque devers la butte pour savoir si ton père ne re- » vient pas. — Et toi Biscotin, suis le chemin au long » de l'étang, en prenant bien garde s'il n'y a pas de pi- » quets qui manquent. — Et crie fort, Brisquet! Bris- » quet!...

« Paix! la Bichonne! »

Les enfants allèrent, allèrent, et quand ils se furent rejoints à l'endroit où le sentier de l'étang vient couper celui de la butte : « Mordienne, dit Biscotin, je retrouverai notre pauvre père, ou les loups m'y mangeront. »

« Pardienne, dit Biscotine, ils m'y mangeront bien aussi. »

Pendant ce temps-là, Brisquet était revenu par le grand chemin de Puchay, en passant à la croix aux ânes sur l'abbaye de Mortemer, parce qu'il avait une hottée de cotrets à fournir chez Jean Paquier. — « As-tu vu nos enfans ? » lui dit Brisquette.

« Nos enfans ? dit Brisquet. Nos enfans ? mon Dieu ! sont-ils sortis ? »

« Je les ai envoyés à ta rencontre jusqu'à la butte et à l'étang, mais tu as pris par un autre chemin. »

Brisquet ne posa pas sa bonne hache. Il se mit à courir du côté de la butte.

« Si tu menais la Bichonne ? lui cria Brisquette. »

La Bichonne était déjà bien loin.

Elle était si loin que Brisquet la perdit bientôt de vue. Et il avait beau crier : « Biscotin, Biscotine ! » on ne lui répondait pas.

Alors, il se prit à pleurer, parce qu'il s'imagina que ses enfans étaient perdus.

Après avoir couru longtemps, longtemps, il lui sembla reconnaître la voix de la Bichonne. Il marcha droit dans le fourré, à l'endroit où il l'avait entendue, et il y entra, sa bonne hache levée.

La Bichonne était arrivée là, au moment où Biscotin et Biscotine allaient être dévorés par un gros loup. Elle s'était jetée devant en aboyant, pour que ses abois avertissent Brisquet. Brisquet d'un coup de sa bonne hache renversa le loup raide mort, mais il était trop tard pour la Bichonne. Elle ne vivait déjà plus...

Brisquet, Biscotin et Biscotine rejoignirent Brisquette. C'était une grande joie, et cependant tout le monde pleura. Il n'y avait pas un regard qui ne cherchât la Bichonne.

Brisquet enterra la Bichonne au fond de son petit courtil sous une grosse pierre sur laquelle le maître d'école écrivit en latin :

C'EST ICI QU'EST LA BICHONNE,
LE PAUVRE CHIEN DE BRISQUET.

Et c'est depuis ce tems-là qu'on dit en commun proverbe : *Malheureux comme le chien à Brisquet, qui n'allit qu'une fois au bois, et que le loup mangît.*

Argumentation

Breloque ne se croyait pas obligé comme moi aux circonlocutions embarrassées d'un auteur timide qui essaie sa première composition devant un auditoire imposant. Il se tenait là, ferme du jarret, le poignet à la hanche, le front haut et l'œil assuré, comme un acteur tragique du Premier Théâtre qui semble proférer le *Plaudite Cives!* Sa suffisance m'interloqua tellement que je cherchai dans ma poche ma tabatière de Lumloch pour me donner une contenance ; mais je l'avais rejetée avec indignation, le jour néfaste où elle me fit perdre, comme vous savez, l'intéressante leçon du démonstrateur de momies.

— Qu'en pense monseigneur? dit-il.

Pouvez-vous, Breloque... repris-je en rougissant. — Cela est bon pour une histoire de nourice.

— Qu'y manque-t-il, à votre avis ? (Je m'en rapporterais volontiers à don Pic de Fanferluchio, s'il ne dormait pas. Le bon homme ne fait plus autre chose depuis que vous l'avez mené à l'institut.) Le sujet est simple, mais intéressant. Les épisodes s'y rattachent facilement, ou plutôt font un corps essentiel avec lui. La péripétie est frappante et naturelle, le dénouement pathétique et inattendu ; et il en sort, comme dans la fable antique, une espèce d'adage qui se grave profondément dans la mémoire. Parlerons-nous des caractères ? ils sont tracés avec tant d'habileté que l'exiguité du cadre n'ôte rien à leur développement, et qu'il n'est personne, après avoir entendu l'histoire du chien de Brisquet, qui ne connaisse aussi parfaitement Brisquet, sa femme, ses enfants et son chien, qu'au bout de trois mois de résidence à la Goupillière. Vous ne passeriez pas vous-même à la porte d'une hutte de bûcheron de la forêt de Lions, devant laquelle aboie un chien noir à la barbe flamboyante, sans vous écrier : Breloque, nous ne sommes pas égarés ! voici la maison de Brisquet !

Que dirai-je des localités ? Vous n'avez besoin ni de boussole, ni de guides, ni de cartes, ni d'itinéraire, ni de statistique, ni d'almanach, pour vous diriger dans le pays, et s'il sortait de la hutte dont je viens de parler une bonne femme encore fraîche, à la physionomie bienveillante, au regard un peu soucieux mais très-doux, qui vous dit : Puisque monsieur va du côté de Mortemer, il aura le plus court entre la butte et l'étang, mais le chemin n'est pas sûr — vous lui répondriez presque sans réfléchir : Mille grâces, madame; mon intention est bien de prendre par le grand chemin de Puchay, en passant à la Croix aux Anes. Hélas! si Homère avait imprimé un caractère de vérité aussi naïf à sa belle topographie épique, dont je suis loin d'ailleurs de contester le mérite, nous connaîtrions mieux la campagne de Troyes que la plaine Saint-Denis. Quant au style, je suis obligé d'avouer qu'il n'est ni pittoresque, ni romantique, ni poétique, ni oratoire; mais il est ce qu'il doit être, clair, simple, expressif, approprié aux personnes et aux choses, intelligible à tous les esprits; et par conséquent essentiellement convenable. —

Je me mordis les lèvres jusqu'au sang. Les *Amours de Gervais et d'Eulalie* étaient déjà imprimées ; mais je lançai bien loin mon exemplaire en papier de Chine par-dessus les piquets de l'étang de la Goupillière.

Après cette belle péroraison, Breloque se rengorgea comme un orateur de la rive gauche de la Seine, qui lit dans le *Moniteur* les trois immenses colonnes, imprimées en petite nompareille, ou en parisienne, ou en sédanoise, au moyen desquelles il a prouvé la veille, pour le plus grand avantage de ses commettants, qu'on peut très-bien faire d'une vessie une lanterne en mettant une bougie allumée dedans.

J'avais cependant quelque chose à répondre, car toute mon humilité ne me défend pas d'un accès d'impatience. —

Mais je pose en fait qu'il n'y a pas un seul homme un peu honorablement placé dans la société qui ne puisse juger par expérience de l'immense et subite diversion que produit dans l'esprit le plus préoccupé le brouissement d'une chaise de poste qui s'arrête devant votre hôtel, surtout quand vous êtes par hasard le seul locataire résident. —

Pif, paf, piaf, patapan. —

Je crois, en vérité, que cela mérite un autre chapitre.

Invention.

Pif paf piaf patapan.

Ouhiyns ouhiyns. Ebrohé broha broha, Ouhiyns ouhiyns.

Hoé hu. Dia hurau. Tza tza tza.

Cla cla cla. Vli vlan. Flic flac. Flaflaflac.

Tza tza tza. Psi psi psi. Ouistle.

Zou lou lou. Rlurlurlu. Ouistle,

Cla cla cla. Flaflaflac.
Ta ta ta. Ta ta ta. Pouf.
Ouhiyns. Ebrohé broha. Ouhiyns ouhiyns.
Ta ta—ta ta—ta ta—ta ta—hup.
A u ho. Tza tza tza. O hem. O hup. O war!
Trrrrrrrrrrrrrrr. Hup. O hep. O hup. O hem. Hap!
Trrrrrrrrrrrrrrr. O hup. O hé. O halt! O! Ooooooh!
Xi xi xi xi! Pic! Pan! Baoûnd.
Hourra!!!!!!!!

Interprétation.

— Au nom du ciel, Théodore, reprenez vos sens ! Quelle langue parlez-vous ? —

— Pourriez-vous la méconnaître ? n'est-ce pas la langue consacrée, la poésie imitative et descriptive des prix décennaux, la faconde patentée des Muses impériales ?

N'est-ce pas cette interprétation perfectionnée de la pensée humaine pour laquelle le journal iroquois réclame à toute outrance un brevet d'invention ?

Vous ne remarquez pas, d'ailleurs, que cette page, unique parmi tous les monuments écrits de la parole, cache, sous l'apparence d'un simple jeu d'esprit, l'effort le plus puissant d'une imagination créatrice ; le secret du *Novum organum* et de la *Caractéristique* ; l'intelligibilité universelle que les kantistes, les éclectistes et les doctrinaires, si amoureux de la clarté, cherchent encore à tâtons !

Vous ne savez pas que si Nemrod (ou Nembroth) s'était avisé de cette découverte le jour de la défection des ouvriers de Babel, je pourrais vous offrir aujourd'hui un fort joli appartement de garçon, quelques milliers de toises par-delà les sommets du Chimboraço, tandis que, si Dieu n'y pourvoit, nous sommes fort exposés à coucher dans la rue cet hiver !

En effet, lisez ce chapitre avec un certain goût d'inflexion, devant une commission lexicologique formée au nom du genre humain, et où seront représentées les peuplades les plus barbares, sans en excepter les Romantiques et les Esquimaux ; et je subis tel châtiment que vous voudrez m'infliger, une soirée musicale d'amateurs, une séance de l'Athénée, une représentation à bénéfice, la lecture d'une tragédie, le rendez-vous inattendu d'une femme que l'on aime, le jour où l'on a subi trop long-temps le rendez-vous d'une femme que l'on n'aime plus, si quelqu'un parmi vos innombrables auditeurs se méprend sur le sens implicite de cette sublime composition, dont aucun dictionnaire n'a fourni les éléments.

Et si le génie consiste à rendre un tableau naturel avec une énergique et naïve simplicité, je tremble de dire que personne peut-être...—Mais je le laisserai dire par mon éditeur dans la préface de la huitième édition, qui sera la même que celle-ci, à deux ou trois cartons près.

Dès la première ligne (il ne tiendrait qu'à moi de l'appeler un vers, car elle a six syllabes, et on la tient pour exactement métrique à Tombouctou) —

Dès la première ligne, vous entendez piaffer les coursiers impatients,—Et après, écoutez ; ils hennissent, ils frémissent, ils hennissent toujours !— Automédon, (c'est le nom figuré du cocher), Automédon s'est élancé. Il les couvre du regard, il les avertit de la voix —le fouet s'est déployé, des lanières criantes brisent l'air. — Long-temps il n'excite son attelage que par des cadences bienveillantes ou des interjections sans colère. Le fouet retentit encore, et la mêche sonore bruit encore sans blesser. Ils trottent, ils trottent, ils hennissent, le cheval de volée galope. Il aspire à ce grain nourrissant que je n'ose nommer, mais que je désignerai très-élégamment en disant qu'un empereur le faisait revêtir de feuilles d'or pour les banquets du seul consul qui ait frappé la terre de quatre pieds poudreux. —Entendez-vous rouler la roue, qui fait rebondir les planches tremblantes et vibrer les lourdes ferrures du pont-levis ? —Entendez-vous glisser la herse sifflante, et le pavé gronder de sa chûte ?—Vous êtes dans le château, et tous ses habitants poussent un cri d'accueil et de joie. —

1 Un juste sentiment de modestie oblige le traducteur à déclarer qu'il n'a pas eu le moindre dessein de lutter avec l'original, qui est tout autrement expressif.

Solution.

Quelle herse, quel pont-levis, quel château? s'écria Victorine...

— Eh! mon Dieu! ma bonne amie, la herse et le pont-levis du château de Kœnigsgratz —

« Ou Konigingratz, ou Konigingretz, ajouta don Pic
» en se frottant les yeux. — La ville se rendit en 1423
» à Jean Ziska. »

Kœnigsgratz?... est-il possible! serions-nous déjà dans le plus triste des sept châteaux du roi de Bohême?

— Nous y sommes, chère Victorine, puisque vous l'avez voulu. —

Ah! mon ami! que la dernière saison fut ennuyeuse aux eaux de Tœplitz! Ne pourriez-vous nous régaler cette année de quelque historiette plus divertissante que cette longue rapsodie d'aveugles, de momies, d'académiciens, de perruques, de pantoufles, d'épagneuls et de bichons?

« Cela me regarde, » répondit Breloque, en s'asseyant d'un air composé à la table de lecture du salon de Milan, et en achevant de délayer dans son verre un morceau de sucre réfractaire.

Il allait commencer, quand un doigt fatidique.....

Je ne dirai pas que ce fut celui qui minuta, en argot

laconique, sur les murailles du palais de Balthazar, que les Grecs appellent Nabonadios, l'arrêt définitif de la monarchie de Babylone.

C'était tout simplement celui de mon libraire, qui ne m'a donné que trois cent quatre-vingt-sept pages de *cavalier vélin* blanc à remplir, et qu'un encrier de vingt centilitres à vider, pour parfaire cette œuvre inutile de suffisance et d'oisiveté qu'on appelle vulgairement un livre.

Breloque allait commencer, dis-je, quand ce doigt positif et calculateur traça, en initiales ombrées de *vingt-deux*, au pied de ma page achevée, le monosyllabe suivant :

FIN

Récapitulation.

	Pages
INTRODUCTION.	93
RÉTRACTATION.	95
CONVENTION.	99
DÉMONSTRATION.	103
OBJECTION.	105
DÉCLARATION.	108
CONTINUATION.	113
PROTESTATION.	115
DUBITATION.	118
NARRATION.	121
INSERTION.	126
TRANSCRIPTION.	129
CONVERSATION.	136
COMBUSTION.	139
EXHIBITION.	146
EXPLICATION.	147
ANNOTATION.	150
OBSERVATION.	154
PRÉTÉRITION.	156
DAMNATION.	157

HISTOIRE

Commémoration.	164
Érudition.	176
Aberration.	181
Transition.	183
Mystification.	185
Vérification.	188
Numération.	190
Interlocution.	197
Insurrection.	210
Dissertation.	213
Méditation.	220
Navigation.	221
Apparition.	223
Exploration.	225
Procréation.	229
Distinction.	235
Rémunération.	236
Précaution.	246
Installation.	248
Dentition.	252
Exhumation.	256
Opération.	258
Position.	265
Distraction.	266
Réception.	266
Rétribution.	272
Équitation.	273
Imposition.	278
Dotation.	284
Donation.	286

Supputation.	294
Désolation.	296
Humiliation.	299
Opposition.	303
Argumentation.	306
Invention.	309
Interprétation.	311
Solution.	314

NOTE DE L'IMPRIMEUR :

Nous avons soigneusement noté le chiffre de pagination des chapitres, leur enchaînement logique étant de grande importance pour l'intelligence du livre.

CORRECTION.

Je déclare formellement qu'après avoir relu cette excellente histoire avec toute l'attention dont je suis capable, je n'y ai trouvé qu'un seul mot à changer, et qu'il m'a fallu de longues réflexions et de laborieuses recherches pour m'assurer de la nécessité de cet *erratum;* encore dois-je prévenir le lecteur que cette modification ne porte ni sur une faute de langue, ni sur une locution de mauvais goût, ni sur une répétition de mauvaise grâce, ni sur un des néologismes pédantesques dont m'accusent les journaux timorés, ni sur un des archaïsmes inintelligibles qu'on me reproche dans les salons, mais sur une finesse de synonymie qui ne peut être saisie que par les esprits les plus délicats.

Je prie les personnes éclairées et sensibles, pour lesquelles la lecture de l'*Histoire du roi de Bohême et de ses sept châteaux* est devenu un besoin quotidien, comme l'étude de l'*enseignement universel* de M. Jacotot et de l'*ortografe perfeksioné* de M. Marle, de vouloir bien substituer mentalement le mot *babouche* au mot *pantoufle*, partout où il est question de la *pantoufle* de Popocambou, qui était nécessairement une *babouche*.

Babouche est tout-à-fait un nom de relation, un substantif de localité. Il sent son origine australe et ses régions solaires. *Pantoufle* est autochtone dans les contrées intermédiaires. C'est un mot propre à la race caucassienne, qui se distingue des autres par un usage immémorial des *pantoufles*, ce qui sera surabondamment démontré quand on aura découvert une *pantoufle* fossile.

Babouche participe en quelque chose de la majesté souveraine. *Pantoufle* fait naître subitement dans la pensée le sentiment d'une civilisation intellectuelle plus complète à la vérité, mais moins primitive et moins solennelle.

Il suffit de prononcer ces deux mots pour éprouver que la *babouche* est la véritable *pantoufle* des rois, et que la *pantoufle* est, tout au plus, la *babouche* des patriciens.

On dit une auguste *babouche;* on dit une jolie *pantoufle*. Une jolie *babouche* serait inconvenant; une auguste *pantoufle* serait burlesque.

L'esprit des langues s'est prononcé sur cette question par des indices certains. *Pantoufle* a un diminutif, et *babouche* n'en a point.

L'idée de *pantoufle* se lie à toutes les idées d'inconsidération et d'étourderie, l'idée de *babouche* à toutes les habitudes de sagesse et de gravité. Les jeunes filles ont des *pantoufles*, et les grand'mères ont des *babouches*.

Pantoufle est un objet de comparaison péjorative : le récipiendaire a raisonné comme une *pantoufle*, le président a répondu comme une *pantoufle*. On a beaucoup plus d'égards pour les *babouches*.

Il ne pouvait être question que de *babouches* dans la biographie de Popocambou-le-Brèche-dent, puisqu'il est écrit que *babouche* convient au style sublime, et *pantoufle* au style tempéré.

APPROBATION

Je soussigné, peseur expert des idées, traducteur patenté des paroles équivoques, despumateur juré des cogitations abstruses, exécuteur des basses-œuvres et grand-prévôt littéraire de Tombouctou, certifie à qui il appartiendra que j'ai essayé de lire, par ordre, l'H<small>ISTOIRE</small> <small>DU ROI DE</small> B<small>OHÊME ET DE SES SEPT CHATEAUX</small>; que ledit ouvrage n'est ni impie, ni obscène, ni séditieux, ni satirique, et qu'il est par conséquent très-médio-

crement plaisant; mais que la Table des Chapitres m'a paru d'une invention fort agréable et d'un usage fort commode pour les sociétés graves, religieuses et bien pensantes, qui s'exercent, dans les soirées d'hiver, au jeu édifiant et instructif du corbillon.

Raminagrobis.

Publications nouvelles de la Librairie de Victor LECOU.

FORMAT IN-12.

Mœurs théâtrales, par Léon Gozlan............................	1 vol.	3 50
De neuf heures à minuit, par Léon Gozlan..................	1 vol.	3 50
Contes et Nouvelles, par Léon Gozlan........................	1 vol.	3 50
Reisebilder, par Henri Heine.....................................	1 vol.	3 50
Œuvres de Gresset, édition illustrée...........................	1 vol.	3 50
Proverbes dramatiques, de T. Leclercq, nouvelle édition augmentée...	4 vol. à 3 50	
Contes domestiques, par Champfleury.........................	1 vol.	3 50
Souvenirs de la vie militaire en Afrique, par le comte P. de Castellane...	1 vol.	3 50
Tableau de Paris, par Mercier ; avec Notice, par Gustave Desnoiresterres...	1 vol.	3 50
Un Trio de Romans, par Th. Gautier............................	1 vol.	3 50
Caprices et Zigzags, par Th. Gautier...........................	1 vol.	3 50
Italia. Voyage à Venise, etc., par Th. Gautier..............	1 vol.	3 50
Les Révolutions d'autrefois, par Pitre Chevalier.........	1 vol.	3 50
Œuvres choisies de P.-J. Stahl. — Contes philosophiques et Études de Mœurs..	1 vol.	3 50
Les Cantatrices célèbres, par Scudo...........................	1 vol.	3 50
Critique et Littérature musicales, par Scudo.............	1 vol.	3 50
Montaigne, Essais...	1 vol.	3 50
Contes et Nouvelles, par A. Karr................................	3 vol.	3 50
Romans, par A. Karr..	1 vol.	3 50
Clovis Gosselin, par A. Karr......................................	1 vol.	3 50
Les Illuminés, Récits et Portraits, par Gérard de Nerval...	1 vol.	3 50
Homère, l'Iliade et l'Odyssée, traduit par Giguet.......	1 vol.	3 50
Poésies complètes, par Arsène Houssaye...................	1 vol.	3 50
Les Filles d'Ève, par Arsène Houssaye......................	1 vol.	3 50
Philosophes et Comédiennes, par Arsène Houssaye...	1 vol.	3 50
Œuvres de Chamfort...	1 vol.	3 50
Histoire littéraire, par Girault de Saint-Fargeau........	1 vol.	3 50
Le Presbytère, par Topffer. Nouvelle édition, autorisée par madame veuve Topffen..................................	1 vol.	3 50
Œuvres complètes de George Sand. Nouvelle édition, revue et augmentée de préfaces nouvelles. — Les ouvrages suivants sont en vente :		
La Mare au Diable. — André, etc..............................	1 vol.	2 »
Mauprat. — Métella...	1 vol.	2 »
Le Compagnon du Tour de France............................	1 vol.	2 »
Le Péché de M. Antoine. — Pauline. — L'Orco...........	2 vol. à 2 »	
La Petite Fadette — La Marquise — M. Rousset — Mouny-Robin.	1 vol.	2 »
Saint-Augustin, les Confessions, texte latin-français.....	1 vol.	2 »
Les Évangiles, traduction de Lamennais.......................	1 vol.	2 »
Histoire de l'Islamisme, par Leblanc d'Hackluya.........	1 vol.	2 »
Fables de la Fontaine, très-jolie édition.....................	1 vol.	2 »
Fables de Florian, jolie édition, illustrée de gravures....	1 vol.	2 »
Le langage des Fleurs, illustré de 16 sujets coloriés.....	1 vol.	2 »
Promenades en France, en Suisse, etc., etc., par Mofras.	1 vol.	2 »

www.ingramcontent.com/pod-product-compliance
Lightning Source LLC
Chambersburg PA
CBHW070901170426
43202CB00012B/2153